幼児教育
知の探究 *18*

領域研究の現在〈言葉〉

青木久子 + 小林紀子

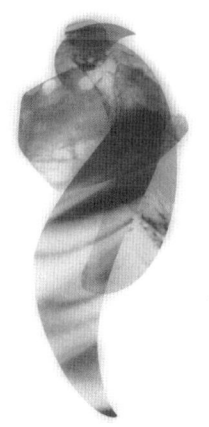

萌文書林

はしがき

　明治の近代国家建設を目指して学制を敷いた第一の教育改革，第二次世界大戦後の民主国家建設を目指した第二の教育改革は，教育によって国の未来を再建するという国家目的が明確にあったが，1980年以降，紆余曲折しながら模索している第三の教育改革は，今なお混沌とした状況にある。すでに四半世紀が経過しているが，過去の国家に依存してきた教育改革から，民意が改革を推進するだけの活力を有するようになるには，物質的・上昇的な価値から"人間の生"に基本をおいた問いへと価値の転換を図り，人々が志向する文化そのものの本質に光を当てていくことが必要であろう。

　しかし学校が社会から遊離し，子どもたちに合わなくなっていても民意が建設的に動いてこない。また行政が民意と対話し，民意を支えて施策化し，それを推進する機能が働かない。小学校の生活科や総合学習の導入，教育のプロセス・アプローチに対する第三者評価の導入等は，敗戦直後の民主化への教育が目指したものであったはずである。また，幼稚園・保育所・総合施設等の制度的見直しも，戦前からの就学前教育の課題がそのまま積み残されてきた結果といえよう。それは家族の時間やコミュニティの人々のつながり，豊かな地域文化の醸成，そこに生きる人間の本質の発展という方向より，少子化対策，経済の維持といった国の施策が先行するものとなっている。これは，半世紀の間に国家依存，体制依存の体質が招いた混沌であり，今まさに教育理念そのものの問い直しが求められている時が来ているといえよう。

　国による民主化から，民による民主化成熟への道のりには，人間が生きることの意味への問い，生きる価値のおきどころ，世代循環するトポスの文化の見直しが必要である。それは，幼稚園・保育所・小学校といった分断された施設区分から，コミュニティの中での就学前から学童期を経て生涯にわたって展開される学習を構成していく視点でもある。地域の子どもたちの生きる場としての総体を受け止め，地域社会の環境・文化と共生する教育への

転換は，学校化された知の限界を超えて知の在り所や知を構築する関係のありようを転換し，知そのものへの問いを新たにするだろう。

　生の根源にまでさかのぼろうとする本企画は，人間・学び・学校・社会という共同体のトポスに焦点を当てて，従来の就学前教育が子どもたちに当てた光を再考しつつ，あわせて抱えてきた課題も浮き彫りにして，これからの知を構築する視座を掘り起こしたいと思う。

　なお20巻にわたる本企画は，次の三つの特長をもっている。一つは，幼児教育界が混沌としている現状を踏まえ，3歳児から低学年までを見据えた就学前教育に光を当てて"人間の教育"の根源に迫る。二つに，従来の幼児教育に関連した書籍の感覚としては，難しいという批判を浴びることを覚悟の上で，専門性を高めることを願う幼児教育者養成大学やキャリアアップを図る現職者だけでなく，広く一般の人々にも読んでいただけるような知の在り所を考える。三つに，現在の幼稚園教員養成カリキュラムの内容を基本におきつつ，今後の教員養成で必要とされる内容を加える。

　本シリーズ刊行に当たっては，萌文書林の故服部雅生社長の大英断をいただいた。教員・保育士養成課程の教科書内容の重複を避け，教師・保育士の専門性を高めるとともに，就学前教育の意義を再確認するために一石を投じたいという，長年，幼児教育界の出版に携わってきた服部氏だからこその決断だったと思う。その遺志を現社長の服部直人氏が引き継いでくださり，なかなか進まない出版を温かく見守ってくださっていることに深く感謝する。

　進捗の遅い本シリーズの難しさは，知の根源への探究とともに，現代の社会現象を踏まえて不易の内容とは何かを探り，それらを就学前教育に関係する人々の糧としてもらえるよう吟味するところにある。いつになっても，これで完成ということはない。多くの方々から忌憚のない意見を寄せていただき，次の時代への知の橋渡しができることを願っている。

2013年4月

シリーズ編者　青木久子・磯部裕子

本書まえがき

　2011.3.11，東日本大震災に遭遇して深夜 6 時間歩いて自宅に着いた。そして，筆が止まった。もう一人の編者，磯部裕子さんの安否がわかったのはそれから 1 週間後，津波に飲み込まれた義理のご両親が見つかったのはさらに 1 ヶ月を過ぎていた。人間は，こうしたとき言葉がみつからない。音声にするととんちんかんになり，無言でいると不安になる。共時態で同じ大地に立ち，時が動いていく風景をともに見ながら，同じ空気を吸っていない者が使う言葉のむなしさだけが胸に迫ってきた。

　そして，2012 年 8 月，本シリーズの出版を，蛮勇をもって決断してくださった服部雅生社長がすばらしい私歌集を残されて亡くなられた。日本の就学前教育の未来を見据えて，保育界に"知の探究"を根づかせ，子どもたちや保育者にほんとうの幸せをもたらすことができたらという大英断は，保育界とともに生きてこられた社長の卓見であり保育界へのメッセージであった。お元気なうちに全巻を出したい，出さなければという願いもむなしく，ほんとうに申し訳ないと思っている。

　なぜ，暗礁に乗りかかっているのか。磯部さんはあれから被災地の子どものために寝食を忘れて奔走している。流失した園や保育者たちをどれほど支えているであろうか。今なお，支援の手を必要としている人々が，明日という日を見つけるまで，一緒に歩みを進めているので時間が足りない。

　しかし，私は知が足りないために隘路に陥ってしまったのである。担当の 8 巻，12 巻までは想定内であったが，就学前教育における保育内容を語る切り口が見いだせない。136 年の幼稚園教育・保育所保育等の歴史を紐解いても，保育内容の質を高めるための知の探究の視点がつかめないのである。他の「領域」を分担してくださった先生方には編者として，そこを開拓していただくよう無理を言いつつ，私自身は領域「言葉」で何を探究すればいいのか，その探究が次世代の人々の知をさらに深め，実践の質を吟味する手がか

りになるのか，考えれば考えるほどに迷走し始めたのである。幸いにも，共同執筆者の小林紀子さんが尻を叩いて下さった。世に提示し広く意見をいただくことで，次の世代へのはしごがかけられるのではないかと。

　第1部第1章では，言語学とメタ言語学の視点から，言語学研究の2つの潮流を捉えている。とくに言の言語学である時枝誠記の言語過程説に重きを置いたのは，保育は様々な資源を使って乳幼児との対話関係を築く仕事であり，生活を基盤として言葉が飛び交う時空であり，子どもたちは言葉をメタ次元におき，全体の中に位置づけて自己形成しているからである。

　第2章では，国民皆学の国語の必要性と，その体系について整理するとともに，就学前教育にみる言葉環境を取り上げている。言葉はロゴスとしての身体であり，障害の有無を乗り越えて意思疎通する媒体である。それが，乳幼児期の生活言語から学校教育としての書記言語へと移行する主体の過程に作用する。子どもたちが10年以上かけて確立していく言葉の発達過程を探究してこそ，就学前教育における言葉の内容がみえてくる。

　第3章では，遊びから文化誕生へ，そして言葉を媒体とした新たな文化誕生への変遷を捉えている。大人が手を加えた文化の成熟は受容と創発の2側面を失っていった。そして大人が子どもに与える文化が強化されるに従い，子どもたちの生活や遊びから生まれる文化が衰退するという反比例の関係にある。その原因を考究し，児童文化の死は新たに子どもたちが共同体に参加して遊びや文化を再創造する出発点になることを提言している。

　第2部第1章では，言葉が保育内容としてどのように位置づいてきたかを歴史的に探究する。まずは，江戸の子育てから幼稚園のあけぼのをみることにより，大人と子どもの生活のありようが言葉の獲得に大きく影響を及ぼしていることが明らかとなる。江戸時代，親子でともに見つめる浮世絵が多く残されていることは，このことと深くかかわるであろう。明治期以降，幼稚園の創設に伴い保育内容が制定されていくものの，指導のあり方（"教える"の様式）は，「模倣的様式」と「変容的様式」を模索し変遷していく。

　第2章では，言葉の獲得の成果に目を向けるのではなく，その獲得過程に

こそ人の育ちとしての意義があることに注目する。そこでは,「模倣させる存在としての子ども」ではなく,「模倣する存在としての子ども」にスポットを当て,当事者性のある状況の中で模倣しつつ言葉を獲得する過程を探る。

　第3章では,保育の場におけるコミュニケーションによる意味世界の生成過程をみていく。複数の子どもが集う保育の場は,多様な他者との共存を意味し,そこに言葉がからんでくる。この実態をみていくと,なぜ,ヒトは言葉を獲得してきたのかが歴然としてくる。ヒトは,長い時間をかけて言葉を獲得することで,他者とコミュニケーションを図り,共存を果たしてきたのだと。つまり,言葉の獲得とは,言葉を獲得することが目的ではなく,その言葉を駆使することにより「私と私たちの幸せ」を探求し続けることにあるのだ。

　風土や理念,文化的背景が違う各園の生活に,普遍の指導方法があるわけではない。保育者の言動からにじみ出る人間観や教育観,文化観,表現する身体,他者を感じる心持ちなどが,取り巻く人々との交流によって幼児の経験内容を生みだす。その基盤となる思想を提供したつもりである。この巻を読者諸氏の実践と研究の場に持ち込んでいただき,喧々諤々と口角泡をとばして議論いただければ幸いである。そして,大人たちのもつ知見が,子どもや保護者,同僚などと豊かな言葉の世界を切り拓くことを実践によって実証し,教えてほしいのである。

　最後に,本書の出版に当たり編集者の服部直人氏には,たいへんな状況のなか社長に就任され,前社長の遺志をついで刊行にこぎ着けていただいた。言葉は生きものであるとともに人類普遍の財産である。ここに被災地の多くの亡くなられた方々,ならびに服部雅生氏のご冥福を祈って本書を捧げたい。

2013年4月12日

青木久子・小林紀子

目　次

第1部　言葉と文化

第1章　言語学とメタ言語学の視点 ……………………………… 2
§1　ドストエフスキーの詩学から ………………………………… 2
　1　メタ言語学研究の必要性………………………………………… 2
　　(1) ドストエフスキーの詩学 ………………………………… 3
　　(2) 隠された対話関係という現象 …………………………… 6
　2．子どもの言葉の世界とメタ言語学……………………………12
　　(1) 投影された他者の言葉1 …………………………………12
　　(2) 投影された他者の言葉2 …………………………………14
§2　国語のルーツ …………………………………………………22
　1．言語学の発展……………………………………………………22
　2．言語学から言語過程説へ………………………………………24
　　(1) 言語過程説1：時枝誠記 …………………………………25
　　(2) 言語過程説2：三浦つとむ ………………………………29
　3．言語（ラング）と言（パロール）……………………………33
　　(1) ソシュールの言語学 ………………………………………34
　　(2) ソシュールの言語の定義 …………………………………35
　　(3) メルロ=ポンティの「言語の現象学」……………………39
　　(4) 中村雄二郎の言語論 ………………………………………41

第2章　関係を生きる人間の生活 ………………………………46
§1　国語と文学との関係 …………………………………………46
　1．国語の体系………………………………………………………46
　　(1) 日本語の特徴と多様な国語の体系………………………47
　　(2) 国語の必要性 ………………………………………………59

2．国語と文学……………………………………………………60
　　　(1) 国語における言葉の美 ……………………………………60
　　　(2) 人生のフィクション物語 …………………………………63
　§2　就学前教育にみる言葉環境 ……………………………………67
　　1．共時態の方言やジャーゴン………………………………………67
　　　(1) 方言から共通語へ ……………………………………………67
　　　(2) 保育実践におけるジャーゴン対話 ………………………70
　　2．生活言語と書記言語………………………………………………76
　　　(1) ロゴスとしての身体 …………………………………………76
　　　(2) 聴覚障害児の言葉の獲得と環境 …………………………78
　　　(3) 言葉の発達と「9歳の壁」 …………………………………84
　　3．物語る主体のリテラシー獲得……………………………………87
　　　(1) 就学前教育におけるリテラシー ……………………………87
　　　(2) 対話体と文章体の発達過程 ………………………………91
　　　(3) 国語科の目的との連続性 …………………………………93
　　　(4) 物語る主体の発達 …………………………………………98

第3章　遊びによる文化の再創造 …………………………… 103
　§1　言葉が牽引する子どもの文化 ………………………………… 103
　　1．絵本史からみる子どもの文化誕生………………………………… 103
　　　(1) 児童文化のあけぼの ………………………………………… 104
　　　(2) 明治から大正にかけての絵本の歴史 ……………………… 107
　　2．児童文化の概念規定……………………………………………… 111
　　　(1) 創造的所産としての児童文化 ……………………………… 111
　　　(2) 国をあげての児童文化財の吟味 …………………………… 113
　§2　創造的所産としての文化財 …………………………………… 117
　　1．文化財の通時的な変遷…………………………………………… 117
　　　(1) 物語る童話 …………………………………………………… 117
　　　(2) 詩の中にいる子ども ………………………………………… 121

(3) 人形劇・紙芝居・劇 ………………………………………… 125
　　　(4) 言葉や文字での遊び ………………………………………… 133
　　2．言葉を媒介とする共時的文化の死………………………………… 141
　　　(1) 創造的文化が失われた時代 ………………………………… 142
　　　(2) 文化財と就学前教育 ………………………………………… 143
　　　(3) 就学前教育における文化観と領域観 ……………………… 146
　　3．死からの復活―再創造への道………………………………………… 151

第2部　保育における言葉

第1章　保育内容「言葉」の歴史的変遷とその背景 ……………………… 158
　§1　江戸の子育てから幼稚園教育のあけぼの……………………………… 158
　　1．近世の伝統的な育児観……………………………………………… 158
　　　(1) 生活のありようと子育て …………………………………… 159
　　　(2) しつけ・教育の萌芽 ………………………………………… 161
　　2．学制と海外博物館見聞録…………………………………………… 167
　　　(1) 学制にみる国家的必要性 …………………………………… 167
　　　(2) 構想された幼稚園と時を要した普及 ……………………… 169
　§2　「模倣的様式」の時代……………………………………………………… 172
　　1．「模倣的様式」からの出発 ………………………………………… 172
　　　(1) 「教える」の二つの様式 …………………………………… 172
　　　(2) 創設期の保育内容 …………………………………………… 175
　　2．「模倣的様式」の背景 ……………………………………………… 182
　　　(1) 早急な近代化を図った政府による幼稚園創設 …………… 183
　　　(2) 欧米の文化に価値を置いた当時の状況，保護者 ………… 184
　　　(3) 検討を欠いた子どもの実態 ………………………………… 184
　§3　「変容的様式」への移行………………………………………………… 185
　　1．「談話」にみる「変容的様式」の萌芽 ………………………… 185

2．「お話」「ごっこ遊び・劇遊び・人形芝居」にみる「変容的様式」… 190
　　3．「変容的様式」への移行の背景 ……………………………… 193
　　　(1) 子どもへの関心と保育理論の構築 ……………………… 193
　　　(2) 「保育過程」への注目と実践 …………………………… 200
　　　(3) 「模倣」への批判と関心 ………………………………… 203
　§4　再創の時代 ………………………………………………………… 208
　　1．国語の基礎とする「言語」 ………………………………… 208
　　2．「言葉」の本質への探求 …………………………………… 212
　　3．再創の背景と課題 …………………………………………… 215
　　　(1) 小学校との連携の中で求められた「保育の成果」 …… 216
　　　(2) 注目される保育過程の質 ………………………………… 218
　　　(3) 模倣研究への期待 ………………………………………… 220

第2章　状況に身を置き獲得する言葉 ………………………………… 223
　§1　状況と言葉 ……………………………………………………… 223
　　1．実感を伴わない状況を生きる子ども ……………………… 223
　　　(1) 対面しない他者 …………………………………………… 224
　　　(2) 仕組みの見えない物 ……………………………………… 225
　　2．言葉の獲得理論の流れ ……………………………………… 226
　　3．相手の意図を読み取り獲得する言葉 ……………………… 228
　§2　模倣と言葉 ……………………………………………………… 231
　　1．模倣と言葉の獲得 …………………………………………… 231
　　2．言葉の獲得過程 ……………………………………………… 232
　　　(1) 一般的な言葉の獲得過程 ………………………………… 232
　　　(2) N児における語彙の獲得過程 …………………………… 235
　　3．模倣の意義と危うさ ………………………………………… 238

第3章　コミュニケーションによる意味世界の生成 ………………… 242
　§1　保育の場におけるコミュニケーション …………………… 242
　　1．関係をつなぐ物・身体・言葉 ……………………………… 242

（1）身体にみる意味世界の生成 …………………………………… 243
　　　（2）言葉にみる意味世界の生成 …………………………………… 245
　　2．模倣にみるコミュニケーションと関係維持………………………… 248
　　　（1）「戦い」の動きから，「不戦（見立て・ふり）の相互模倣」へ 249
　　　（2）相手の意図を読み取り，「せりふを模倣させる」へ………… 252
　　　（3）相手の意図を読み取り，「せりふの相互模倣」へ …………… 254
　§2　コミュニケーションを支える保育の場………………………………… 259
　　1．保育者の存在……………………………………………………………… 259
　　　（1）岡本夏木の「言葉を支える存在」論………………………… 259
　　　（2）言葉を支える保育者 …………………………………………… 260
　　2．言葉の指導への配慮…………………………………………………… 264
　　　（1）発達という視点からの配慮 …………………………………… 265
　　　（2）共通口語・標準語という視点からの配慮…………………… 268
　　3．多声的対話空間を支える「共感的理解の場」…………………… 273
　　　（1）保育者の言葉とコミュニケーション………………………… 275
　　　（2）実習生の育ちを保障する対話的コミュニケーション
　　　　　　―実習生日誌における指導保育者の共感―………………… 278

【引用・参考文献】……………………………………………………………… 285
【索引】…………………………………………………………………………… 303

第1部

言葉と文化

　私たちは，人と人の関係をつなぎ，感情をつくり，文化となった言葉がすでにある世界に生まれてくるため母語を選択することはできない。生まれでた言葉環境の中で，他者との関係をつくる媒介として言葉を習得し，その世界を生きている。
　言語が主に研究対象となるのは近代以降で，日本もその流れの中で紆余曲折しながら国語および言葉の文化を再認識してきた。
　第1章では，近代の言語学が光を当ててこなかったメタ言語学の視点から，時枝の言語過程説を基軸に言語学，言語の現象学に言及する。第2章では，国語普及の歴史とその必要性および就学前教育にみる共時態の対話を取り上げている。第3章では，遊びや生活から共時的に創造された文化が，通時的な与える文化に変質していった要因を捉えて生を失った過程を総括している。

第1章

言語学とメタ言語学の視点

§1 ドストエフスキーの詩学から

1 メタ言語学研究の必要性

　「言語」や「言葉」が研究されること自体，人類社会を象徴的に表している現象で，言葉をもつ私たちは他の動物との違いをこの「道具」「もの」の使用に置いている。そして言語学の発展は，生物界の頂点にある「人間の証明」として知らない間に人間の奢り(おご)をつくってきた。こうした言語学に対して，メタ言語学を提唱したバフチンの世界を巡ることは，対話的コミュニケーション媒体による「人間の証明」を再検証することになろう。そして，対話による言語の獲得ではなく，早期からの表層的な読み書き文化に走ることによって，言葉文化が衰退する今日の現象を浮き上がらせることになるのではないかという問題意識から出発したい。

(1) ドストエフスキーの詩学

　一般的に，人は生誕とともに言葉が行き交う環境に置かれる。この生活における言葉は，言語学のようにある側面を捨象し取り出した言語ではなく，生活の中で生きて働く統一体としての言語である。バフチンが注目したのは，言語学者が捨象してしまうそうした言葉の生活の側面である。それこそが重要な意味をもつとしてこれをメタ言語学的分野とした。なぜなら，「メタ言語学とは，いまだ一定の個別的学問分野としては確立されていない，言語学の領域を完全に合法的にはみ出てしまうような言葉の生活の諸側面を研究する学問の謂である」[1]からである。バフチンがドストエフスキーの作品を取り上げるのは，「ポリフォニー的な作品構造を時代や作者の矛盾・分裂に還元したり，相対主義や消極的な結論回避の姿勢に結びつけたりする議論」ではなく「ドストエフスキーの小説世界の非完結性は，永遠に未完結な存在である人間を描こうとする作者の積極的な姿勢の反映であり，非完結性自体が彼の詩学の高次元での統一性を保証している」[2]からだと訳者望月哲男はいう。つまり，バフチンはポリフォニー（多声楽，独立して融け合わない多数の声）によって作品を構成し作者の矛盾や分裂を浮き彫りにしたり結論回避の姿勢に結びつけたりする詩学ではなく，どちらかというと生のカーニバル性にその意味をおいていたことになる。カーニバルとは非日常の扮装で役割交代し，身分的な距離を取り払い，交わる祭りのことである。この価値倒錯と文学は深く関係し，神話などでもオリンポスの神々の格下げから，国王の戴冠と奪冠，地位や役割の交代や変装，否定と肯定，笑いの社会風刺といったドラマ展開になくてはならない要素をもっている。伊邪那岐命と伊邪那美命の創世の物語，神々の国から追放された須佐之男命の八岐大蛇退治の話，大国主命の因幡の白ウサギの話，そして倭建命の后，弟橘比売命の海神の怒りを静めるための入水など，日本神話にもパロディはついてまわる。バフチンがカーニバル文学屈指のものとしたのはセルバンテスの『ドン・キホーテ』[3]であり，ドストエフスキーの作品群（『地下室の手記』『分身』『カラマーゾフの兄弟』『白痴』など）である。そこに彼は，非完結性に人間の真の姿を

描く作者の意図が言葉に織り込まれ，高次元の統一性をもった未完の人間を見たからである。

　永遠に未完の人間の統一性とは何か，バフチンがドストエフスキーの作品で捉えたのは"隠された対話関係という現象"である。内的な論争の言葉，敵対する他者の言葉を意識した言葉は，日常生活であれ文学的な発話であれ，広く使われている。

　　　　実際の日常生活的な発話においては，《他者に対するほのめかし》を含んだ言葉，《棘(とげ)》を含んだ言葉のすべてが，この内的な論争の言葉に属している。しかし，この内的な論争の言葉には，卑屈な，もってまわった，あらかじめ自分を放棄しているような発話，いくつもの留保，譲歩，逃げ道等々を含んだ発話のすべてもまた属しているのである。そうした発話は，他者の言葉，他者の返答，反駁を目の前にして，あるいはそれらの予感の中で，あたかも痙攣(けいれん)して身をよじらせているかのようである。個々人がその発話を組み立てる方法は，大体において，その人に固有な他者の言葉の感じ取り方と，それに対する反応の仕方によって規定されているのである[4]。

　教育実践の省察などは，過大に自虐的とも言える内的論争の言葉（逆にまったく省察もない場合もある）の世界である。振り返りを読むであろう他者を無意識のうちに意識して"卑屈な，もってまわった，あらかじめ自分を放棄しているような発話，いくつもの留保，譲歩，逃げ道等々を含んだ発話"を用意している。"他者の言葉，他者の返答，反駁の予感"が，相手がそこにいなくても相手を意識した言葉を選ばせるのである。一人称の叙述作品においては，こうした内的論争が大きな役割を果たすのをみることができる。バフチンはルソーの『告白』[5]をあげて，一人称の叙述作品の内的論争の最たるものを紹介するが，ドストエフスキーの『分身』にも，内的対話がふんだんにちりばめられている。バフチンが引用する内的論争の主人公の一つ，見せ

かけの自立心と平静さを装うパロディ化した主人公は,「だが,果たして本当にこれですべていいのだろうか」と自問自答しながら馬車を下り,再度自問自答する。そして「どうしようもないじゃないか? だって俺には自分の用事があるんだし―(中略)―だからこんな風に,俺は大丈夫,ただ単に通りかかっただけなんだというふりをしなくちゃな……そしたらあっちだって,こっちがそうするのは当然だということを分かってくれる」[6]と自分自身を納得させるために他者を演じる。自身の中にある第2の声が自身を客体化する様相になると「まあ,ようく考えることにして,様子を見てみよう。さあ,ようく考えてみようじゃないか,我が若き友人よ―(中略)―君と何から何までそっくりなんだ。でも,それがどうしたっていうんだ? もしも君にそっくりなら,俺は泣かなくちゃいけないとでもいうのかい?―(中略)―自分が潔白だから敵なんか目じゃないのさ。俺は陰謀家じゃないし,それを誇りにもしている」と自らを友人として演じ自画自賛する。「対話は自分自身の声の他者の声による代替を可能にしている」[7]のである。主人公にとって他者の反応,他者の言葉,他者の返答がすべてという分身との対話である。

そしてバフチンは,隠された論争に類したもののもう一方に,対話における応答をあげている。

　　他者の言葉に過敏に反応し,それに答えつつ,それを先取りしようとする。返答と先取りの契機は,緊張した対話の言葉の内部に深く浸透している。そうした言葉は,あたかも自分の中に他者の応答を取り込み吸収しようとして,懸命になってそれらを加工しているかのようである。対話の言葉の意味内容は,まったく独特なものである[8]。

これまでこのようなことに対する研究がないとして,隠された論争の中の内的論争ではなく,もう一方の"隠された対話関係という現象"に注目したのである。

(2) 隠された対話関係という現象

バフチンがいおうとするメタ言語学の位置づけを，図式化したものの全体からそれを捉えてみよう。この分類は，「言葉における声たちの相互関係は激しく変動し得るのであって，一方的な言葉が多方向的な言葉に転化したり，内的な対話関係が強められたりあるいは弱められたり，また受動的なタイプが能動化されたり等々」[9]と彼がいうように，ダイナミックに行き交うことを前提としている断りの上に成立している。

〈Ⅰ〉話者の意味上の最終権威の表現として，直線的・直接的に対象を指示する言葉

〈Ⅱ〉客体的な言葉（描かれた人物の言葉）
　①社会的典型を決定づける要素の優位な言葉 ｝ 客体性の度合は様々
　②個人的性格を決定づける事実の優位な言葉

〈Ⅲ〉他者の言葉への指向性を持った言葉（複声的な言葉）
　①一方向性の複声的な言葉
　　a 文体模写，b 語り手による叙述，c （部分的に）作者の意図を担った主人公の非客体的な言葉，d 一人称の叙述
　②多方向性の複声的な言葉
　　a あらゆるニュアンスを伴ったパロディ，b パロディ的な叙述，c パロディ的な一人称の叙述，d パロディ的に描かれた主人公の言葉，e アクセントの変更を伴う他者の言葉の伝達一般
　③能動的タイプ（投影された他者の言葉）
　　a 隠された内的論争，b 論争的色彩を施された自伝，告白，c 他者の言葉を意識するあらゆる言葉，d 対話の応答，e 隠された対話

「他者の言葉との相関関係」という言葉研究の地平を捉えていくのに，〈Ⅰ〉・〈Ⅱ〉・〈Ⅲ〉の視点があり，〈Ⅲ〉にはさらに３つの視点がある。古典主義詩学が目標としたのは〈Ⅰ〉の直接的に対象を指示する短声的言語であり誰の

ものでもない言語体系内の言葉である。それは、閉じられたコンテキストにおける言葉の生活しか知らない。古典主義に則ったこうした文体論の中では、「言葉が一つの具体的な言表から他の具体的な言表へと移り入っていく過程で、あるいはそれら二つの言表が互いに相手を目指す過程で、その言葉に生じる変化というものを無視している」し、「一つの言葉が、他者のコンテキスト、他者の発話の中に置かれた同じ言葉に対して、どのような内的な対話関係を結ぶのかということは、無視されている」[10]とバフチンはいう。つまり、当時の言語学における文体論（文章・文体を扱う応用言語学および文学の部門）は対話関係が無視された枠組みの中で構成されていたからである。

〈II〉の客体主義の言葉についても、ロマン主義詩学がもたらしたのは「言葉の条件づきの使用などにはまったく無縁な、直線的で意味的に自足した言葉」で「他者の言語環境を通していかに屈折させてもその熱を失なわないような、没我的なまでに表現力に富んだ作者の直接的な言葉である」[11]とする。このロマン主義の言葉が、他者の言葉との相関関係からみて古典主義に何らの影響も与えず転位をもたらさなかったのは、対話でありながら直線的な意味が意味でしかなかったものだとバフチンはいいたかったのであろう。そこで、読者もかつてロマン主義詩学の熱情を味わったことがあろうワーズワースの有名な「郭公に」を通して、ロマン主義の言葉の特徴を再認したい[12]。

TO THE CUCKOO　　　　　　　　　「郭公に」（前川俊一訳、一部抜粋）
O blithe New-comer!　　　　　　　おう、快活な新来の客よ
I have heard,　　　　　　　　　　かつて聞いた君の声を
I hear thee and rejoice.　　　　　　いま聞いて僕はうれしい
O Cuckoo! shall I call thee Bird,　　おう、郭公よ、君を鳥と呼ぼうか
Or but a wandering Voice?　　　　それとも君はさまよえる声か

古典主義が、均衡や調和をもった古代ギリシャやローマの学芸・文化を理想と考えて自分たちの規範・規則としたのに比べ、ロマン主義の人々は、感

情・想像力といった内面性を重視するもので、未知なもの、神秘的なもの、夢と現実の混交、無限などの主題を好んだ。詩は、論述形式はもたないが、言葉以前の言葉による世界の本質に対する直観を表現するもので、ブレイク、ワーズワース、シェリーなどがあげられる。近代科学の隆盛した時代は、ニュートン的な唯物的世界観をもっているが、ロマン主義の人々が霊的な世界観が存在する『遠野物語』のような作品に関心を寄せたのも、神秘さへの嗜好の表れといえよう。

　さて、バフチンがもっとも注目したのが〈Ⅲ〉の能動的なタイプのa～e、とりわけ「隠された対話」である。〈Ⅲ〉の他者の言葉への指向性をもった言葉についてバフチンは、散文芸術家は他者の言葉に満ちあふれた世界で、他者の言葉を自分の言葉の地平に引き入れる際、自分の言葉の地平が破壊されないように、豊富な言葉のパレットを使いこなして仕事をする。そしてわれわれの日常生活においても、そうだと指摘する。

　　周囲の人々の発話の中にそうしたあらゆるニュアンスを詳細にわたって聞き取っているのであり、自らもまた自分の言葉のパレット上のそうした色彩を実に巧みに使いこなしている[13]。
　　我々は、他人が発する実生活上の重要な言葉の中にある、ほんのちょっとしたイントネーションの転位やほんのわずかな声の中断でさえも、実に敏感に聞き分けている。言葉上のどんな気遣い、留保、逃げ道、ほのめかし、攻撃性も、我々の耳を滑り抜けることはできないし、また我々自身の口とも無縁ではないのである。さらに一層驚くべきことは、こうしたことのすべてがこれまでいまだに明確な理論的認識も、しかるべき評価も受けていないということである[14]。

　確かに、われわれの実生活上は、バフチンのいう関係の世界であり、隠された対話という現象の世界であるが、言葉の研究となると言語学的カテゴリーに基づいた短声的な現象だけをピックアップする。だからこそ、バフチ

ンは言葉を言語学体系において対話的コミュニケーションから切り離された「テキスト」ではなく，言葉の正真正銘の生活領域において研究するメタ言語学に立脚することを提唱したのではなかろうか。

　　言葉とは事物ではなく，永遠に運動し，永遠に移ろい続ける，対話的コミュニケーションのための媒体なのである。言葉はけっして一つの意識，一つの声で充足することはない。言葉の生活──それは一つの口から別の口への，一つのコンテキストから別のコンテキストへの，一つの社会集団から別の社会集団への，一つの世代から別の世代への移ろいの中に存在しているのである。しかも言葉はその移ろいの中で，自分自身の道を失念することもなければ，自らが移ろう先の具体的なコンテキストの支配から完全に自由になることもまたできないのである[15]。

私たちは誰でも，たとえ幼児でも言葉を，他者の声を介して他者の声に満たされたものとして受け取っている。親や教師や仲間の言葉は，彼らのコンテキストの中から，彼らの意味づけにどっぷりとつかった形で，自分のコンテキストの中に入ってくる。「彼自身の思想が見出すのは，すでに他者の思想が生息している言葉なのである」[16]からこそ，言葉の位置づけや，他者の言葉の多様な感じ取り方，多様な反応の仕方といったメタ言語学的研究が必要と考えてバフチンはドストエフスキーの作品を解読している。

　日常性にある"隠された対話関係という現象"を理解するために，バフチンのドストエフスキー分析にもう少しつきあっていただきたい。作品を通して移ろいゆく対話関係を捉えないかぎり，バフチンのメタ言語学は理解し得ないからである。昔読んだであろう『カラマーゾフの兄弟』からバフチンが引用した，悪魔がイワンを愚弄嘲笑し，イワンがアリョーシャに興奮して語る部分を引用する。

　　「いや，あいつには人を苦しめる能力があるんだ，あいつは残酷な奴

なんだ」相手の言うことに耳を貸さず，イワンは続けて言った。「僕はいつだって，あいつがどうしてやってくるのか，その理由を薄々は感じていたさ。あいつは言うんだ，『よしんばお前が自尊心から脱却していたとしてもだ，それでも期待はあったのさ，スメルジャコーフは摘発されて流刑に処され，ミーチャは無実を宣告されるが，お前はただ単に道徳的に裁かれるだけで（いいかい，あいつはここでにやっと笑ったんだぜ！），ある人々からは結局誉めそやかされることになるだろうっていう期待がね。ところが，スメルジャコーフは死んじまった，首をくくっちまった，となれば，さて法廷ではいったい誰が一人の人間の言うことなど信じるだろうかね？　だが，それでもお前はしゃにむに行こうとしている，お前はどうしたって行く気なんだ，行くことに決めてしまっているんだ。でもお前はいったい全体何のために行こうとしているんだい？』これはひどいよ，アリョーシャ，こんな質問にはとても耐えられないよ。どこのどいつに，こんな質問を僕に浴びせる権利があるというんだ！」[17]

バフチンは「この叙述の中でイワンは自分自身の思想と決心を，同時に二つの声に乗せることによって，二つの異なった語調で伝えている」[18]として，一つの意識の枠内における声たちのからみ合いに，イワンの思想の逃げ道，他者の言葉に対する気遣い，他者の言葉を自らの自己承認によって置き換える試み，良心のあらゆる留保が，悪魔の非の打ちどころのない応答の中に寄せ集められ，集中的にひしめきあっている現象を捉えている。確かに，悪魔の言葉と繰り返すイワンの言葉の内容には違いがない。しかし，興奮して語るアクセントの移行は，意味全体を変化させていく。法廷で自白しようとするイワンの決断の留保は，悪魔にあっては主要な動機に変貌し，イワンの主要な動機が悪魔には留保になるという結果が，声たちのからみ合いになり，分身と自意識の完全な対話化を進めていくことになる。そして，ドストエフスキーの作品は，こうした言葉が緩やかなかたちで準備され，他者の言葉は

漸次的に媚びへつらうようにして主人公の発話の中に忍び込んでいく。「一つの意識の中で二つの意識が切り結ぶという現象は，その形式，程度，イデオロギー傾向の差はあれ，ドストエフスキーの作品のすべて」[19]にみられる現象で，ある意識内で様々な方向性をもった声の対位法的からみ合いは，彼にとって別の実在する声たちを導入するための基盤であり土壌であるとするバフチンの卓見どおり，ドストエフスキーの作品には随所にこうした"隠された対話関係という現象"がみられる。

　ドストエフスキーの作品にみる声の対位法的からみ合いについてバフチンは「気づかなかった」「後で知った」というモチーフはなく，「思想や命題としてではなく，様々な人間の意味的志向性として，様々な声として与えられる。そこで問題なのはただ，そうした志向，あるいは声の中からどれを選択するかということだけ」[20]だから，破局が訪れたとき，自分はすべてを知っていたし予見していたと分身が告白するとする。ここに永遠に未完な人間を見る視座があり，読者にも自身の分裂的な矛盾への共感性として伝わっていくのである。

　本稿で取り上げたバフチン (1895-1975) の『ドストエフスキーの詩学』(1963年) が日本語訳として刊行されたのは 1995 年である。最初に『ドストエフスキー論』として訳出されたのが 1968 年，彼が存命中のことである。晩年の作品が多く，死後に彼のメタ言語学が注目されるようになったのも，ロシア革命後の混乱期を様々な教職を続けながら匿名の学者として過ごし，スターリン時代に逮捕され流刑になっていたからであろう。彼がロシアの文豪の中で，トルストイ (1828-1910) やツルゲーネフ (1818-1883) ではなくドストエフスキー (1821-1881) 研究に自らの文学観と哲学的思索を寄せるのも，ドストエフスキー同様流刑された人生の中で，言葉が彼自身の内的論争を超越して隠された対話関係という現象に身を置いていたからではないかと思われる。彼にとっては明日の我が身もわからない価値倒錯の社会こそが真の現実であり，それを文学研究と重ねることによって，永遠に未完の人間が見えたのではなかろうか。没後のバフチンの復活は，まさに価値倒錯を図るカー

ニバル性に匹敵しよう。

2．子どもの言葉の世界とメタ言語学

バフチンがいうメタ言語学は，言語学が取り上げないこの複声的な言葉に対する志向性をもった分野で，文学作品だけでなく現実生活における研究でもある。現代の散文，中でも小説が文体論では理解できないのも，多方向性の複声的な言葉や，投影された他者の言葉，つまり隠された対話関係という現象があるからである。今日の職場の空気が読めない，コミュニケーションができない世代が発現しているといわれる現象も，この隠された対話関係が読めないということであろう。この現象は幼児期からの対話によく見られる。幼児の場合は，意識的に棘やほのめかしを刷り込ませるというより，他者の言葉で今の自分を演じたり語ったりするところから発生している。つまり，言語の模倣だけでなく，対話において他者の言葉に隠された意味を全体と道具との関係や隠された現象から読みとり，言葉以上に隠された現象に自分の言行為を合わせていくためといえよう。これをメタ言語学といったらバフチンに飛躍しすぎと指摘されるであろうが，日本語は，言語が「物」「道具」というより「事」「言」としてあり，助字ですら主体の意味をもつだけに，幼児は幼いころから隠された対話関係という現象を敏感に学習する存在であり，そうしなければ社会の一員として生きられない宿命を負っているのである。

(1) 投影された他者の言葉1
① パロディを遊ぶ「ごっこ」という虚構世界

言葉が社会的機能をもつ以上，当然ではあるが，子どもはパロディを遊びとし，投影された他者の言葉を現実の中で使用し，また他者の言葉に応じて自分の言葉を変えていく。その最たるものが「ごっこ」である。

ごっこは，多くはパロディが演じられる。現実ではかなえられない役に変

装し，役の言葉を使い，行為表現する。ごっこ自体，パロディ的に描かれた主人公の物語を表現するというほどに人生を物語る。1960年代のあるままごと場面で，帰宅した父親役が，ちゃぶ台に座ると子ども役がまわりに集まる。母親役が徳利の酒を勧めると父親役は酒を飲む振りをする。やがて「おれのじんせいはなあ，まあきけ。まともにはたらいてるんだぜ，それでいいじゃねえか。え，おれのじんせいはなあ。まとも，まともにやってるんだ」とろれつの回らない言葉でくどくどと同じ事を話し出す。母親役は徳利の酒をつぐ振りをしながら「まあまあ，お父さん，ご苦労様」とにこにこしている。俺の人生を俺が語る。酒はまともに働く日々の小さな幸せを演出し，家族がろれつのまわらない父親の物語を聞く振りをすることで，「人生」とは何か，「まとも」とは何かを，それぞれが自分の言葉として確定していく。役のモデルとなった親もまともでないと直接他者に言われたわけではなかろう。しかし，世間の目が非難するものを感じて，自分の立脚点を「まとも」においている。幼児は，自らを「まとも」と客観視して人生を語る親を象徴してごっこを遊んでいるのである。母親役の「まあまあ」も，父親役の酒での吐露を適当に受け止めぼかしながら笑顔で酒をつぐ行為で返している。こうした振りやろれつのまわらない発音や言葉を引きだすパロディが，「ごっこ」の中にはある。

　どんでん返しのドラマもある。母親役が車に見立てたベンチに子どもを乗せディズニーランドに行くことになる。父親役の男児を誘うが誰も入らない。子ども役が「お父さんは」と聞くと母親役は「お父さん，死んで，いないのね。さあ，みんな忘れ物しないでね」と運転する振りをして出かける。子どもたちは，庭に出て行き滑り台や雲梯などの遊具で遊んで車で家に戻ると，父親役が「お帰りなさい」と迎える。子ども役は，ディズニーランドでの楽しかったことを話し，母親役はテレビに見立てた箱の前で横になる。話が一段落すると父親役は「ママ，ハンバーグつくるけどいい」と聞く。寝てテレビを見る振りをしていた母親役が「ああ，疲れた，今日は。何か手伝う？」と聞くと，父親役は「いいよ，いいよ，僕がやるから」と言いながらフライ

パンを返す振りをしている。

　このドラマ仕立てで出迎えた父は死んだはずだと誰も言わない。父親役は家族を出迎え，子どもに話を聞くことで間を取りなしてもらう。空気を感じて夕食作りをする父親役は，母親役の「手伝う」という言葉が「手伝わないよ」という意味であることを「疲れた」から解釈し，母親役を気遣いながら料理する誠実さを演出する。21世紀のごっこには家族の役割変化が見られる。

　このようにごっこは時代を映して，配りごと，戦争ごっこ，看護師ごっこ，郵便ごっこ，お家ごっこと様々なパロディが演じられる。怪獣にやられたのち復活を果たしたり，宇宙人と仲良くなったりもする。現実と虚構を行き来し，時間や空間を超越して対話関係を生みだしていくことでドラマを盛り上げ，遊びの面白さをつくりだしていく。現実を模したドラマツルギーでありながら現実を超越できるからこそ，様々な矛盾を一つにしていくことができるのである。パロディの世界を遊ぶ子どもたちは，現実では越えることができない言葉の関係を超越できる面白さを味わいつつ，大人たちの対話の世界，メタ言語学の伏線を学習しているのである。大人たちのメタ言語の取り込みは，幼児期のごっこに多く現れるといえよう。

(2) 投影された他者の言葉2

　幼児に告白があるかと問われると，自我意識の芽生えと関係するだけに，あるともないとも言えない。ルソーの『告白』やゲーテの『ファウスト』にみるような「告白」はないが，独り言の中に投影された他者の言葉と，他者の言葉を通して自分を意識する言葉をみることができる。

① 独り言で演じて遊ぶ

　4歳6ヶ月T児の独り言が始まると，名前を呼んでも気がつかない。20,30分ほど独り言に没頭する。身振りもつかないのでT児が何を言っているのか教師には把握できず「ぶつぶつ言っている」状況を見守るしかない。

あのうぼくたちもりのようせいなのですけどおまえはだれおれのなまえはらっとまんだとおーおれさんでいきみはぼくしまじろうぼくたちもりのようせいなんですけどなにそれちゃんとせつめいしてくれたまえはやくにげないとだめだぞうわーうわーやったのだひつじいおめでとうございますおまえはだれだはんかちせいじんあやしい

　聴覚映像を研ぎ澄まして聞き取り，彼の言葉の抑揚と息継ぎのリズムから独り言を分節し，1人対話の状況を可視化すると次のようになる。

　　妖精「あのう，僕たち森の妖精なのですけど」
　　しまじろう「お前は誰」
　　妖精1「俺の名前はラットマンだ。トオー」
　　妖精2「俺サンデイ，君は」
　　しまじろう「僕，しまじろう」
　　妖精「僕たち森の妖精なんですけど」
　　しまじろう「なに，それ，ちゃんと説明してくれたまえ」
　　T児の中では場面が変わって
　　星人1「早く逃げないと駄目だぞ，ウワー，ウワー」
　　星人2「やったのだ，ヒツジイ」
　　星人3「おめでとうございます」
　　しまじろう「おまえはだれだ」
　　星人「ハンカチせいじん」
　　しまじろう「あやしい」

　連続した2場面ともしまじろうを演じるのはT児で，対話の相手は妖精1，2，星人1，2，3と思われる。物語の中の5人の対話者を1人でやりとりしている。一般的に幼児がこの世界を遊び化する場合，仲間がいて役として演じドラマを作る。しかし，T児は1人で架空の他者と対話しているので，注

意して聞かないと教師の聴覚映像が言葉を分節できない上,教師の経験にない物語世界のため概念を呼び起こし対話につなげることができない。なぜ,T児が独り言の世界に沈み込んでいるのか。そこにはメタ言語学というよりメタ生活学とでもいう現実がある。それは親が仕事をしている間,彼はしまじろうの映像を見て静かにしていることが求められ,繰り返し見るうちせりふも暗記してしまう。兄弟姉妹もいないためバーチャルな相手と対話することが遊びになっているのである。架空の相手でも対話を求める衝動は健在であるが,現実社会での他者との対話は成立しにくい。"対話という隠された現象"の裏にT児の日常生活がある。彼に求められる生活様式が精神を支配していることを捉えることが,幼児の言葉を理解する2つ目の視点である。それは,年齢とともにメタ言語の世界を読み解くことへと変化していく。

② メタ言語が飛び交う環境を生きる

　　電車通学している6歳2ヶ月K児は,登園すると玄関たたきに座り込んでしばらく休む。そして,つばを吐きながら「俺はもう駄目だ」とため息をついている。どうしたのか問うと「お父さんはステテコで家でごろごろしているから駄目なんだ。駄目なんだよなあ」と言う。「仕事に行かないの?」と聞くと「日曜日のこと」と言うので,「私の主人も家ではステテコでいるよ。日曜日はみんなそうじゃないの」と言うと,「それが駄目なんだよ」と語調強く返してつばを吐く。「でも,どうしてKが駄目なの」「……」

　3歳児の独り言とは違うこのため息は,母親の無意識に多発する言葉がつくった駄目な父親像と自分像を重ねて置き換え,否定される自分を感じているところから生まれる。つばを吐くときに頻繁に出る「俺はもう駄目だ」という言葉は自分に向けられたもので彼の限界を訴えている。電車通学で越境してまで通わせられる園,送ってくれる父は自慢したい父なのに否定される父でもある。両親面談時に見られた夫婦の対話は,深部にほのめかしや棘や

逃げ道などがからんだ複雑なメタ言語の世界で，彼には捉えきれず醸しださ
れる空気から，ステテコ＝駄目な父＝もう駄目な自分として認識しているの
である。隠された対話という現象の中を生きる幼児にとっては，言葉の中に
隠された非難・葛藤・軋轢・失望などに神経を使わざるをえないのであろう。

③　異なる世界観の背後に潜む言葉

　　4歳5ヶ月のC児と3歳10ヶ月D児の会話には世界観の違いが大き
く現れる。C児「次が問題です。大きいのはどっちだ」とフープを2つ
持ってきてD児に見せる。D児が大きい方を指さすとC児「正解です。
じゃあ今度はどっちが小さいか」と聞く。D児が大きい方を指すとC
児「1回でやってよう。どっちだ。ちっちゃいって言ったよ」ときつく
言うのでD児はその場を立ち去りフープを転がして遊び始める。C児
はフープを3つ持ってD児に近より「何個でしょうか」と言う。D児
が「2個」と答えるとC児は「3個でしたあ」と誇らしげに言う。

　C児の求める対話は，問題を出して正解を答えることでD児を対話の相
手としたいのだが，D児が求めるのはフープを転がして走りまわる遊びであ
る。つまり，大小の比較・数などの学習場面を求めるC児と，転がる，輪
の中に入るなどフープのアフォーダンスから探索をしたいD児の遊び欲求
との違いである。しかし，C児
の言葉がもつ「次が問題です」
「正解です」といったクイズで
使用する言葉は，他児でもテレ
ビ等で見聞きすることはあるだ
ろうが「1回でやってよう。どっ
ちだ。ちっちゃいって言ったよ」
の非難めいた語調，相手の間違
いを指摘する「よう」「だ」「よ」

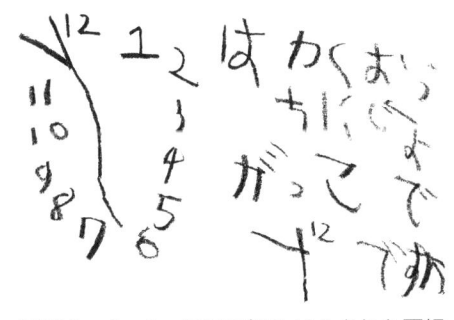

図表1-1-1　記号で埋め尽くされた画帳

の語調の強さは，彼の陳述でありながら彼の言葉ではない。C 児には友だちができないのではなく，他児と異なる世界観が形成されているので対話がかみ合わないのである。それは，1歳3ヶ月ころから文字を読み，3歳になるとひらがな，カタカナ，ローマ字，漢字と読み書きが進むことを喜んでくれる環境を生きてきたC 児と一般の幼児の違いである。非難めいた語調，相手の間違いを指摘する言葉は，彼が日常的に言われている他者の言葉を自分の言葉としている。他者の過去の言葉を使いながら，現在に戻るとき主体に立ち返る。この複雑な時空の飛躍，かみ合わない世界の憶測，欲求が満たされない相手との対話，言葉が使われる状況の道具立てなど，言語が表象するイメージという言葉の全体を獲得する前に，早期から単語や文字記号や問題に答える経験が先行したため，言語に表象や概念が伴わず，絵を描くことも困難な状況を抱えている。

④ 保育の「誘導」にみるメタ言語

保護者との関係によってつくられるメタ言語の世界だけではない。就学前教育（幼稚園保育所, 認定子ども園などの3歳以上の教育・保育をいう）は「誘導」という教育方法をもち，物理的・自然的な環境を通すのではなく，対話手法を用いて教師・保育士のほのめかしや棘を含んだ言葉を浸透させていく。保育が上手といわれる人々の中には，誘導が上手として認められる場合があるほどに，〈他者に対するほのめかし〉を含んだ言葉，〈棘〉を含んだ言葉，〈卑屈な，もってまわった，あらかじめ自分を放棄しているような発話〉，〈いくつもの留保，譲歩，逃げ道等々を含んだ発話〉が飛び交っているのである。

　　お城ごっこの片付けをしないで明日も続きをやりたいという子どもの要求から前日，積み木の城を片付けずに降園した。朝，登園した女児4人は城の辺に集まり，外に行こうと相談している。教師が来て「楽しみね。今日はお城で何があるかしら」と言いながら通り過ぎる。女児は「外に行こう」「でも昨日やるって言っちゃったし」「先生がまた来るよ」と言いながら，遊びは始まらない。教師が来て「何やるか決めた？」幼児

「……」教師「舞踏会始まったら先生も呼んでね，楽しみだわ」幼児「外……」教師「外で舞踏会やりたいの。でもせっかくお城作ったのに」と言いながら，踊りの衣装にする布を提示し外に行く。4人は「どうする」「でもさあ」と言いながら手持ちぶさたに城のまわりをうろうろする。20分ほどして教師が戻り何もしていないのを見て「なんだあ，ドレスはいらないの，残念。じゃ，かぼちゃの馬車にする」と言いながらダンボール箱を置いていく。4人は順番に箱に入り「おふろ」「次は私よ」「わあ，2人じゃきつーい」と言いながら一時を過ごし，また所在なげに窓の外を覗いている。

　ごっこは自然発生的な活動で，役の振りをし対話しながらドラマを展開していくが，4人には前日からのお城のテーマを継続して遊ぶ気持ちはない。教師がなんとか発展させようと舞踏会を提案し，「楽しみ」をほのめかせばほのめかすほど，子どもの遊びの欲求から離れていく。結果として期待に添わない子どもに「残念」と棘を含んだ言葉を返すことになる。自分たちで遊びの方向を決められない子どもは，誘導に乗ることもできず，かといって教師の意図を汲んで外にも出られず，中途半端な立場に置かれた自分たちに向き合うことになる。前日，城の場を残したいと言った責任を感じる時間という解釈もできるが，遊びは本来，参加するのも自由なら止めることも自由なはずである。教師のほのめかしによって遊びの自由が失われてしまう危険もある。

　「仲間に入れてくれない」とM児が教師に訴えに来る。教師が「入れてって言ったの」と聞くとM児「言った」と答える。「じゃ，一緒に言ってみよう」と車作りをしているO児たちの所に行き，M児に「ここにいるから言ってごらん」と背中を押す。M児が「入れて」と言うとO児ら3人に「駄目」と返される。教師は「ほら入れてと言っているよ。どうして入れてあげないの。みんな仲良く遊ぼうよ」と強い語調で言う。

H児「だって,3路線だもの」O児「Mちゃん,やりたければ自分で作ればいいよ」とうつむいて言うが,教師は「誰かMちゃんに作り方教えてあげて,優しい子は誰かな」と言う。S児が顔を上げると教師「よかったね,ほら,Sちゃんが教えてくれるって」とM児に言う。

　人は生きるために留保,譲歩,逃げ道などをつくりつつ対話する。幼児期は,言葉によって留保,譲歩,逃げ道をつくるのではなく,相手の語調や表情を読んで「間を置く」「その場から離れる」「脇にずれる」など,身体によって応答する。言葉で「入れて」を教えるのが教育ならば,「ころ合いを見てすっと入り込む」のが子どもの自然な姿である。そのころ合いを幼児は,一区切りがついたとき,緊張が解けた瞬間,一人抜けた,人数が足りないなど,相手方の状況をよく見て判断する。それが遊びへの「入り」のころ合いである。そのころ合いもわからず「入れて」と言われても「新入りに遊びの続きを壊されたくない」「人数がいっぱい」「道具が足りない」「仲良しの間に割り込んで欲しくない」「こちらの指示に従ってくれるならいいけど」など相手にもいろいろな理由がある。「駄目」という言葉には,子どもが言い尽くせない留保,譲歩,逃げ道が隠されているのは当然である。強引に仲間に入れさせようとする教師の介入は,子どもからみたら子どもを理解していないナンセンスということになる。本来,教師が仲間入りできない子どもとつくりだす意味は「入れて」と言う言葉ではなく状況の読み取り,きっかけを捉え,自らチャレンジする勇気であろう。しかし,教師もいったん言いだしたらあの手,この手で相手を説き伏せるため,「やさしい子」と一本釣りするほのめかしの手も使う。しかし,なんとか仲間に入れてもM児の依存度は増すばかりで,その繰り返しが他児から仲間として受け入れられない一因にもなっていく。このように幼児の自由な対話や意志の発露を縛る他者の言葉が,保育の中では随所に見られる。みんな「仲良くしよう」とか,「入れて」と言ったら「いいよ」と言う子がよい子とか,喧嘩をしたら「握手して仲直り」などといった暗黙のクラスのルールが言葉以上に意味をもっているのである。

生活の中で大人たちが教える言葉は，状況性・身体性・主体の意志と切り離されていることが多く，子どもを苦悩に突き落とすことにもなりかねない。自我が淡ければ淡いほど，大人のメタ言語が子どもを縛っていくのである。子どもの世界観を形成しているのは経験である。聴覚映像も表象される概念も経験によってつくられていく。子どもの世界の言葉は，状況性・身体性・主体の意志と切り離さないようにしなければ，大人のメタ言語によって，真のパロールの関係を学習できないのである。

　筆者が冒頭にバフチンを引用するのは，小説以上に子どもの現実生活の中で言葉が人間の意識そのものの多声性，対話性を示唆しているからである。日常生活においては，他者の言葉への志向性をもった主体間の応答関係が基本である。まだ書き言葉をもたない乳幼児期の子どもは，"対話による応答"，"隠された対話"環境の真っ直中を生きており，この他者の言葉への志向性をもった「隠された対話関係」の学習がすでに幼児期から始まっている。永遠に未完な人間の初期の段階に埋め込まれた言葉は，主知主義でいう語彙や文法といった知識ではなく，身近にある様々な人々の意味的志向性としての様々な声の中からどれを選択するかで，自己存在を意識化していく。とくに，保育・教育という場は，「隠された対話関係という現象」のるつぼで，依存しなければ生きていかれない立場の子どもにとっては，この現象に身を置いて，多声性の中を生き抜く術を学習することが，言葉の獲得に直結しているからである。教育の中で語られる言葉の分野は，いまだメタ言語学の研究に至っていない。就学前教育においても，1989（平成元）年の幼稚園教育要領・保育指針の領域が「言語」から「言葉」に変わったものの，言葉に対する感性やコミュニケーション能力が強調されただけで，その背景となる論理も，「言語」と「言葉」がどう違うのかその根源もわからない。そして，社会的関係の中にある言葉は「言語」の全体構造を見失い，「言葉」の社会性も見失って対話が循環しない現状を招いている。ましてバフチンのいうメタ言語学の視点は思慮されていない。今後の大きな課題として，ここに提案したい。

§2 国語のルーツ

1. 言語学の発展

　古代から日本では，話し言葉を中心とした日常のメタ言語の世界を楽しむ生活があり，日本人は言葉を遊ぶ独特の文化を形づくってきた民族である。明治以前は，京文化を中心としながら漢語，梵語（サンスクリット語），オランダ語などの外国語の学習や，和歌の創作，古文の研究があったが，国学の四大人としてあげられる荷田春満，賀茂真淵，本居宣長，平田篤胤[1]らが儒学に代わって日本独自の文化・思想や精神世界を著し，解釈不能だった古典『古事記』などの研究（宣長を中心に富士谷成章，鈴木朖（あきら），東条義門，本居春庭らによる）がなされた。この国学の思想性が明治維新に大きな影響を与えたといわれ，後述する時枝文法にも大きな影響を与えている。明治時代になりヨーロッパの文法理論がもち込まれ，言語学として浮上するのは 1886（明治 19）年帝国大学和文科で外国人による「博言学」の講義がなされてからである。この講義を聞いた上田萬年が 1894 年ドイツ留学から帰国後，博言学講座（のちに言語学）を担当し，比較言語学，音声学など近代言語の研究・研究方法に新風をもたらしたことに始まり，彼は「国語」という思想をもって古文研究から抜けることを提唱した。

　当時，まだ曖昧模糊としていた言語学を上田は国語学として確立するために研究会を組織し，そこで標準語の必要性を説く。「全国内到る処，凡ての場所に通じて大抵の人々にせらるべき効力を有するものをいふ」「一国内に模範として用ゐらるゝ言葉をいふ」[2]として，標準語は大国になるための必須条件でこれを教育によって普及する構想である。それは話しことば共同体（私用，制度化の対象外，音，表現の世界・4 千万同胞のことば）と書きことば共

同体（公用，制度化の対象，文字の世界，10万・20万の上流社会・学者社会のことば）を「国語（具体相としての標準語）」として国民国家，言文一致することによって脱階層性を目指す[3]ものである。その標準語のために，新井白石や本居宣長の足跡をあげて古語に傾いた日本の国語を「読んでわかり，聞いてわかり，書てわかり，見てわかるのを以て標準となす」[4]とする運動は，国語調査委員会として官制公布がなされ，1902（明治35）年に政策化への道が開かれている。新村出ら"人種の初代の根拠地を決するは国語に如くなし"と多くの言語研究家が国語の整理に猛進している。

　大槻文彦は，『国語語原考』（1919）の中で，「久しく，言語の由来，即ち語原を考究してあり」「西洋の辞書を閲するに，語毎に語原を記してあり」「語原，実に必要なり」とする。「国語家先哲の語原を説かれてあるは，多くは，平安朝以上のものにて，鎌倉室町時代以後のものは俗語として，顧みられざるが如し，我日常朝夕に用ゐて，大切なる用事を便ずる実にありがたき言語を，俗語と排斥すること，勿体なしと思はる」[5]として，今日でいう語原を入れた『言海』[6]を編纂して，国語の用に足る俗語の辞書を作った意図を述べている。

　このように，明治の博言学は，広く日用に要するものと比較言語学のように学問として極めるものと，現実に使用される言葉とを踏まえながら研究されている。そして，20世紀初頭になると，ソシュールやチョムスキーらの学説が輸入されて構造言語学に変わっていくのである。日常性にある言葉が細分化されて研究されればされるほど，言葉は存在する場所や人から離れていく。そこに，メルロ=ポンティの「言語と身体論」やバフチンの「メタ言語学」などが提唱され注目される歴史的課題があったと思われる。明治期の比較言語学や音声学から，今日まで積み上げ深化した多様な視点を，言葉が使われる現実の生活において統一することが必要であろう。そうした意味で，多様化した言語学の詳細は筆者の扱える範疇にはないが，バフチンのメタ言語学を理解するためにも，また対話関係を生きる幼児の言葉を理解し耕すためにも，言語学とは何かをもう少し具体的に把握しておきたい。

言語学は，基本的に"人間が使用する言語の本質や構造を科学的に記述する学問"であり，言語社会に密接につながって使用されるもので，優劣や幼稚な言語，高度な言語などは存在しないという立場で研究されているといわれるが，それだけでは定義自体が曖昧でつかみにくい。

2．言語学から言語過程説へ

中村雄二郎は，時枝誠記(もとき)の『国語学原論 正篇・続篇』について，「日本語をとおしてなされた最初の本格的な言語理論であり，その高嶺は今日に至るまで超えられるに至っていない」[7]とし，ソシュール言語学に対する批判を通じてつくられた時枝言語学は，"言語学における西田哲学"だという。なぜなら，時枝の言語学は「ヨーロッパ言語学には一般に言語を〈物〉として見る傾向が強いが，これに対して日本には古くから〈事〉と〈言〉とを同一視する考え方がある。国語では〈事〉と〈言〉とはともに〈こと〉といわれている。その意味するところは〈言う事〉の根本にあるものは〈心〉であって，心が発動して言語となるということである。すでに『古今和歌集』の序にも《和歌(やまとうた)は人の心を種として，よろづの言の葉とぞなれりける》と述べられているし，〈てにをは〉の研究において本居宣長が，これを漢字の助字に比較する説を退け，これに文を統一体たらしめる高次の主体的機能を認めたのも，〈てにをは〉を心の顕現と見ていることを示している」[8]という国学の言語観に立っているからである。

時枝は，言語を人間行為全体から切り離して，言語自体の構造を抽象的に観察した伝統的な国語学は，音韻，語彙，文法の3部門に音声学，文字論，文法学，意味論等があるとする。しかし，いずれも系統的歴史的事実を実証するためにとられた基準で，いつのまにかこれが言語の体系的記述の枠のようになり「言語観察の視点は，著しく狭められ，かつ，固定してしまった。言語研究の鉄則の如くに考えられて来た，この三大部門を，破棄し，脱却するところに，新しい国語学の体系が樹立されるものである」[9]として，言語

を街頭における，また生活における機能について把捉する研究として，彼は「言語過程説」をあげている。

世界的にも行き詰まった言語学は，ソシュールがラング（言語）とパロール（言）の構造的枠組みを提唱してから多くの言語学者の注目を集め，新しい局面を開いたかにみえた。川島正平は，19世紀の比較言語学の隆盛はソシュールによって言語本質論に向かうかにみえたが，逆に「プラハ学派やコペンハーゲン学派などの音韻論や，アメリカのサピアやブルームフィールドらの記述言語学，そしてチョムスキーの生成文法など，いずれもソシュールほどには言語本質論に勢力を注いでいない」[10]として，言語本質論に執念をもやして取り組んだ時枝誠記と三浦つとむの足跡をたどっている。

(1) 言語過程説1：時枝誠記

時枝のいう言語過程説とは，「言語を，人間行為の一として観察し，すべてを，言語主体の機能に還元しようとする学説」で「言語において，人間を取り戻そうとするのである。言語は，その本質において，人間の行為の一形式であり，人間活動の一であるとする時，何よりも肝心なことは，言語を，人間的事実の中において，人間的事実との関連において，これを観察する」[11]こととし，言語を音韻と概念との結合体として考える言語構成説に対し，言語を精神，生理，物理的過程現象であるとする。言語過程説の特色[12]は，

① 言語は人間の表現行為そのものであり，また理解行為そのものである。
（ソシュールの，表現理解に使用される資財としての言語を否定）

② 言語は常に表現主体，理解主体（合わせて言語主体）を不可欠の条件として成立し（ソシュールは資財的言語ラングの成立に関する話手，聞手の作用を重視），一切の言語的事実を，言語主体の意識，活動，技術に還元して説明する。

③ 言語は常に必ず個人の行為としてのみ成立するが，常に話手に対立する聞手に制約され，聞手の理解，不理解を顧慮し，聞手に働きかける個人として規定されている。（ソシュールのように，同一社会の平均化されたラング

を前提として出発することは，言語研究が最も回避すべきことと批判）
④　言語の行為主体が個人であるということは，言語学の対象は特定個人の特定言語行為以外にはあり得ないことを意味する。（ソシュールの個々の個人を超越して存在する素材的言語ラングを真正な言語学の対象とすることを否定。ラングの言語学，パロールの言語学と両断して考える見解は，普遍と特殊との関係に対する誤った考えと批判）
⑤　言語という表現行為は，音楽，絵画，舞踊と共通した性格があるが，違うのは表現の媒材を発声発音，音声，文字としており（構成主義的言語は，音声文字は思想概念に結び付く要素，内容に対する形式と考えられている），音声文字は表現者の思想を理解者に伝達する媒介者としての位置をもつ。
⑥　言語は媒材の性質の相違によって，次のように分類できる。

言語行為 { 表現行為 { 文字を媒材とするもの　書く ………… } 文字言語
　　　　　　　　　　音声を媒材とするもの　話す } 音声言語
　　　　　理解行為 { 音声を媒材とするもの　聞く
　　　　　　　　　　文字を媒材とするもの　読む ………… }

⑦　言語が表現理解の行為である以上，人間の行為一般（歩くこと，飲食すること，遊戯すること，考えることなど生きる営み）の中に位置づけられなければならない。言語は，行為であり活動であり生活である。

と，ソシュール以降の構成主義と比較して，言語が人間生活全体の中で切り取られる必要があることを強調する。つまり，言語研究は第三者の主体的な表現行為を観察し，記述し，説明・解釈することは構成主義と同じであるが，構成主義は，音声と文字から把握する。時枝の言語過程説では，話し手の表現した音声文字を手がかりとして，話し手の表現過程を観察者の意識の中に再構成し，再構成されたものを内省観察する。その解釈によって再構成されたものは，観察者の主体的活動であって話し手の行為そのものではない。観察者の結論の妥当性は，彼の言語経験の普遍度に支えられており，その経験が同一社会圏に普遍的に妥当する場合は，その経験がその社会に流通力をもつということになる。それゆえに，観察者は言語社会圏の完全な一員であり，

第三者の言語行為について，観察者の経験として再構成できるだけの自己の経験を分析し記述する学問的方法をもっていることとする。

　語る言語主体と聞き手となる言語主体，そして観察者の結論の妥当性を導き出す過程に言語研究があるということである。つまり，話し手甲から聞き手乙に受け渡しされるものは，空間を経由して来る音声（波），文字だけで，話し手から思想を受け取るのではない。音声，文字が乙の聴覚，視覚を刺激し，乙はある概念なり表象を思い浮かべ伝達が成立する。この際，思想は甲から受け渡されるのでなく乙が自ら形成したものである。伝達は乙によって成立，不成立となる。その関係は，図表 1-1-2 のようである。

　そして，それを観察する立場が，時枝のいう「言語に対する2の立場の存在」[13] の 2 の観察者（筆者加筆）になる。

言語に対する立場 { 1. 主体的立場(甲乙)―理解，表現，鑑賞，価値判断
　　　　　　　　　 2. 観察的立場―観察，分析，記述

　時枝がこの関係の中にランガージュ研究があるとするのも，伝達の困難，解釈の困難は日常しばしばあることから，言語学上の中心的課題は伝達にあると考えるのも国語学者ならではであろう。ソシュール言語学は，「伝達は，資財的言語ラングの運用である。言語学の対象は，ラングの運用の事実即ち言語活動ランガージュではなくして，伝達以前の資財的言語ラングであり，

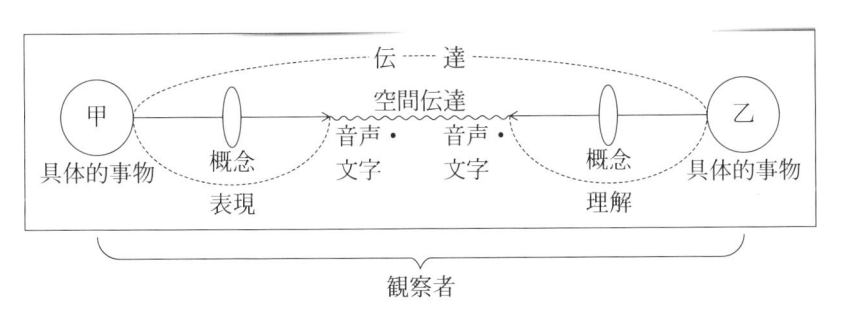

図表 1-1-2　伝達関係図
時枝誠記『国語学原論 続篇』岩波書店，2008 年 p.45 の言語過程図（時枝誠記『国語学原論 正篇』岩波書店，1941，p.91 を簡易化した図）

ラングの性質法則を研究するのが言語学の任務」[14]であるとする。甲乙の間に伝達が可能なのは，甲乙が同じ資財的言語ラングを所有する，つまり彼の言葉でいえば，各人が同じ辞書を1部ずつ所有しているのに似ているという点を疑問視し，時枝はランガージュ研究の必要性を説くのである。

　ソシュールは概念と表象が結びつくとしたが，時枝は表象に概念が結びつくとした。時枝の論理を支えるように，西田幾多郎は概念的知識は必ずしも判断の形をなすと限らないが，何かを考えるとき，われわれはいつも判断の形において考えるとする。そして，種と類の系列からなる分類も概念的知識の1つの形なら，判断の結合である推論も概念的知識の1つの形である。判断にはいろいろな種類，形があるが，主語が述語に含まれる包摂的関係が判断の根本的意義だとする。そして，主語と述語とは切り離すことができない関係にあり，関係するには関係する場所が必要であるとし，「於てあるもの」「於てある場所」と「両者の媒介者」の3部分から成り立つ[15]，これらを区別する。さらに西田は「於てあるもの」が主語，「於てある場所」が述語と考えられ，判断は媒介者の1つの形でこの3つを具備して判断が成り立ち，概念的知識として成立するとする。私たちが抽象的概念，一般的概念というのは単に限定された場所（自己限定）の意義を有するだけで，その場合は媒介者を含まない。つまり主語を含まない，見方によっては主語とも述語ともみられるということになる。しかし，「真の概念は具体的でなければならぬ，具体的概念とは自己の中に媒介者を含んだものである─（中略）─概念が自己の中に媒介者を含むということは即ち真に主語となるものを含むということである」[16]。概念が真に具体的となり対象を有する，すなわち自己自身の中に自己を媒介するものが，それ自身においてあるということは，西田のいう場所が場所自身においてあることであり，それは「自覚」を意味する。「於てあるもの」「於てある場所」「両者の媒介者」が自覚の中にあるとする視点から，時枝の言語主体を捉え，日本語の主語，述語の関係や「てにをは」のもつ心の顕現を捉えると，日本語の特徴が改めて浮かび上がってくるのである。時枝の論理は，西田の「無の場所の哲学」と一つになって認識を補完し

ているといえよう。

(2) 言語過程説2：三浦つとむ

　学歴社会，肩書き社会において独学の著述業を目指すのは大変なことであるが，主流に乗らないから俯瞰できることがある。三浦つとむが時枝の「言語過程説」の批判的継承を行ったのは，時枝が誰も踏み入れないジャンルに分け入る三浦の日本語論，言語論の理解者だったからであろう。三浦は，時枝が言語過程説を打ち立てながら「学」を成立できなかったのは，認識論に対する知見がなかったからとして，言語と認識から論を始める。認識は現実世界の映像であり模写であって，「人間の認識は社会的なものである」[17]。個々の感覚器官を経て脳の働きとして存在する認識も，他の人間の認識を自己の頭に受け止めることによって"精神的に相互につくり合う"，"自己の認識は他人的になることによって自己として成長する"ものだからである。三浦は，ソシュールの流れをくむ学派が不可知論，観念論の立場から認識を取り上げ，時枝が唯物論の立場から認識を取り上げたのに対して，哲学から脱皮しないかぎりソシュール言語学批判はできないとし，ここに二人の分岐点がある。三浦は言語学を個別科学として確立するためには，「対象の考察に際してつねに矛盾の存在に心をくばり，矛盾の発展を忠実にたぐっていくという態度」[18]が必要であり，認識の基礎となっている現実の世界の反映・模写自体が非敵対的矛盾を形成している以上，頭脳への現実世界への反映は有限であるとする。これを踏まえ，ア．認識が受動的であり限界づけられていると同時に，能動的に現実に向かって問いかけその限界を超えていく矛盾，イ．真理に対立するものとしての誤謬，およびその相互転化という認識の矛盾，ウ．社会の一員として生活する人間の本質的なあり方から認識が規定されてつくりだされる意志，つまり認識の内部に意志に対立する意志（フィードバック的な構造をもつ）の矛盾，を直視していく態度が必要となる。

　この認識論に立って三浦は，時枝が「観念的な自己の立場と現実的な自己の立場とのちがいを経験的にとらえて，主体的立場と観察的立場との区別を

与えたわけであるが,『総ての言語はこの主体的立場の所産』であると,話し手の立場を一つにしてしまったところに行きすぎがあった」[19]と批判する。表現者（たとえば映画の場合）は,鑑賞者がどう思うか,感じるか,他の立場に自己を置いて考えながら創作を進めるという観念的な自己分裂がついてまわる。言語表現でも,聞き手が子どもならそれに合わせて,聞き手を喜ばせるためには甘ったるい言葉で,怒らせるには悪口でというように話し手は観念的な自己分裂によって聞き手の身になって（わかるかな,喜ぶだろうな,怒るだろうななどと）想像する存在である以上,話し手は写真的な位置から地図的な位置に移行したり復帰したりする。現在から過去,未来の位置に移行してとりあげながら現在の位置に復帰する複雑な認識のあり方を認識することだとする。私たちが「きれい－だっ－た」という場合も,2つの助動詞の間に,「きれい」という現在から「た」と過去に移行し現在に戻るという話し手の位置の移行,立場の飛躍があるのに,時枝は話し手の立ち場を一つにしてしまったところに学の限界があるとするのである。

　三浦の視点は,時枝言語学を土台にして,バフチンのメタ言語論につながる他者の取り入れや位置・時間・空間の移行,飛躍などが垣間見られる。そして言語活動における認識の誤謬は,鏡や望遠鏡など,見えないものを見る科学がどんなに発達しても限界があり,自己分裂の矛盾があることと深く関係するという認識から始めないかぎり,理解に至らないとする視点もメタ言語論に近い視座といえよう。

　時枝を理解するために三浦の「認識論と矛盾論」をもう少しみてみよう。人間の感覚器官が受動的に現実世界を反映しているとはいえ,反映のためには見よう,聞こうとする能動的な注意が必要である。思わず見聞きした場合もあれば意識的に見聞きする,あるいは待ち合わせのように注意して相手を探すなど注意にも発見にも主体的条件の違いがある。「認識は感覚を出発点としてのぼるだけではない。反対に感覚へとくだることも絶えず行われているから,のぼるとくだるという対立した過程を統一してとらえることが必要になってくる。感覚をみがくとか感覚を訓練するとかいう問題は,くだる過

程の問題でもあって，受動的な単なる経験のくりかえしと考えてはならない」[20]。そのために，脳は対象から与えられた感性的な像を記憶にとどめ表象することで矛盾の要求にこたえているとするのである。そして彼は「有難迷惑」「痛しかゆし」など相反する語を一つにして使うのは，二重の目（頭の中の目）をもつ人間の表現であり，二重の目が予想という発展を可能にするからこそ，教育は頭の中の目を育てることだとする。

彼の言語表現の過程的構造の中で，就学前教育を考える上で特筆すべき内容に，人間の感情や欲求や意志は，音声だけでなく，身振りに現れるとした身振り言語や擬声語などのとらえ方がある。非言語表現でも一般化あるいは普遍性の認識を一定の種類の身振りによって表現する場合は，一つの言語表現で「身振り言語」と呼ばれる。三浦は，身振り言語は，身体を使って描く象形文字で視覚に訴えるが，書き文字と違い表現後，消滅してしまうという特徴をもつとする。多くの言語学者が身振り言語を原始社会の言葉として扱ったり，"クチコトバの欠を補う"ものとしての価値しかないと認識したりする定説を否定し，「身振り言語は音声言語に従属するものではなく，語彙は少いが立派な言語である」[21]として，身振りの中にある単なる身振りと身振り言語を区別すべきとする。擬声語「わんわん」も，対象の感性的な模写から移行した言語表現であるが，視覚的なあり方や聴覚的なあり方を概念の手がかりにする段階から，概念的把握の発展と音声言語の発展によって「わんわん」が「いぬ」に翻訳され身振り言語が減少していくが，大人になっても身振り言語の便利さは活用される。音声言語が文字言語「犬」に翻訳される場合も，概念には視覚・聴覚映像（盲者にあっては触覚・聴覚映像，聾者にあっては聴覚・触覚映像）が手がかりとして結びついているのである。

擬声語や象形文字は経験に照らして理解できるが，音声言語や文字言語は「話し手や書き手がどういう概念をその音声や文字の種類で表現したのか，それを知らないと理解が不可能になる。それゆえ，おたがいに，この概念にはこの種類の音声や文字を使うことにしようと，意志を統一して社会的な約束事をつくっておく」[22]ことが必要になり，言語に対する社会的規範が成立

し，語についての規範から文についての規範へ，文章についての規範へと発展し，現在に至っている。私たちの言語表現は，体系化によって規定されるだけでなく，現実の世界のあり方によって支えられていることになる。商標登録や新幹線「ひかり」「はやて」や俳優の命名などが法的保護を受けるのも，象徴的に他の規範を横滑りさせていく現実世界のありようということになる。

　子どもの外言と内言についてヴィゴツキーは，「外言は，思想の言葉への転化，それの物質化，客観化の過程である。内言では，逆方向の外から内へ進む過程，ことばが思想へ気化する過程」[23] と捉えて，外言と内言の構成は相違するとした。ピアジェもワトソンも多くの学者は内言が頭の中にあり頭の中に思考言語が存在するかのように考えている。就学前教育においても多くの人が幼児期は外言から内言に移行する特徴的な時期として語ってきた。しかし，ヴィゴツキーが言葉の発達過程[24] を①原始的・自然的段階から，②ことばの形式，従属文を，因果関係・時間関係・条件の関係・対立などを習得する以前に習得する段階，③この後に外的記号・外的操作の段階がやってきて自己中心的な言葉が使われるようになり，④外的操作が内部に引っ込んで内的操作になる，として内的操作と外的操作の相互作用のもとで発展するとした説を取り上げ，三浦も「人間の思惟は必ずしも言語からみちびかれた感性的な手がかりによって行われるわけではない」[25] として，概念の発達は，感性的な手がかりが結びつけられた言語と深く関係はしているが，「視覚映像」「聴覚映像」（筆者附記：触覚映像や味覚映像，嗅覚映像）は「言語からみちびかれてはいるがこれら自体は言語ではない」[26] とする。人間は頭の中に言語をもっているのではなく，概念を運用して思惟するときに感性的な手がかりを使うので，頭の中に次々に聴覚映像や視覚映像が浮かぶのだと三浦は時枝の論を支持する。私たちの「頭の中では，言語表現のための規範とこれから相対的に独立してはいるが規範から規定されている感性的な手がかりのついた概念とが，表現および思惟に際して役立てられるように，いわば『心的実在体』として存在している」[27] ということになる。三浦は「言語は

社会にあつて個人にはないこと，といふと語弊があるが，言語は社会にあつて個人がそれを写し取つて使ふものであること。之は極めて新しい，そして殆んど革命的な言語の解釈であつて，言語は社会的な出来ごとだといふ命題は，この点を考へると，決して安値なものではない。鶏が先きか卵が先きかといふ煩鎖哲学の問答見たやうに，言語は社会にあるか個人にあるかといふ，長い間の水掛け論が，之で一刀両断に解決せられたわけである」[28)]という石黒魯平の説を引いて，言語活動が言語を使って自分の体験を自覚的・効果的に表出する言を行うという，「事・心・言葉」の関係，「言語活動の意味」の意味に帰着させている点に，ソシュール批判に始まり時枝が言い得なかった言語過程説を補完する論理をおいていることがわかる。

　ソシュールのランガージュがラングを言語学研究の対象としてパロールを除外したところに問題提起をした時枝や三浦の言語過程説の位置づけに，日本人としての関心が色濃く浮かび上がる。ここでは詳細は尽くせないので彼らの著書を読んでいただくのが本来望むところである。なぜなら，就学前教育は，日本語による対話から読み書きへの興味の拡大に移行していく世界であり，環境としての教師・保育士が幼児の言葉を受け止め応答する言葉環境が，欧米型をとるのか時枝文法のような日本型によるのかで，感性が異なってくるからである。そうした意味で，筆者はラング，ランガージュ研究の両方を理解し，対話関係という現象に向き合わないかぎり，「言葉」「辞」「詞」が生成している意味を見失うのではないかと危惧するのである。

3．言語（ラング）と言（パロール）

　時枝が言語過程説でソシュールを批判し持論を展開したように，三浦が時枝のソシュール批判をもとに言語過程説の批判的継承を行ったように，世界の言語学者が言語学を語る上でソシュールを軸に据えるのは，言語学の限界を構造によって捉え多方面に多くの影響を与えたからである。それほどに，ソシュールの言語学が提起した構造の問題は大きかった。

(1) ソシュールの言語学

　私たちが子どもの言葉の発達に影響する仕事にかかわる以上，ソシュールの5区分の見解に基づいて言語学史の概観[29]を学んでおきたい（ソシュールの『一般言語学講義』が小林英夫によって初めて邦訳されたのは1928年である）。

①ギリシャ人が口火を切り，フランス人が受け継いだ「文法」の論理は，正形，不正形の区別をする規範学で，純粋観察を経ることなく科学的，公平無私な見方を欠いていた。

②次がウォルフが1777年に創始した文献学で，文献を校定し，解釈し，注釈することから，文学史・風俗・制度とも関連させたが，文語に拘泥するあまり，生きた言語を忘れた。

③第3期は，ジョーンズ（1794年没）の流れを汲んで，人が言語を比較できることを発見し，比較文献学（比較文法）としてサンスクリット語とゲルマン語，ギリシャ語，ラテン語を比較した1816年のボップの「サンスクリットの活用組織」からである。一言語の形態を他の言語の形態をもって説明する境地が開発された。

④クルチウスの「ギリシャ語源学原理」(1879)，ボップ研究を体系化したアウグスト・シュライヒャーの「インドゲルマン語比較文法綱要」(1861)は比較学派の功績があるが，彼らも真正の言語科学を打ち立てることはできなかった。

⑤1870年前後，比較は事実を再建するための手段，方法に過ぎないことが発見され，ホイットニーの「言語の生」(1875)が出され，比較の成果を史的眺望のうちに収め，事実を本然の秩序の中に組み入れた。このおかげで，人は言語をそれ自体で発達する有機体ではなく，言語集団の集団精神の所産であり，比較文法上の諸観念が誤りだったことを理解した。

　この言語史観からソシュールが捉えた言語学研究の課題は，

　ア．言語族の歴史を編み可能な範囲において各言語族の祖語を再建すること，

　イ．あらゆる言語において恒久的・普遍的に働く力を求め，言語史上のあ

らゆる特異的現象の立ち戻るべき一般法則を引き出すこと，

　ウ．それ自体を限定し，定義すること，

の3点である。ここからソシュールの言語学が始まる。

(2)　ソシュールの言語の定義

　言語現象は必ず2面を呈する。「音節は聴覚印象であるが声音器官がなければ存在しない」「音は聴覚・声音的複合単位でありながら，観念とともに生理的・精神的複合単位を形成する」「言語活動には個人的側面と社会的側面があり，どちらか一方で考えることはできない」「いついかなるときも既成体系と進化とを同時に内包する」。これらの2者を結ぶ関係を引き離すのは容易でない。言語現象を起源に遡り幼児語から出発するといっても社会的側面が関係し，起源の問題を恒久的条件とはできない。そこで，ソシュールは言語学研究の解決策はただ一つ，「言語の土地の上に腰をすえ，これをもって言語活動の他のいっさいの現われの規範とすべき」[30] とする。ラングとランガージュは別物で，ラングはそれ自身全一体であり分類原理であるが，言語活動は多種多様で物理的，生理的，心的領域にまたがり，また個人的・社会的領域にも属すため，人間事象のどの部類にも収めることができない。そこで，言語は，生得的な言語活動の行使ではなく，後天的に習得する制約的なものとして生得本能の下位に位置づく。つまり文節言語は，「集団によって作りだされ供給される道具の助けをかりて始めて行使される」[31] ために言語活動の単位を為す者は言語である，と定義する。

　そして言語研究をするためには，甲乙2人の会話を記録する。循環の起点は，甲の脳内にある概念で，それが表現に役立つ言語記号と連合し音声を放つ。音波が乙の耳に伝播すると（純粋

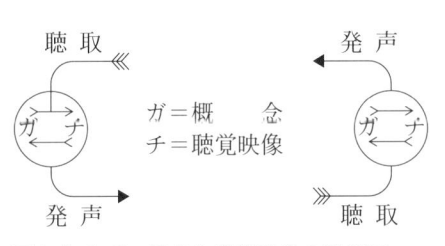

図表1-1-3　概念と聴覚映像の関係図

ソシュール／小林英夫訳『一般言語学講義』岩波書店，1972，p.24

の物理的過程），乙は，甲の脳の進行と同じ同一位相を経て，逆の順に音声を発する。物理的な部分（音波）と，生理的な部分（発声と聴取）および心的な部分（語詞映像と概念）が循環するとする。

　この図から，物理的な部分，生理的な部分，心的な部分を見分けることができるが，もう一つ，社会的事実に着目する必要がある。そこで言語を言（parole）から切り離し，社会的なものを個人的なものから，本質的なものを副次的・偶然的なものから切り離すことで，「語」ではなく言語という「もの」を定義することができたのである。ソシュールは，パロールについて「言は意志と知能の個人的行為であって」[32] 話し手が個人的思想を表現する意図をもって言語の宝典を利用する際の結合と，そうした結合を表出することを許す精神的物理的機構を識別することが必要であるとする。ここから言語の全体構造を次のように図示している[33]。

Langage（言語活動）　　Langue（言語）　　Synchronile（共時態）
《言語》　　　　　　　　《国語体》　　　　Diachronie（通時態）
　　　　　　　　　　　　Parole（言）
　　　　　　　　　　　　《言活動》

図表 1-1-4　言語の全体構造
（ ）内は小林英夫，《 》内は後述するメルロ＝ポンティの『言語の現象学』の訳者竹内芳郎の捉え方で，小林英夫訳がソシュール言語学誤解の根源だったとしているので両方記している。

　こうしてソシュールは，言語の特質を整理することができたのである。その特質[34]とは，
①言語活動事実の混質的総体の中にはっきり定義された対象で，循環の聴取映像が概念と連合する場所に求めることができる。それは言語活動の社会的部分であり，共同社会の成員の間に取り交わされた契約によって成立する。この営みを知るには個人は学習を必要とする。
②言語は言と異なり，切り離して研究しうる対象で，言語の科学は他の要素を混入しないことで可能となる。

③言語活動は異質的だが，限定された言語は等質的性質をもつ。それは記号体系であり，意味と聴覚映像との合一においてほかに本質的なものはない。
④言語記号は，本質的に心的でありながら抽象的ではない。聴覚映像から視覚映像に移しかえることができ，定着することができる（辞書と文法は忠実な代表）。これは集団的同意によって批准され，言語を組み立てる連合の座は脳に実在する。

この4点を挙げ，2次的で個人的な部分である言行為の無限多を研究する難しさを説く。ソシュールはこの定義に基づき，社会的・心的なLangue（言語）「国語体」を本質的なものとして研究対象としたのである。しかし，2者は言が為されるには言語が必要であり言語が成立するには言が必要な関係にあり"持ち合い"だとする。こうして言語活動の総体から言語科学の真の位置を定位したことによって，言を組み立てる言語活動の他の要素はすべてこれに従属することになる。そして，音声学（言連鎖における音韻），言語記号（記号の不易性と可易性），静態言語学と進化言語学，共時言語学，言語価値，統合関係と連合関係，言語の機構，文法，言語地理学，通時言語学などが研究されることになる。これら言語学の本質については，「国語」のところで若干触れることにしたい。

ソシュールは言行為については研究対象としなかったが，言語がどのように確定されるかについては言の言語学があってもよいとする。「母語を習得するのは他人の言を聞いてである；それが脳裡に貯蔵されるには，かずしれぬ経験をへねばならない。さいごに，言語を進化せしめるものは，言である」[35]からである。言事実が先にあって，ある観念を語詞映像に連合するのは言行為の中であり，発声運動の連鎖（音の連続した連鎖）を頼りに聴覚印象の質（聴覚時間＝分節時間→音韻）が経験によって表象される聴覚映像と概念が結びつく。

つまり，話し手の「き」という発声を聞き手が聴覚印象の質として受けたとき，概念＝所記と聴覚映像＝能記が「木」「樹」「気」と結びついていくのである。「はし」となると聴覚印象の質は「hashi」を分節し，概念と聴覚映

像の「橋」「箸」を思い描く。「はち」と言うとき一般に「蜂」を連想する。「さ行」がまだ明瞭に発音できない幼児の「はち」は，橋を指す場合はアクセントがチにくるが，箸を指す場合にはハにくる。そこで聴覚印象と概念はアクセントや前後の文脈も分節して「はちをわたる」と言えば「橋を渡る」と判断し，「はちでたべる」となれば「箸で食べる」と判断するという具合である。教師が「あさつゆ」の発声を聞いても聴覚映像が見えず概念と結合しない場合がある。朝露を踏む経験も朝露を集めることも見たこともやったこともないからである。同様に「熱のある乳児に白湯(さゆ)を飲ませるとよい」と聞いて「さゆはどこに売っているのか」と聞く親がいるが，「白湯」が能記されていない以上，概念と結びつくことはないのである。白湯も共時態では通用せず通事態の言葉になりつつあるといえよう。

　言語記号の能記を所記に結びつける紐帯は恣意的であり，能記（聴覚映像）は時間の中にのみ展開するとしたソシュールは，言語学における時間軸を同時性（共存する事物の関係＝静態言語学＝共時言語学）と継起性（歴史の軸＝進化言語学＝通時言語学）において区分する。当然，共時態と通時態は，それぞれの言語位相を示すことになる。私たちは古事記や万葉集の時代の発音も文字も習得していない。筆者らが古典，漢文，旧字体などを読んでも若い世代の多くは新字体になっている。A時代からB時代に遡った通時態の言語は，A時代あるいはB時代の共時態の言語と対立するのはやむを得ない。彼は「言語において通時論的なものは，言を通じてのみそうである」[36]のであって，変化の萌芽は言の中にあり，個人によって発声したものが集団によって採用され言語事実となるとする。

- 「共時言語学は，共存し・かつ体系を形づくる諸辞項をむすぶところの論理的および心理的関係を，同一の集団意識によって知覚されるままに取り扱う」
- 「通時言語学は，これに反して，同一の集団意識によって知覚されず・かつたがいのあいだに体系を形づくることなくつぎつぎと置きかわる継起的辞項をむすぶところの関係を，研究する」[37]

若者が多用する「やばい」という言葉を筆者らが使うようになり，集団によって知覚され採用されれば，あるいは辞書にないこともある「除染」が日常語になれば，辞書に必ず載る時代がくるということである。私たちは，言語が進化しつつある真っ直中を生きていることになる。流行語, 丸文字など，ファッションが変わるように変化する中で言行為をしている。そしてソシュールのいう共時的言語学については，「主語述語」「助動詞」「助詞」「形容詞や装飾語」「感嘆詞」など，小学校1年生から「国語」で学習して日常的に使いこなしている言語学があり，通時言語学については高校で「古文」や「漢文」として履修している。長い年月をかけた経験と知覚映像と概念が身体に沈殿しているから，共時態, 通時態の言語圏を行き来できるのである。

　就学前教育の立場からソシュールについてもう一言付け加えれば，言語学研究の中で，言行為は除くとしながら"音声と聴覚映像と概念との結びつき"を明確にしたことである。言行為を伴わない，あるいは経験による表象を伴わないままにリテラシー教育に走る人々に，言語学の視点から言葉は言行為によってのみ獲得され，己自身が聴覚映像と概念を結びつけながら確定することを解明した意味は大きい。

(3)　メルロ=ポンティの「言語の現象学」

　ソシュールが研究対象でないとして扱わなかった「言の言語学」は，逆にメルロ=ポンティを刺激し，身体論と結びつくことになる。メルロ=ポンティの『シーニュ』が出たのが1960年，日本で翻訳されたのが1969年である。時枝が言語過程説を著したのは1941年なので，メルロ=ポンティはその20年後にソシュールの「言の言語学」に注目し取り扱ったことになる。時枝がソシュールを批判しながら言行為と言語を一にする言語学を取り扱ったのに対し，メルロ=ポンティはソシュールのランガージュの構造を発展的に使って「身体と国語体と言活動」の切り離せない言語現象を現象学の視点から解明しようとしたのである。つまり，記号が1つずつでは何ごとも意味せず，その記号自体と他の諸記号との間の，意味の隔たりを示しているもので，組

織化された諸記号（言語を組み立て使用する言葉）は「われ惟う」(考える)ではなく「われ能う」(言行為する)に所属する。そして，①言活動のもつ意味は，談話を磁化していく収斂的な表現行為の極であり，②意味されるものによる意味するものの乗り越えこそ表現の根本的事実であり，乗り越えを可能にすることこそ意味するものの力倆そのものであり，③言活動の言語学的意義と言活動のめざす意味との超越による接合が，意味を習得し獲得していく操作で，意味されるものの主題化は言活動の結果である[38]，と説明する。「言活動の諸帰結は，知覚の（とりわけ他者についての知覚の）諸帰結と同様に，いつでもその諸前提を超えているものだ。必ずしも，語っている私たち自身の方が，私たちの言葉を聞いている人たち以上に，自分の表現したことを知っているわけではない」[39]として，ある思想を知っているということはある思考スタイルを獲得し自由に使える，換言すれば発言装置の中に意味を住まわせることに成功したときだとする。言語の中心現象が，「意味するものと意味されるものとの共同行為」[40]である以上，真理は対話の場にあり，言活動が認識の領野を開き，認識の生成，交渉を締めくくり，包括的な真理を引きだしてくるからである。村上隆夫は，言葉から離れて意味が純粋なかたちで頭の中に存在しているのではなく，「地の上に浮かび上がる図としてのゲシュタルトは，地をなしている資料的な要素を離れては存在し得ないのであるが，思考や意味はまさにこのゲシュタルトであって，それを浮き彫りにする身体や言語を離れては存在し得ない」[41]として，生きるという目的，志向性をもつ人間の間に意味やゲシュタルトが存在するのは，世界内に存在し生命のもつこの志向性があるからだとする。

「幼児が言語について全体から部分に進むということ（幼児ははじめ，言語の可能性の若干のものしか自分では使わないにしても）は，大人の言葉がモデルとして与えられる以上，驚くには当たらない。幼児ははじめ，言葉を漠然とした総体として把握するのであり，そしてそこから浮き出てくる表現手段の一つ一つが，一種の往復運動によって総体の手直しを引き起こすことになる」[42]。幼児の最初のパロールも，個人的生活の真っ直中で，すでに多くの

人に共通になっている行為の文脈の中で意味を見いだしたのであり，「言語行為(パロール)は，或る意味では，感覚の確実さを捉え直し乗り越えるが，或る意味ではそれを保持し継続するのであって，—（中略）—私的主観性の沈黙がさまざまな言葉(パロール)の下に続いていて，それを包むことをやめない」「言語は，語それ自身によってと同じくらい，語のあいだにあるものによって事物を表現し，それを述べていることによってと同じく，述べていないことによって表現する」[43]のである。身体は沈殿作用によって，過去の行為のゲシュタルトを保存していく。こうして沈殿して身体のうちに習慣化されたゲシュタルトが言語（国語）であり，言語は主体が組み立て話すことができる可能性の体系で，パロールによって確定されるからこそ，メルロ＝ポンティは話す主体を回復することを強調する。

(4) 中村雄二郎の言語論

これら歴史的な言語論を総括すると中村雄二郎に行き着く。中村は，現代における言語の問題は，①ものを考えたり表現したりする場合の言葉の選択や結合（思考や表現そのもの）は意識化された論理的な首尾一貫性とともに，それと重なり合う下意識の次元での自由な自己統御を必要とする，②言葉による思考が伸びやかに展開されるには，精神的，心理的，生理的，身体的にも，あるリズムの中に身を置くことを必要とする，③言葉によって考え表現すべき課題をもったとき，危機にさらされたりうまくいった爽快感をもつ，という3点[44]をあげる。そして，①は文化に内在する言語体系の「制度」性，「無意識」性および「分節化」の問題とかかわり，②は言語の身体的基礎，「分節化」および「意味し意味されるもの」「能記・所記」の性格をもち，③は言語における「語る主体」の問題を中心に，広義の情報理論，コミュニケーション理論に関係するとして，ラング，パロール，情報・コミュニケーション理論が別々に提起してきた問題を，再構築しながら言語学とメタ言語学までをつないでいる。

①の言語の制度については，ソシュールで述べてきたのでここでは中村が

いう「無意識」性,「下意識」性を補足したい。レヴィ=ストロースが「無意識は,主体的なものと客体的なものの出会うところ,自己と他者とを媒介するもの」とするとともに,「無意識的なものは,いつでも空である。あるいは,いっそう正確には,それはさまざまのイメージに対して,あたかも胃袋がそこをとおる食物と無縁なように,無縁である。無意識的なるものは,ある特定の機能を持った器官であって,そのはたらきはただ,衝動,情動,表象,記憶など,ほかからきた分節化されていない諸要素に,構造的な法則―(中略)―を課することだけである。そこからいえることは,下意識的なものとは,そのなかでわれわれ一人ひとりが自分の個人的な歴史の語彙を蓄積する個別的な小辞典だ,ということであろう。しかも,この語彙たるや,無意識的なものが自己の法則にしたがってそれを組織化するかぎりにおいてのみ,われわれ自身にとっても他人に対しても,意味を持つのである」[45)]とする言葉を引用し,無意識的なものを「ラング」と置き換えて,これが形づくられると情動や感情を調整し,形を与え,組織化するものとして働くからこそ,下意識の次元での自由な自己統御が可能になる。つまり,自己のうちにあるアモルフ(無定形)な「イメージや着想と,記憶のうちに持っている多くの言葉の両方を,高度に分節化した文化的なシステムとしてのラングのなかへ送りかえす。そして,そのなかで,イメージや着想をできるだけ適切,正確なものにするとともに,言葉とその組み合わせの持ちうる豊かな意味を可能なかぎりさぐり,この両者の統一あるいは相互媒介をとおして,考えたり表現したりしている」[46)]ところに,自己を全体的に統御するという言語の構造と人間生活の具体的全体としてかかわる言語のパラドックスを捉えている。

当然,このダイナミズムは,パロールと関係する。発声における音韻の分節化*は,呼吸のリズムであり,身体全体のリズムをもった動きと結びついている。母音と子音との組み合わせによる分節化によって情動や感情が分節化,複雑化を表現できるようになるとともに,情動や感情の分節化,複雑化を促す。情動や感情の複雑化を促進し表現する歌は言葉としてあるわけではないが,言葉が表れる条件と方向は歌のもつ発声と音韻の分節化にある。そ

して，音の分節化と組織化は，「対照的に指示する（人間の言葉がある約束あるいはコードのなかで事物を直接的に指示する信号ではなく，そうした信号をさらに客体化した信号）」かたちをもっているということである。

　こうした叫び声から歌へ，歌からパロールへの発展を中村は，a）言葉は歌（肉声による音楽）と同じく，呼吸とそのリズムに基礎をもち，発声による音節の分節化によってもたらされる，b）しかし言葉においては，発声における音韻の分節化は意味するものと意味されるものの統一体としての記号という，発声の次元に対して超越的な次元のものを媒介にしている，c）その結果，言葉は事物を対照的に指示する働きをもつようになり，語彙の複雑な組み合わせや直接指示語から間接指示語への分化・派生，日常的・客観的言語からメタ言語の分化・派生によって高度なシステムを形づくる，d）にもかかわらず，言葉は記号の次元で独自の発達をとげても，それが語られ，述べられ，歌われるときばかりでなく，読まれるときにも，書かれるときにさえ―潜在的に―発音されるから，呼吸や発声におけるリズム，さらに身体全体のリズムと無関係ではない。e）したがって，言葉は，肉声による音楽としての歌，より正確には，そこにおける音韻の分節化に見られたような情動や感情の喚起作用をまったく失っているわけではない[47]，と整理する。これは表現だけでなく言葉と思考の関係も同様であろう。

　最初に中村があげた言語の問題の「語る主体」について，ソシュールは，ラングは語る主体の働きではないとし，パロールは語る主体が個人的な思想を現すためにラングのコードを役立てる際に用いる組み合わせとした。これに対してメルロ=ポンティは，言語を思考の手段やコードとしたら言語は破壊される，人は語りたい欲求や情念が現れ語らなくてはならないこと，言葉

＊　分節化　「文節」は発音や意味上から不自然にならないように区切ったときの言語単位，「分節」（英語の articulation に相当）も言語学の言葉で，英和辞書には，①明確な発音，歯切れ，②感情・考えなどの表明，発言，表現，③（動物の）関節，接合，節の意味をもつ。言語の「分節」性とは小さい単位の組み合わせからできていることをいう。著者によって文字の使い分けがされているので，著者の思想を著すには訳のままに「文節」「分節」と表記している。

は思考を喚起する力をもっていること，そして言葉は応答を唇にのぼらせる，とした現象学的な捉え方である。さらにメルロ=ポンティは他者に対して語るとき，自分の考えたことについて語っているのではなく，自分の思考を語っているとして，語る主体の言葉と思考の不可分な関係を説明した。中村は，「われわれ一人ひとりは，人間的個体として身体的，感情的な有機的統一性の基礎の上に，自己のうちに言葉による意味的な統一体を形づくる」[48]とする。「言葉による思考と表現によって，なにかの問題を持つようになったとき，われわれは，自分の存在を問いなおされるのを感じ，さらには解体の危機感，不安感を持つことがある」[49]のは，とりまく意味世界が謎と未知の部分を抱き，含む結果，その世界と相互貫通の関係にあるわれわれの自己のうちなる意味の統一体＝思想が問い直され，解体を強いられることに由来するものであり，また語る主体の働き自身のうちに狂気が含まれていることに由来する。

しかし，この解体は，再統合のための解体であり，再統合は「語る主体」の働きによってなされ，語る主体は情念やパトスと結びつき，狂気も伴う。この源泉が，①のラングの「制度」性であり，②の身体的・感情的基礎の上に立つ人間である。自己の課題に答えるとき，内なる意味の統一体の再統合をとおして，自己の全身的な再統合を行うことにより，取り巻く世界の平衡を回復するとともにパトス的な決断をとおして生まれ変わりを行う。この「意

Sa	Sé	
Sa	Sé	

---- 間接的表示語
---- 直接指示語

Sa	Sé		
		Sa	Sé

メタ言語
---- 日常的（客観的）言語

Sa　意味するもの
Sé　意味されるもの

図表 1-1-5　メルロ=ポンティのメタ言語をバルトがまとめた図

中村のいうメルロ=ポンティのメタ言語を，バルトが図1-1-5のように図示している。直接指示語から間接指示語への分化・派生は象徴化の方向，日常的・客観的言語からメタ言語への分化・派生は概念化，象徴化の方向と説明されている。
『中村雄二郎著作集Ⅲ：言語論』岩波書店，1993, p.19

味するもの」と「意味されるもの」の関係は，バフチンがいうメタ言語であり，それがうまくいったとき，爽快さというドラマチックなカタルシスを感じるのであるとする。

第2章

関係を生きる人間の生活

§1　国語と文学との関係

1．国語の体系

　言語学は言語・国語の体系を研究することとしたソシュールは，言語の内的要素に焦点を当てる。外的要素として民族学との関係，言語と政治史との関係，言語と制度・教会・学校等との関係，言語の地理的拡大（方言）も言語の研究から切り離すことはできないといいつつ，言語の内的組織を対象とした。そして内的言語学は，言語はいかなる手加減も許さない固有の秩序しか知らない体系と規則に関するものであると限定した。村上は，これによって最初に国語の体系という全体的な構造があって徐々に複雑になり，「国語(ラング)の，習い覚えられた諸部分が，直ちに全体としての価値をもつのであり，進歩は，付加や対置による以上に，すでにそれなりに完全なある機能の内部的な分節化によってなされる」[1]ところに，メルロ＝ポンティは知覚や身体のゲシュタルトと同じ性格を見たとする。つまり，「歴史的に蓄積されて沈殿し，

身体のうちに習慣化されているこの普遍的なゲシュタルトが国語」であり「人間は，国語(ラング)という身体的伝統を基礎にして初めて言行為(パロール)をおこなうのであって，国語にもとづくこれらの言行為(パロール)の総体が人間の言語(ランガージュ)をなしている」[2)]のである。

(1) 日本語の特徴と多様な国語の体系

　日本人は日本語という共通語を使用することで全国ほとんどの人々と通じ合い，地域限定の方言と使い分けている。また，階層による違いを尊敬語，丁寧語，謙譲語などで使い分け，職域による違いを語彙と文法で使い分ける。さらに官庁用語と学術用語も通常とは異なる。近年は男言葉が減少してきているとはいえ，男女による言葉の違いもある。かつては書き言葉に男女の違いが大きく表れたが，今では対話に見られる程度で書き言葉の差違はなくなっている。しかし，文語体は掲示や新聞の見出し，短歌や俳句などに残っており，口語体に完全に切り替わっているのではない。口語体はまた，ダ体，デス体，デアル体，デアリマス体，デゴザイマス体と丁寧体が5表記あり，動詞や形容詞の終止形で巧みに使い分けている。

　金田一春彦[3)]は，日本語の使用人口は1億1千万人と世界6位の多さで，生活力の強い優れた言語だとする。それは鎖国から目覚めた国家が，外来文化を取り入れるのに大学の講義を日本語でできたことにあるという。標準語（今日の共通語）の普及が早く，漢字がどんな外来語でも邦訳できる性質をもっていたからである。「『車』という字が一つあれば，自動車に関することは何でも言える。向こうから来る車があれば『対向車』，新しい車は『新車』，少し古くなった車ならば『中古車』，さらに外国産の車は『外車』，日本製の車ならば『国産車』，というわけであり，駐車場がいっぱいになれば『満車』という。車の距離は『車間距離』」[4)]と，英語にしたら大変な言葉を，先人は漢字のもつ力とそれをつなげる知識で新しい術語をつくったのである。さらに語彙や発音からみた日本語の特徴も捉えており，改めて日本語を使用する民族の底流を考えることができる。母音が多い日本語の音素の美しさ，拍の

種類が112と少ないため同音語も多いが，英語の1/300という有利さは文字で書きやすい言語を意味する。しゃれや懸詞(かけことば)を楽しめるのも同音語のためであると思えば楽しい。また，高低アクセントの国語（個々の語の相対的なアクセントが決まっている）のため旋律とリズムは言葉の高低に従う。また新しい言葉をつくりやすいことと「旅馴れる」「町娘」「大阪育ち」などのように複合語をつくりやすいため語彙が多いのも日本語の特徴で，英語のWifeも，「妻，女房，細君，家内，奥さま，おかみさん，夫人，奥方，やまのかみ，かあちゃん……などいくらでもある」[5]からである。そして和語，漢語・和製漢語，洋語・和製洋語の3要素をさらに組合わせて「貸しボート業」といった複合語もつくっている。語彙の特徴はさらに自然関係，人間関係，生活関係，社会関係，抽象的な意味をもつ語彙関係と拡大する。子どもたちはこうした特徴を生活言語や学習言語によって習得していくのである。

　私たちは，最小単位の単語の特性を活用して文（句点から句点までの一続きで表した思想や感情の言葉）をつくる。文が集まってひとまとまりをもったものが文章で，文章を内容によって分けると段落，意味で小さく分けたものは文節である。それを現代の言葉で表記すれば口語，昔の言葉で表記すれば文語になる。文節と文節は，「主語・述語の関係」「修飾・被修飾の関係」「接続の関係」「並立の関係」「補助の関係」「独立の関係」をもち，単文（主述1組），複文（主述2組以上で1組が他の文に含まれる），重文（主述2組以上あり並列）として構成される。

　また，意味的な分類としては平叙文，疑問文，感動文，命令文がある。これが，義務教育で学んだ国語の体系や文の構造の概略になる。現代口語文はソシュールの構造論に基づいた橋本進吉の橋本文法を基本にしている。橋本は，文節は文を分解した最初に得られる単位で，文節はさらに単語（語）に分け，詞（自立語）と辞（附属語）に区分し，現代口語文の基礎を構成している[6]。

　時枝は言語学の本質を「心的過程」とみた。国語学は言語学の一分業部門でなく，具体的な個々の言語も一部分ではなく，それだけで言語としての完

全な一全体をなすもので，国語学の究極の課題は言語の本質を把握するものとして国語学は日本語の言語学だとするところから出発した。言語は語られているものを記録し，分析して本質を見いだす以上，言語過程に注目しなければならない。そこで，ソシュールの言語学に拠った人々の構造と文節分解の問題を具体的な文脈の中で取り上げながら，時枝流の言語過程説によって国語の本質を解明している。

　日本の国語の構造は，風呂敷型構造形式とでもいう，辞が詞を包括するところにあり，主体の思想（心的過程）が表現されるのは，助詞助動詞であって，主語述語の対立関係ではない。a は b に包摂され，ab は c に包摂され，abc は d に包摂されて入子型構造形式[7]をなしている。それゆえに，主語が省略された文は不完全なのではなく，「の」「が」「た」によって統一ある思想が表現されている。「匂いの」「高い」「花が」「咲いた」と現代文法のように文節分解したら，主体の思想は失われてしまう。ソシュール言語学を取り入れた人々（訳者小林英夫，橋本進吉ら）の国語においては，「一方形式的に分析される処の語と，他方意味的連関に於いて分析される所の語とが，全然別個の見地に於いて対立しているということは注意すべきことであって，これは国語に於いて，詞と辞とが明らかに区別され，夫々独立した語として認められていることに照応するもので」「印欧語の単語は，国語に於ける詞辞の結合即ち文節に相当するものと考えられる」[8]として，「匂いの」「高い」「花が」「咲いた」とした文節は，入子型構造形式をもつ日本語の「匂いの・」「匂いの高い・」「匂いの高い花が・」「匂いの高い花が咲いた・」と辞が詞を包摂する心的過程を表現する構造には合わないとする。なぜなら「言語は話者の思想的内容を音声或は文字に表現する心的過程の一形式であると考える。この　考（かんがえ）を更に厳密にいうならば，一の単語は，それ自身かかる過程的構造を持つ故（ゆえ），我々の話語或は文章は，かかる心的過程の繰返しによる連続である。文とはかかる繰返しの連続中に切取ることが出来る或るも

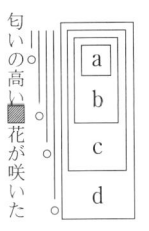

図表 1-2-1
入子型構造形式

時枝誠記『国語学原論（下）』岩波書店，2007. p.15

のでなければならない」[9]からである。そして思想の表現とは「山，川，月，花，行く，見る，火事」といった辞書的語彙ではなく「山だ」「川だ」あるいは「火事だ」「火事よ」(「火事□(ゼロ記号)」の場合！？をつけて「火事！」「火事？」と表記することもある）にある。文が思想の表現であり，思想は客体界と主体との結合した体験にあるから，文は詞と辞との結合において表現される。国語の用言（活用する自立語で，単独で述語となることができる品詞＝動詞・形容詞・形容動詞）は，辞書的語彙としては属性概念を表すが，思想の表現においてはゼロの形において判断を累加する。つまり，ゼロ記号がついた「暖かい」には主体の活動が存在し，思想の表現となる以上，品詞ではなく文と捉えることができる。時枝は，この「暖かくない」「暖かいか」「暖かいらしい」など用言が文として認められるのは，述述の論理的形式に置き換えられるからではなく，主客の思想の表現として認められるからで，「立て！」「起きろ」などの命令も主体の要求・活動であり，主述が文の成立条件ではないとする。

　そして，文の完結性は「主語述語を有するが為(ため)でもなく，又陳述作用を伴う為のみでもなく，実に完結せる陳述作用がある為に，文と認識され，統一した思想の表現」[10]がなされると考えるのである。だから「辞即ち助詞助動詞について，完結するものと未完結なものとを区別して，文認識の基礎とすることが出来る」[11]とする。日本語は主語が少なく文が完結しないと言われるのも，言葉の未熟さにあるのではなく構造の特徴なのである。実際，対話では「誰か来た」のたは完了の表現であるとともに，疑問を表すには尻上がりの抑揚を累加して「来たか」のように伝達される。「水流る」「花美し」が文とし認識されるのも同様である。こうして文の完結と完全とを混濁している人々の見解に対して，「完全とは主観的基準に於いてのみいい得ることであって，完結とは客観的に規定された事実である」[12]とする。主語がない日本語は，未熟なためではなく構造の特徴なのであり，主語補語が欠けているから文が完結，未完結だということとはまったく関係ない。言葉獲得期の幼児は，完結，未完結の区別を認識しながら応答する有能な存在である。それ

は，幼児は文法を音声映像をとおして習得しながら，対話関係という現象を認識し生きている存在だからである。

　言語過程説でいくと，文における格がないのかというとそうではない。時枝の入子型の文法論は，格について次のように整理している。「犬が走る」「人生は短い」「彼は学生だ」は，ゼロ記号と「だ」によって総括されるので，述語格は「犬が走る」「人生は短い」「彼は学生」になる。形式論理学の説明だと，「犬が」「人生は」「彼は」が主語格，「走る」「短い」「学生」が述語格になるが，国語においては，主語は述語の中に含まれる形で述語に対立するとみることである。「走る」といえば誰かが走ることを意味する。これは主語が省略されているのではなく，主語は述語の中に包まれていたものが表出されたものと解すべきだとして，「心細い」「目が利く」「鼻が高い」なども主語をもっているとする。「象は鼻長し」は入子型として「長し」の述語格に「象」の主語格が含まれており，「鼻長し」全体の一の詞として述語格であるとともに，「象は鼻長し」が全体として述語格になる。つまり「述語が主語を分立し，更にその主語を含めて述語となり得るという性質を考えずしては不可能なことである」[13]ということになる。

　主語だけでなく，客語，補語等も述語格から分立するのが日本語の特徴で，「色が赤い」「川が深い」の場合も，「赤い」「深い」の述語格が，「色」「川」の主語を分立する。しかし「水がほしい」の場合は「ほしい」の述語格が「水」という主語を分立するのではない。「水がほしい」私が，あるいは誰かが主語となっていることになる。それを時枝は対象語格と呼び，「述語の意味を決定することによって，主語とすべきか，対象語とすべきか，或は主語であると同時に対象語とすべき」[14]かの判定ができ，これらは形容詞においても同様であるとする。この見解は，特に単文の幼児の会話においては納得できる。「おんも行く」が陳述ならば「私は外に行く」と読み取る。目線や指さしで犬をさせば「犬が外を行く」と読み取る。幼児の「見て，見て」も「私を見て」とする主語か，指さしによる「この犬を見て」という対象語かを随時判定しながら応答する。

また，修飾格，客語，補語格について時枝は，一般的には体言的なものを修飾する連体修飾格と，用言的なものを修飾する連用修飾格に区分するが，修飾語も文に包摂されたものが分立して表現されるもので，主語，客語，補語と本質的には区別するものではないとする。そして述語格から修飾格への転換や，述語格から主語（客語，補語を含む）格への転換，総体格から独立格への転換など，格や品詞の転換は入子型構造形式のもたらす必然的な結論であるとする。

　日本語は主体的表現に属する語が多いことに注目したのは山田孝雄[15]と時枝である。三浦は，山田が本居宣長の「てにをは」論を訂正発展させたが概念を統一する作用を「陳述の力」においてカント主義に依拠し，時枝は辞（主体的表現に属する語の場合に使う）は詞（言語）を包み，「てにをは」の呼応関係を判断相互の関係において再検討する必要を現象学に依拠して提唱[16]したとする。つまり山田が「鳥が飛ぶ」「鳥は飛ぶ」は「が」と「は」の違いだけだが，「時」を入れると「鳥が飛ぶ時」は下も変わらないが「鳥は飛ぶ時」になると「どうする」「どうなる」と下の文が陳述を求められ，上の係助詞が下の陳述を支配するとするとしたのに対して，時枝は助詞はその上にある主体的表現を包むので下への結びつきは存在しないと山田とは逆の説を唱えている。また，言語における形式と内容との矛盾は，形式が変化したにもかかわらず内容は変化しない「活用」とか「音便」のかたちがあり，他方に内容が変化したにもかかわらず形式は変化しない反語，同音意義語がある。また1語に二重の内容をもたせる表現方法として懸詞，比喩などの洒落がある。時枝は「一音に二の概念が結合していると見ることはどうしても出来ない」「音声は意味がそれに結合して言語という実体を構成しているのでなく，音声は，それを連合し得る概念を喚起する処の媒材たるの機能しか持ち得ない」[17]とした。三浦はこれを実体的に結合していると解釈するから説明ができないと指摘し，「概念は言語の表現内容を形成する実体ではあるが，内容ではない。概念によって形成され音声に結合している関係が内容なのである。それゆえ，二つの異った概念から形成された二つの異った関係が一つ

の音声に二重に結合し二重の内容を持っている」[18]ところに，洒落や懸詞の表現としての特徴があるとする。さらに三浦は動詞の命令形について四段活用，変格といった文法的解釈ではなく，言語過程説に基づき，命令形の「立て」を使う話し手は，立っていない現実の対象をながめて現実的な立場で使い，立っている予想の世界の対象を見るという観念的な自己が二重化しているとし，二重化していたのでは主体的表現は不可能なため，語形を変化させて示すことが可能な場合は語形変化をさせ，不可能な場合は「よ」「ろ」の助けを借りることになるとする。「立て」は語形変化させる必要はないが「起き」では伝わらないため「起きよ」「起きろ」と使い，相手が起き，話し手の予想が実現し，話し手自身の二重化が相手が起きたことで解消されことになると考える。

　時枝は表現の過程において，第1主体は言語における話し手で言語的行為の行為者であり，どんな言語も主体を無視して考えることはできない，文法上の主格は主体ではなく，主格は素材間の関係の論理的規定だとする。言語の主体はあくまで語る主体である。「猫が鼠を食う」も素材間の関係論理で，「私は読んだ」の私も主体ではなく主体が客体化され素材化されたものだとする。このように「第一人称は，第二，第三人称と共に全く素材に関する」[19]「関係概念」の表現で,「『私が』読んだ」が言語過程における主体的な表現になる。三浦も「代名詞の本質が関係概念をとらえるところにあることは，会話における人間関係の構造ばかりでなく，その関係それ自身の持っている差別をもとりあげることを可能にした」[20]ので，近称，中称，遠称，不定称など，話し手との関係の遠近を使い分ける「彼」「こいつ」「そいつ」「あいつ」「どいつ」などが成立したとする。また第1人称についても，「現実には距離が存在していないが観念的には距離が存在しているところに，第一人称の特殊性がある」[21]として，認識構造に支えられて使われているとする。親子の関係で「おまえにはお父さんの心配がわからないのか」[22]という例をあげて，父親が自分に敬語を使おうとするのではなく，子どもが追体験する際，否応なしに敬意をもたせるために現実的な自己に対して敬意を示すかたちをとり，

図表 1-2-2　時枝文法

```
      ┌ 体言（名詞）
      ├ 用言（動詞，形容詞）
  詞 ─┼ 代名詞
      ├ 連体詞
      └ 副詞（陳述副詞を除く）
      ┌ 接続詞
      ├ 感動詞
  辞 ─┼ 陳述副詞
      ├ 助動詞
      └ 助詞
```

飛田良文・佐藤武義編『現代日本語講座第5巻』明治書院，2002，pp.171-176 より著者作成

「私」では対等での追体験になるため，言語表現によるしつけを意図して「お父さん」「お母さん」としているとする。自分を第3人称で使う「先生」も言語表現によるしつけということになるのである。

橋本，山田，時枝，三浦の違いは微妙でいて大きいが，学校文法と異なる概念を理解するには3者の視点が必要であり，筆者にはすべてを語る知恵が足りない。しかし，時枝に流れる詞と辞の心は，例示された万葉集や詩歌などから共感することが多い。時枝文法は，鈴木朖(あきら)の『言語四種論』[23]にあるといわれるように，「詞」は物事を指し表す言葉，「辞」はこころの声・主観（詞は概念過程を含む形式，詞には接頭語，接尾語も含まれ，辞は概念過程を含まぬ形式，形容動詞は含まない〈静か（体言）＋だ（断定の助動詞）〉）とする日本人の言魂(ことだま)を感じるものである。その品詞分類を行うと，図表1-2-2のようになる。

現行の学校文法は，品詞を名詞（代名詞を区分する場合もある）・動詞・形容詞・形容動詞・副詞・連体詞・感動詞・接続詞・助詞・助動詞の10種（または11種）に分類し，文を文節に分ける橋本文法に拠っていることは前述した。辞が心の声ではなく附属語として扱われ，文節が文の構造を反映していないなど，多くの言語学者の批判を受けながらも今日も書き言葉を中心とした学校文法においては生きている。しかし，他国語を母語とした人に対する日本語教育においては，橋本文法で指導を行っている教師は皆無で，共同体での対話によって行われるようになっている（文化庁の日本語教育研究委嘱『外国人に対する実践的な日本語教育の研究開発：「生活者としての外国人」に対する日本語教育事業』他の文献参照[24]）。こうした視点からみれば，言語過程説に基づいた時枝文法の方が，生きた会話に使えるといえよう。

対話は入子型構造に加え，すでに関係によって共有され意味が累積した内容は省略して使われる。玄関で教師が「早く」という言葉には「早く靴を履いてその場を交代しなさい」とか「早く履き替えて行きますよ」といった意味が含まれている。子ども同士が「やるぞ」「よし」と倉庫に走るときには，「昨日の続きの遊びを」やるぞという相互了解がされている。ヴィゴツキーは，書きことばと内言はことばの独語形式だが，「対話は，つねに話相手による事柄の要点の知識を前提とする」，それが「話しことばにおける多くの省略を可能とし，一定の状況のなかでは純粋に術語的な判断を作りだす。対話は，つねに話相手の視知覚，かれの表情，ジェスチュア，ことばの抑揚的側面の音響知覚を前提とする」[25]として，互いに向けられた視線と音調が理解を助ける対話形式の特徴をあげる。その短縮傾向の起源となるもう一つの源泉が「会話の主語あるいはテーマに関して前以て取り決めをした対話者たちの相互理解」[26]にあるとし，「主語の知識と音調による思想の直接的伝達」が書き言葉にはまったくないと，彼もまた，ドストエフスキーの『作家の日記』に基づいて解釈している。対話の妙味は，こうした「主語の知識と音調による思想の直接的伝達」を読み合うところにある。

　　3歳児の遊びで，Bと自分の風に舞う凧を部屋にしまってきたAに対してB「あ，凧がない」A「わかっているって」B「責任とって」A「なさゃ，責任とるって」C「私のは」A「責任ないよ」と会話が進む。

　これはAが責任をもつ範囲を限定していく会話である。Aの「わかっているって」には，Bの凧がないのは自分が片づけたからという行為と言葉が含まれている。その入子型を受けてBはBの凧がないのをAがわかっているなら，Aは私の凧の「責任とって」という言葉が暗黙のうちに含まれる。Cの問いは，「私の凧の責任については」が省略されている。だから「Cの凧について私は触れていないので責任ないよ」となる。これが理解できなければ，単語や文法をどんなに知っていても意味が理解できないのである。日

常の対話は，入子型で文末に意志や思想が置かれ，前言を受けて進行する。主語やテーマや音調が読めなければ，短縮した言葉は使えない。短縮した言葉にズレが発生すれば，対話を中断するか継続のために遡って隠された言葉を表面化して確認する対話が必要になるというように，文法や書き言葉とは異なる世界である。「書きことばは，もっとも言葉数の多い，正確なくわしい言語形式」[27]なのは，音調や状況の直接的知覚を言葉によって表現しなければならないからである。対話状況における空気を読むのは，この短縮され隠された言葉を読むことであり，隠された言葉の背後にある関係やほのめかしや棘を読む機知であろう。

　西田幾多郎は「国語の自在性」の中で，民族的統一を形成するものは風俗習慣等の生活様式もあるが言語が最大の要素であるとする。俳句なども日本語によってのみ表現できる美である。日本人の物の見方，考え方を深めて我々の心の底から雄大な文学や深遠な哲学を生みだすものとして，「我々の国語をして自ら世界歴史に於て他に類のない人生観，世界観を表現する特色ある言語たらしめねばならない」[28]とし，国語の自在性を踏まえつつ，復古調に踊らされることなく，わが民族とともにわが国の言語的精神を形成することを説く。そして「言語といふものは生きたものと云ふことを忘れてはならない」[29]とする視点からみると，時枝文法には印欧の主述の文法より，現代の日本語を過去につなげる，つまり共時態と通時態を結ぶ法則があり，中村雄二郎が「言語学における西田哲学」というのもうなずける。西田の『働くものから見るものへ』[30]において，内に働くものがあって見るものがあるように，言語においても内に陳述したい働くものがあって音声が発せられ伝達がなされるのは同じといえよう。

　中村や西田がいうように，言語は生きて働くものであり，使われている現象から帰納法によって探求する時枝の科学的方法は，今日に至ってなお超えられない高嶺であるとはいえ，話し言葉中心の就学前教育の場では，ここに注目することによって新たな展開も生まれてこよう。論理主義は「詞」は文の素材となるもので陳述を含まない。「辞」は純粋に陳述だけを含むとする

言語構成観は，"文は部分を集めた統一体"とする言語観だが，時枝の「言語過程観」は，文という統一体を成立させる契機となるのは主体の陳述にあり，辞は主体的作用の反映である。金田一春彦[31]は現代語を中心に，日本語の表記，文法上の特徴や言語表現の特徴を次のように述べている。

日本語の名詞には「天」が男性，「地」が女性といった性がない。また部類別の存在を，生物は「いる」（犬がいる），無生物は「ある」（机がある）と使い分け，無生物が主語の場合は受け身の形を使わない。ものによる数え方も違い「兎が一羽」「狐は一匹」「イカは一ぱい」「タンスは一棹」とする。また単数，複数の区別は頭の中にあって，三つあっても表現では「卵」としか言わないが，名詞に接尾語「たち」「や」「ら」「ども」をつけて「子どもたち」と複数を表現する。数詞については世界の多くの国と同じ十進法だが，1，2の他に一つ，二つと数え，助数詞は馬は一匹，牛は一頭とつけるなど豊かである。格も明快だが助詞の「が」と「は」は使い分けがされる。そして，「昔々，あるところに山がありました。その山は木のよく茂った形のいい山でした。その山には一匹の狐が住んでいました。その狐は人間に負けないほど大変賢い狐でした」[32]という具合に初出の時は「が」がついて，相手の頭に山や狐が住むことが入ったと見定めると「は」となる。このように日本語はおもしろい。金田一は文法についても，「行かせたから」を例にあげて松下大三郎が「行カセタカラ」を一語とし，時枝文法は「行カセ＋タ＋カフ」と3区分し，山田文法は「行カセタ＋カラ」と切り，橋本文法をとる現代口語文法では，「行カ＋セ＋タ＋カラ」と切り，日本語の単位の取り方が違うことをあげている。文法も，詞辞の捉え方も，今日の国語は一つではないことを知るのである。

かつて筆者らがヨーロッパ文法に習い，平叙文，疑問文，命令文，感動文などとされたセンテンスも，松下大三郎，芳賀綏らの研究により，次のように日本語の性格に即したものとなっている[33]。その根底には時枝文法があったからであり，金田一も時枝文法のよき理解者であり継承者だといえよう。

① 述定文－表現される内容についての，話者の気持を表わすもの

雨が降る。〈断定〉による統括　　　　　花は美しい。〈断定〉による統括
雨が降るかしら。〈疑い〉　　　　　　　君は学生か。〈疑い〉
雨が降るだろうなあ。〈推量〉＋〈感動〉　ぜひ会ってみよう。〈決意〉
二度と買うまい。〈決意〉　　　　　　　雨！〈断定〉＋〈感動〉
雨だ！〈断定〉＋〈感動〉　　　　　　　あらっ！〈感動〉

② 伝達文－相手への伝達の気持を示すもの

行け。〈命令〉　　　　　　　　　　　　乾杯！〈誘い〉
お嬢さん！〈呼びかけ〉　　　　　　　　はい。〈応答〉

③ 述定＋伝達文－表現される内容についての話し手の態度と，相手への伝達の気持との両方を示すもの

雨が降るよ。〈断定〉＋〈告知〉　　雨が降るわよ。〈断定〉＋〈感動〉＋〈告知〉
雨が降るだろうね。〈推量〉＋〈もちかけ〉　　雨？〈疑い〉＋〈もちかけ〉

　また，時枝の国語の記載に関する文字の分類と記載法の体系は今日も変わりないが，現代国語の漢字の表記内容は，内閣告示による当用漢字から常用漢字（日常生活の中で使用する漢字の目安）へと，変化も激しい。漢字，ローマ字，平仮名，片仮名だけでなく送り仮名の使い方も変更になるなど流行に流される。幼児の話し言葉はひらがな文化だというが，教師・保育士が文字表現で思想を表現する対象は，保護者や社会に向かっているはずである。当用漢字が，第2次世界大戦後，占領軍によって古い因習を改廃し表音文字へ移行する措置から発した[34]ことなども踏まえ，日本人として歴史がつないできた文字や表記に対する認識が求められている。文部科学省文化審議会の答申や10年に一度変わる小中学校の「学習指導要領」の国語表記の基準に関心をもって批判的継承をしていくことが賢明であろう。教育基本法改正（2006年）に伴う「日本の伝統と文化を尊重」して国語の見直しがなされている今，時枝文法にも注目して日本独自の国語学を打ち立てることができるかどうかは，これからにかかっている。

(2) 国語の必要性

　日本国民は，家庭や就学前教育の中でパロールを獲得し，小・中学校で義務として9年間「国語」を学び，さらに多くが高校で3年，高等教育機関や職場においてさえ国語の学習をしているが，なぜ国語学習がそれほどに必要なのだろうか。そして本当に国語力が身についたのであろうか。時枝は，「伝達の成立が，聞手の出生，環境，教養，経験の如何に支配されるとなれば，甲によって表現される思想と，乙によって理解される思想とが，全然，斉しくなることがあり得ないということは当然であって，伝達の喰違いを，最少限度に止めるためには，甲乙両者の環境，経験を出来るだけ同一に近づけるか，相互に，相手の立場を理解しようという寛容な態度を持つより他に方法はないのである。ここに国語教育の関与する道が生まれてくる」[35]とする。そして封建制度下では，藩外の者と意志を通じる必要はなく，方言分裂が甚だしかったが，「明治以後，標準語制定とか，標準語教育とかいうことが云われるようになったのは，日本全体が，統一した社会生活，国家生活をすることが要求されるようになったからである。統一した活動が成立するためには，社会国家の成員が，相互に意志を通じ合うことが必要であって，そのためには，相互に，共通した言語習慣を習得していなければならない」[36]と国語教育の必要性を述べている。それは「根本的に云えば，言語は，常に聞手によって理解されることを期待して表現されるものであり，聞手は，常に話手を理解しようと努力するものであること，それが無ければ，言語の機能が発揮されないという根本的な性格に基づく」[37]からである。

　この伝達が，第3者的な立場から，興味と鑑賞の対象とされている場合は，人間の葛藤や人間的交渉を文学や劇や映画として発信する。こうした言語の機能を時枝は，実用的機能，社交的機能，鑑賞的機能に分類している。社交的機能の中にメタ言語学が，鑑賞的機能の中に詩学・文学がおおむね位置づくことになる。

2. 国語と文学

　言語学は，詩学や文学とどのような関係にあるのだろうか。文学は，一般的には言語表現による芸術的作品ということであろうが，言語学が捨象してきた言葉の日常性や言葉の関係性を文学が表現し，文学が表現したものを人々が読み解き，文芸学が学的に論考するという複雑な関係にある。誰がそれを芸術的作品と認めるのかであるが，音楽であれ造形であれ，あるいは言葉による表現，身体による表現であれ，芸術の善し悪しを評論すること自体，表現芸術という人間の生の営みから外れていくことは本シリーズ第11巻にみたとおりである。一般に文学という場合には，言語によってつくられ，審美的な側面を持つ筆記または口述の芸術作品の総体で，人々が歴史をつなぎ生き残ってきた作品がその証明ということであろう。

(1) 国語における言葉の美

　文学論にいく前に，日本語における言葉の美を捉えておきたい。時枝は国語美論で「言語の美は，絵画に於ける美の様に，視覚的要素の構成の上に成立するものでなく，言語過程といわれる主体的表現行為の上に構成される」もので「身体的運動の変化と調和から知覚される美的快感に類するものである」[38]とする。語はそれ自身美的考察の対象となるが，文中における語は他の語との関係において美的価値が規定されるわけで，そこにいくつかの要因が関係する。

　従来は，日本語の基本的リズム形式は「よこはま」「さかな」など等拍的拍音形式なので，「音声を以てこのリズム形式を充填（じゅうてん）するに際しても，リズム形式に制約された調音法を用いると同時に，このリズム形式を効果的にする処（ところ）の調音法と，そして調音法の連鎖が要求される」[39]。音声の強弱の対照によって波状が際立つ言語においては，相互に混濁しないこと，明晰であること，つまり，kaeru（帰る）より ka-e-ru, slndes（するんです）より su-runo-de-su と母音を伴わせることによって分節が明晰になり調音が整うことを美的条件の一つとする。また，英語では impóssible, impossibílity のように強弱音の配置（´, ˝）によって階調あるいは対比を求めるが，拍音形式をもたない日本国語は，各調音間の音声的階調と対比によってリズム形式を生かすことを二つ目の条件とする。母音調音は音声の同化作用と異化作用を含み，詩歌においては異化作用（音声の対照）に美的効果を狙う。ア列音，ウ列音の連続は決して階調ではないが調音の円滑な流動は，筋肉運動と知覚上の階調の快感を伴う。リズム形式も，拍音や音声に強弱をつけてリズム形式をつくるのでなく，音声の休止によってリズム形式をつくる。「○○○休○○○休○○○休」は 3 音節によるリズム群団だが，休止も等時的間隔をもって流れており，休止が群団化の標識となるため強調音を必要としないのである。そして助詞助動詞に接続したものが群団の中に収められるから「アメハ休フレド」であっても「サクラ休ハサケド」とは言わない。「サクラハ休サケド」のように群団化されたリズムがなぜ美の要素になるかといえば，国語は音質の諸調変化によって絵画的に，あるいは構成的・建築的美の 1 要素となるからである。詩歌「ウリヤ　ナスビノ　ハナザカリ」も対比によって構成され「3，4，5」は機械的な分析ではなく，歌謡に即したものになっている。和歌や俳句の形式美もリズム群団が，「五七五七七」「五七五」と統一をもった音節数で，快，不快の感情は，5 拍，7 拍の音節数が優位性をもっているからであると私たちは学んできた。

　時枝は，言語過程説からこの国語美論を再解釈する。語は言語における 1 の単位でそれ自身統一体であるが，過程的構造をもつ。「従って，語の美的表現ということは，右の過程的構造の美的構成を意味する」[40] として，美の構成を，直線型，曲線型，屈折型，倒錯型に区分する。

　直線型が概念どおりで平明簡素な美の条件をもつ。曲線型は「死ぬ」とは言わず「なくなる」「かくれる」として直接的判断より広い概念で使うので理解過程において美を感じる。屈折型は言語を媒介とした滑稽感（人を「猿」と呼ぶなど）をもたらし，川柳などによくみられる。倒錯型は，「人がいい」

を「愚鈍」,「抜け目がない」を「狡猾」,「才人」を「軽薄」と聞き手が倒錯型と理解すれば,皮肉あるいは傲慢になるとしたものである。「つまらないもので」「むさ苦しいところで」なども謙譲と取るか,倒錯ととるかであるように,文の形式美はまだほかにもあるに違いないとする。

　もう一方で,言語は言語の交換される場面,表現の素材等の関連,語と語との連鎖で新しい美的評価の根拠が生じる。「美は全体から切離して,それ自身独立したものとして鑑賞されることが出来ると同時に,多くは我々の現実生活全体との関連に於いて評価が規定される」[41)]からである。

　花の色はうつりにけりな徒(いたづら)にわが身世にふるながめせしまに

(『古今和歌集』春下)

　「ふる」は「経る」「降る」に,「ながめ」は「詠め」「長雨」の二語に連鎖する懸詞であることは周知のことである。時枝は,"言語は音声が心的内容を喚起し,心的内容が音声を喚起する過程"であり,常態においては一の心的内容を喚起するが,多義の場合は一か他を選択する。しかし,懸詞は「経る」―「詠め」,「降る」―「長雨」の"二の語の存在"を把握できる。概念喚起の媒材が共通音であり,話し手,聞き手の概念喚起の二重規定であり,矛盾への還元を媒介するものであり,この懸詞を成立させた国語の構造こそ,入子型構造形式にあったとする興味深い視点である。言語の美的表現の根拠は,それぞれの民族がもつ歴史的条件と構造形式の特質に基づいて現れた表現技巧にあって,これを離れて言語美はない。「言語芸術は,言語的特質や性格の運用上に成立する」[42)],旋律美(一語を継起とする二の語の意味〈二の相〉の対立が鮮明であることにより生じる美),協和美(二の相が相対立し,二相糾(きゅう)錯(さく)するところに生まれる美),滑稽美(二の相が僅少の対比ではなく大なるとき滑稽感が現れる)に区分する。詩歌の中では,こうした美が遊ばれる歴史をもっていたのである。

　「形相を有となし形成を善となす泰西文化の絢爛たる発展には,尚ぶべき

もの，学ぶべきものの許多なるは云ふまでもないが，幾千年我等の祖先を**育**(はぐく)み**来**(きた)つた東洋文化の根柢には，形なきものの形を見，声なきものの声を聞くと云つた様なものが潜んで居るのではなからうか。我々の心は此の如きものを求めて已まない，私はかゝる要求に哲学的根拠を与へて見たいと思ふのである」[43]とした西田の言葉から，生活のリズムを失い，言葉の美を失いつつある今日の日本人の欠けた心をみるようである。

(2) 人生のフィクション物語

教育についてはまったくの門外漢と自認する西田が教育を語る中に，「教育の理想は一般に人は如何に行為せなければならぬかと云ふことではなくして，具体的な現実の人間でなければならぬと思ふ」[44]として，いかに現実の人間を形成するか，その真の形成作用は客観的な社会的・歴史的事物が自己自身を形成することを主とするとする。「我々は此世界に於て生れ，此世界に於て限定せられると共に，我々は自由であり，我々は我々自身の底に永遠に現在なるもの，時を越え時を包むものに触れることによつて，此世界を変じて行くと考へる」[45]「真に形成作用といふものが成立するには，客観的なるものの底に我々に命令するものがなければならない，否我々を創造するものがなければならない。芸術的創造作用が天来と考へられる所以である」[46]と。自己自身の中に否定を含むところに人格があり，過去なくして現代はない以上，我々は現代の日本の地に足をつけて現代日本の歴史的使命を考える，そこに教育のイデー（見るもの・見られるもの「姿」「形」の意）があるとする。

それは三木清の人生観にも表れていて，彼は小説について次のようにいう。「人間の生活はフィクショナルなものである。それは芸術的意味においてもそうである。というのは，つまり人生はフィクション（小説）である。だからどのような人でも一つだけは小説を書くことができる。普通の人間と芸術家との差違は，ただ一つしか小説を書くことができないか，それとも種々の小説を書くことができるか」[47]の違いであるとし，「人間が小説を模倣しまた模倣し得るのは，人間が本性上小説的なものであるからでなければならぬ。

人間は人間的になり始めるや否や，自己と自己の生活を小説化し始める」[48]存在なのである。つまり人間的になり始める，言葉を獲得し想起的記憶ができはじめるころから，自己と自己の生活の小説化が始まるということになる。その小説が喜劇か悲劇かの違いは，人間は虚栄で生き，虚栄によって滅亡しないために日常生活の小事について虚栄的であるが，「英雄は例外である。英雄はその最後によって，つまり滅亡によって自己を証明する。喜劇の主人公には英雄がない，英雄はただ悲劇の主人公である」[49]ところに生まれる。

　喜劇が『ドン・キホーテ』なら，悲劇といえば『オデュッセイア』『オイディプス王』『縛られたプロメーテウス』[50]などのギリシャ神話である。アリストテレスは，詩作の起源について，①再現（模倣）は子どものころから人間にそなわった自然な傾向であり，人間は他の動物と異なり再現によってものを学ぶ，②すべての人間が再現されたものを喜ぶ自然な傾向にある。再現は，音曲とリズムにのせた即興のものが発展して詩作となったとする。そして真面目な性格の作者は，優れた人間の行為を再現し讃歌や頌歌をつくったが，軽い性格の作者は劣った人間の行為を再現し風刺詩をつくったところに起源をおく。悲劇も喜劇も，韻律を伴う言葉によることがらの叙事詩であることは変わらないが，悲劇とは「一定の大きさをそなえ完結した高貴な行為，の再現（ミーメーシス）であり，快い効果をあたえる言葉を使用し，しかも作品の部分部分によってそれぞれの媒体を別々に用い，叙述によってではなく，行為する人物たちによっておこなわれ，あわれみとおそれを通じて，そのような感情の浄化（カタルシス）を達成するものである。ここで快い効果を与える言葉とは，リズムと音曲をもった言葉のことを，またそれぞれの媒体を別々に用いるというのは，作品のある部分は韻律のみによって，他の部分はこれに反し歌曲によって仕上げることを意味する」[51]と定義する。バフチンのメタ言語学が喜劇なら，アリストテレスの詩学は悲劇を語る。すべての悲劇は，「筋，性格，語法，思想，視覚的装飾，歌曲」の六つの構成要素をもち，再現の媒体となるものはこの中の語法，歌曲ということになる。とくに，筋，つまり出来事の組み立てが重要なのは「悲劇は人間の再現ではなく，行為と

人生の再現だからである。幸福も不幸も，行為にもとづくものである。そして（人生の）目的は，なんらかの行為であって，性質ではない。人々は，たしかに性格によってその性質が決定されるが，幸福であるかその反対であるかは，行為によって決定される」[52]ために，劇中の人物は性格を再現するために行為するのでなく，行為を再現するために性格もあわせ取り入れる，その筋が悲劇の目的ということになる。

　このように捉えると，言葉の美とは，小説的な人間の生の美ということもできる。太古の昔から人々が絵画により，言葉により，道具や機織により人生を綴ってきた言行為こそ，歴史を形づくってきたのである。

　今日はまったく逆の発想になってしまった。人間に備わった自然的傾向として一人ひとりの詩作や劇があるのではなく，文章表現による職業作家・詩作の専門家が提供してくれるものを「文学」とする。そこには人間が再現から学ぶ自然的傾向ではなく，芸術作品としての優劣を決める専門家の言に学ぶシステムがつくられている。毎日，山のような出版物が刊行され，乳幼児を対象にした絵本も数知れない。そしてそれを読み聞かせることが言語能力を高めることと勘違いしている。物語が再現されはじめる人生の初期から，一人ひとりの出来事，語りを聞いたり，一人ひとりの詩作を心に留め再現に学んで生きる環境に囲まれないかぎり，誰でも一つはできるという自分の人生の作品すらつくることができないという恐ろしい現象に見舞われる。これも言行為という現実を忘れて言語が独り歩きしている，つまり言葉が人生から離れた現象であろう。文字離れ，読書離れが著しいのも，自分のフィクションな人生の物語を行為し，言行為し，記述する経験が伴わない以上，自身の再現からも，他者の再現からも学ぶことはないからである。

　古代より書物による学芸全般を意味した「文学」という語が，言語表現による審美的な創作を意味するようになったのは明治時代以降のことである。国語において扱われる文学は，古典から詩歌散文，小説，日記まで幅広い。私たち自身の中に天来の芸術的創造作用があり，否定を含む人格が，過去から現在，未来とつなぐ歴史的使命を有するなら，文学との出会いは自己の限

界を超え時間を超越し，世界を超越して自己自身を形成する。『古今和歌集』『土佐日記』『源氏物語』『梁塵秘抄』など日本の中古文学をあげただけでも，部分的に諳んじている言葉，詩歌が浮かんでくるだろう。その書物には，作者の人生の再現があり，読み手にその再現に学ぶ意志・経験・共通感覚があっての文学である。今日の私たちは自分の人生を綴ること，語ることを忘れて他者の文学を文学と思っているのか，他者の言葉が身体にある自分を勇気づける言葉，人生のカーニバル性を映す鏡，あるいは自分を包むものを文学としているのか，「文学とは何か」の問いもない中に身を置き，答えを模索しているのである。

　しかし，文学作品を通して広がる世界をもつことができ，歴史につながる今の自分の立脚点を確認していることは事実である。「祇園精舎の鐘の声，諸行無常の響あり。娑羅双樹の花の色，盛者必衰の理をあらはす。おごれる人も久しからず，唯春の夜の夢のごとし」に始まる『平家物語』[53]の冒頭を知らない者はない。これを肉声の文学と言ったのは小林秀雄である。それは源平合戦の躍動感だけでなく，この文学自体が盲目の検校が琵琶をかきならしながら語る生きた口承文学であり，「平曲」という肉声である。私たちが読む和漢混交文の活字になったのはその後であるが，「活字本に言はば潜在する肉声は，心で捕へる事が出来る。今日，『平家』を愛読する者は，皆さうしてゐる筈だ」[54]と。言葉が時代を超えて語り継がれているからである。『平家』は「生活の要求の上に咲いた花だとさへ言へるやうなものがある。『平家』は，人々を，専門的な文学の世界に導かうとしてはゐない。人々の日常生活から発する雑然たる要求，教へられたい要求にも，笑ひ飛ばしたい要求にも，詠嘆の必要にも，観察の必要にも，一挙に応じやうとしてゐる，そんな風な姿をしてゐる」[55]。この微妙な歴史の姿，統一体の姿に我々が忘れた真実があると考えるからなのである。「『平家』の哀調，惑はしい言葉だ。このシンフォニィは短調で書かれてゐると言つた方がいゝのである。一種の哀調は，この作の叙事詩としての驚くべき純粋さから来るのであつて，仏教思想といふ様なものから来るのではない」[56] この世は無常とは，決して仏説

ではなく「幾時如何なる時代でも，人間の置かれる一種の動物的状態である。現代人には─（中略）─無常といふ事がわかつてゐない。常なるものを見失つたからである」[57]。文学は，悲劇でもなく喜劇でもなく，人間の置かれる動物的状態を物語る"この世の無常"にあるということもできる。

§2　就学前教育にみる言葉環境

1．共時態の方言やジャーゴン

　マス・メディアの普及や教育の普及により，標準語文法が全国津々浦々に浸透し，国全体はまさに標準語文化に覆われたかに見えるが，人々の生活の中にある言行為は現代文法に則っているわけではない。時枝のいう，入子型構造の中で話し手，聞き手が相互了解していく共時態の文化を形成している。

（1）　方言から共通語へ

　小学校の教員は，標準語を使って対話し，児童が標準語で話す・聞くができるよう教育することが課せられる。では対話関係という現象を扱う就学前教育の場で教師は標準語を使用するのか，あるいは方言を使用するのか。幼稚園・保育所教育の目的にある「正しく導く日本語」が何を意味するのかは，各園の構成員の言語観によっている。メディアの発達した今日，若い世代では逆に方言を知らない人々もおり，メディアで方言を一つの言葉あそびとして取り上げているほどである[1]。しかし，どんなに標準語を使っても，アクセントには方言の名残がある。それほどに，方言は人々の生活風土と深く関係してきた。

　『万葉集』の巻十四と巻二十には「東歌」と「防人歌」が収められている[2]。方言に対する認識が人々に形成されていたことを知る貴重な文献であるが，

当時からの西国と東国の言葉の歴史が今日の方言の根底にあり，東国の方言は中央語より低く見られている。その東国方言と西国方言は，大野晋[3]によれば日本語の起源に遡るといわれる。網野善彦は言葉が文化を規定してきた東西日本の歴史[4]をまとめているが，2大区分より詳細な方言分布が全国的に把握されている。森下喜一と大野眞男の『方言探究法』はそれらを整理していて興味深い。それによると江戸幕府が安定してきたころ，安原貞室の『かたこと』(1650) が「規範的な文語である『雅言』に対して，諸国諸国の口語である『俚言』にやがて関心が生じて」[5]きて，各地の俚言集が編纂されていく。日本で初めての全国方言辞典である越谷吾山『物類称呼（諸国方言）』が出た1775年（安永4年），天地・人倫・動物・生殖・器用・衣食・言語の部門別550項目が収録されている。「都会の人物は万国の言語にわたりてをのづから訛(なまり)すくなししかはあれど漢土の音語に泥みて却て上古の遺風を忘るゝにひとしく辺鄙(へんぴ)の人は一群一邑(ぐんゆう)の方言にして－（中略）－質素淳朴(しつそじゅんぼく)に応してまことに古代の遺言(いげん)をうしなはす」，西の言葉は「直音にして平声多し」と訛りがなく，東の言葉は「拗音にして上声多き」[6]となっている。幼児の遊びによく出てくる蝸牛(かたつむり)についても「五畿内にて。でんでんむし，播州(ばんしゅう)辺九州四国にて。でのむし，周防(すおう)にて。まいまい，駿河沼津(するが)辺にて。かさばちまいまい，相模(さがみ)にて。でんぼうらく，江戸にて。まいまいつぶり，同隅田川(すみだがわ)辺にて。やまだにし，常陸(ひたち)にて。まいぼろ，下野(しもつけ)にて。をゝぼろ，奥仙台(おくせんだい)にて。へびのてまくらといふ」[7]といった案配である。「声などはとはとうちゆがみぬべく，物うちいふ，少しだみたるやう」『源氏物語』（東屋）にいわれる訛りと，言い回しの違いがあるのである。

　標準語の必要に迫られるのは，1872（明治5）年の学制発布以降，国語が「綴字(かなづかい)，習字(てならい)，単語(ことば)，会話(ことばづかい)，読本(とくほん)，書牘(てがみ)，文法」に分散してからで，この中で方言が問題になるのは会話である。「音声アリテ其情志ヲ発シ，言語アリテ其(その)曲折ヲ尽クスト雖(いえ)ドモ，風土ニヨリテハ其(その)調ヲ異ニシ，習俗ニヨリテ其(その)辞ヲ別ニス。苟(いやしく)モ之(これ)ヲ学習シ得ルニ非ザレバ，一国ノ中猶且ツ東西ノ言語通ゼザルモノアリ。現今，陸羽(りくう)ノ人ノ薩隅(さつぐう)ノ民ニ於ケル，其(その)言語全ク相通

ゼザルガ如シ。其の不便勝テ言可カラズ。是会話ノ教科アル所以ナリ」[8]として，日本全体に通用する通話の必要が説かれたのである。「生徒ノ方言ヲ矯正スベシ」「方言・俚語ヲ禁ズルコト」「鼻音ト濁音ナカラシムルコト」とした岩手県立の岩手中学の文書にみるように，上田萬年の主張は地方においても方言排除が近代国家建設の目標となっていることがわかる。

標準語とは「一国内に話され居る言語中にて，殊に一地方一部の人々にのみ限り用ゐらるゝ，所謂方言なる者とは事かはり，――（中略）――一国内に模範として用ゐらるゝ言語をいふ」[9]と定義した上田は，標準語と方言の関係を次のように捉える。「現今の東京語が他日其名誉を享有すべき資格を供ふる者なりと確信す。ただし，東京語といへば或る一部の人は，直に東京の『ベランメー』言葉の様に思ふべけれども，決してさにあらず，予の云ふ東京語とは，教養ある東京人の話すことばと云ふ義なり」[10]とその言葉に磨きをかける必要を説く。こうして1902年，国語調査委員会が発足し，上田のいう磨きをかけた「口語」問題が取り上げられたのである。上田は日本の言語は文章上と談話上の差別著しく，談話上の言語（方言）研究がないことを嘆く。談話語と方言をどう連絡するか，彼は「中央集権主義だとて，決して各地の方言の自由を奪ひ去り，これを撲滅してしまはうといふ趣旨ではありませぬ」[11]とし，方言を使いつつも誰でもわかる標準語の心得を教えることとして，1900年，普く通ずる口語としての「国語」教科書が誕生し，1903年には国定教科書となったのである。人槻文彦は調査会の記録「口語法別記」に，それを記している。

第2次世界大戦までは方言撲滅のためにこの標準語教育が徹底して行われたが，1947年の学習指導要領では「なるべく方言や舌のもつれを直して標準語に近づける」「共通語」と称して「全国どこでも通じる言葉」の位置づけになった。1951年の学習指導要領の3年生国語では「読み物を読んだり，ラジオを聴いたりすることによって，自分の使っている言葉の中に幼児語，方言，なまり，野卑なことばなどのあることに気づかせ」だんだんよい言葉や共通語を使わせていくことが目指され，1968年には「共通語と方言とで

は違いがあることを理解し,また,必要な場合には共通語で話すようにすること」となって,場面によって言葉を使い分ける方向に転換している。しかし,マスメディアの発達は,学校教育以上に共通語化を進め,方言が生活から消えていくようになる。1993年の第19期国語審議会報告では「方言は地域の文化を伝え,地域の豊かな人間関係を担うものであり,それぞれの地域に伝わる豊かな表現を生活の中に生かしていくことは,言語文化の活性化にもつながる」として共通語とともに方言も尊重することが諮問されている。佐藤和之[12]は「方言主流社会」と「共通語中心社会」を類型化し,方言主流社会が地方に位置して方言を肯定的に捉えている一方,共通語中心社会は東日本の大都市を中心にしており,この地域では新方言のラ抜き言葉などが広がっている現象を捉えている。結局,方言の内実も多様で,地域差だけでなく社会階層差,社会的属性などによっても異なり,そこに新語,流行語,外来語,外国語,専門用語などが加わって世代間格差を広げている。森下や大野らは「地域差が日本語の変異の基調であった時代は終わり,これからはさまざまな社会的要因によって言葉の変異がもたらされる時代に入った」[13]としている。

(2) 保育実践におけるジャーゴン対話

就学前教育は口話の世界であるからといって方言だけではない。子どもは時と場によって方言と共通語を使い分ける大人の言葉環境に習って使い分けをしている。また保育界独特の言葉が文化としてつくられ,外来客としては奇異に感じることもその文化圏にいると伝染していき,無意識の中で使うようになる。森下らがいう社会的要因によって言葉の変異がもたらされる時代を先取りしてきたジャーゴンという幼児教育現場の対話現象である。

仲間うちにだけ通じる特殊用語ジャーゴン (jargon) については本シリーズ第1巻で山内紀幸[14]らが182語を記録している。ジャーゴンには警官や弁護士などが職業上の秘密を守るため隠語(暗語)で言う職業用語だけでなく,わけのわからないちんぷんかんぷんな言葉も含まれる。保育における

ジャーゴンは，乳幼児にわかるように，対話の共感性をつくりだすようにという思いから生まれた造語もあれば，平安朝からの女房言葉の名残を残すもの，隠語として全体の行為を支配するのに便利な言葉として使われるものもある。山内は182語の特徴を2区分8項目に分類している。

そして山内は，「保育者というのは実に高度な専門性を有していることを思い知らされる。保育者は，子どもとの文脈を生きつつも，子どもの文脈を新たな文脈へと置換したり（文脈置換），保育者と子どもとの既存の文脈を促進したり（文脈促進）する瞬間瞬間の高度な社会文脈実践者である」[15]として，保育者の専門性を「社会文脈的実践家」の資質に置く。「社会文脈的実践家」とは恥じらいもためらいも感じずジャーゴンで対話関係を結ぶ資質であるが，山内ならではの但し書きがついている。それはジャーゴンを解体して自らの実践を振り返る評価言語をもつことで，保育実践ジャーゴンが一般社会とはコミュニケーション不全であることの自覚において使う言語だということである。山内の取り上げたジャーゴンを再解釈してみよう。

「幼児語」は，聴取した側が幼児の発音を真似て応答することで対話関係に親しみやすさをかもしだす。幼児「ごっちゃま」保育者「はい，ごっちゃま」と返したり，保育者「はみちゅっちゅしようね」幼児「はみちゅっちゅっ」など幼児の舌足らずの発音を双方向に交わすことで，挨拶や歯磨き行為の誘発を図る。「あんよ」「しっし」「おねんね」といった昔から育児場面で使われる言葉，「おんりする」「おいたする」「おっきする」「わんわんになる」など動詞化して行為を表す言葉なども，1歳前後の幼児との対話関係では多か

図表1-2-3 ジャーゴン（jargon）の分類

置き換える言葉（文脈置換）	つながる言葉
①対象の擬人化	⑥動作・状態の擬態化
②子どものモノ化・動物化	⑦幼児語の動詞化
③他動作への置き換え	（主に3歳未満児に対して）
④子どもの特別呼称・敬称	⑧事物の丁寧化
⑤対象の別名称化	⑨リズムのある掛け声

れ少なかれ目にすることはある。誰しも通った言葉環境の道筋だが，2歳ころには共通語や方言に移行していく。
　「擬音語・擬声語」を動詞化して使うのも保育の常套で，乳児から1歳前後の幼児を対象に多く使われている。「ぐちゅぐちゅ」「シャカシャカ」など動作と擬音を結びつける。行為を擬音・擬声によって表現することを乳幼児が好むのは，音・声のリズムである。「うがいをしっかりしよう」と言われても「歯ブラシをよく動かして」と言われても抽象的な「しっかり」や「よく」の行為は表象されず概念とつながらない。「ぐちゅぐちゅ，ぐちゅぐちゅ」と擬音を繰り返された方がうがいを「しっかり」する行為につながるのを保育者は経験則として知っているのであろう。保育の場には，金田一春彦があげる擬音語，擬声語，擬態語，擬容語，擬情語が多発される対話関係が成立している。

　　「擬音語」：ざあざあ，がちゃん，ごろごろ，ばたーん，どんどん等
　　「擬声語」：わんわん，こけこっこー，おぎゃー，げらげら，ぺちゃくちゃ等
　　「擬態語」：きらきら，つるつる，さらっと，ぐちゃぐちゃ，どんより等
　　「擬容語」：うろうろ，ふらり，ぐんぐん，ばたばた，のろのろ，ぼうっと等
　　「擬情語」：いらいら，うっとり，どきり，ずきずき，しんみり，わくわく等
　　金田一春彦「擬音語・擬態語概説」金田一春彦・浅野鶴子編『擬音語・擬態語辞典』
　　角川書店，1978，所収

　これら幼児に伝達されやすくリズミカルな音声によって衝動を刺激する擬音語や擬声語，擬態語などを動詞化して，幼児の行為を誘発しようとする対話も多い。「おててパッチンする」「ガッチャンする」「ごしごしする」「チーンする」「パクパクする」「ピカピカする」「ピョンピョンする」「プンプンする」「もぐもぐする」「キラキラする」などあげたらきりがないほどに動詞化していく。メルロ=ポンティがいうように言葉が身体であるのは音声のリズムとして言葉と行為がつながるからであり，また時枝がいうように聴覚映像

が表象に概念を結びつけるというのも擬音語や擬声語の対話によって行為が促進されることを保育者は経験的に知っているからであろう。山内が「対象の別名化」としてあげた「ぱっぱ（ふりかけ）」などは，振りかける動きの擬容語を名詞化したものであり，企業等が新しい商品名を開発する際も行為の名詞化がなされることもある。これらの言葉は，語彙数が増し，抽象的な言葉が行為として連想されるようになると減少していき，3歳前後には共通語や方言に切り替わってくるのが一般的である。

言葉のリズムが〈行為を促進し行為を活性化〉させる「いちにいちに」「せーの」などの言葉の使用は，大人でもときおりやっている。このリズムで他者と呼吸を合わせることができ，行為が共同され，目的実現につながったり快感情につながったりするからである。こうした言葉は幼児だけの対話関係でとくに使われるというわけではないが，そこに教師の強い思惑が隠されている場合には隠語としての意味をもつ。左右の足運びのリズムを統制する意図をもって「いちにいちに」と唱和させながら歩かせるとすると，「いちにいちに」は「元気に」「そろえて」「そろわない子がいないように」といった意味に変わる。

保育における隠語は多い。「対象を擬人化」した言葉も隠語に満ちあふれているが，擬人化した言葉で一番多いのは無生物にも「さん」づけするものである。「積み木さん」「カバンさん」など，「さん」をつけることで一般の積み木ではないあなたと関係のある積み木，あなたと関係のあるカバンを意味する。「ありさんの声」「ぞうさんの声」といったイメージを表象させて「小さな声」「大きな声」を身体化する場合には幼児を動物化する逆擬人化がなされる。山内はこれを文脈置換の「子どものモノ化・動物化」としているが，「赤の机ここ，緑はここ」と話されたり，バス乗車区分「1番，2番集まって」と話されたりすると，省略した言葉がもつ意味を解釈しないかぎり行為には移せない。擬人化，逆擬人化は，限定された幼児と保育者との対話空間で，言葉としては隠語に含めるしかないような特殊なものといえよう。

「靴がいたいいたいだよ」「靴を仲良しにしよう」「靴が迷子だよ」という

擬人化もある。「それ以上乱暴に扱うと靴が壊れるよ」とか「靴の左右をそろえよう」「靴を片付けないとなくなってしまうよ」と呼びかけるより，幼児の経験に訴え表象される概念に感情を刷り込めるため，行為が誘発されやすいからである。擬人化によって状況を類推させるとともに，指示や命令言葉，不快感をあらわにした言葉ではなく，柔らかく包む効果を活用としているという点では，保育者が使う「対象の擬人化」は隠語ないしは棘を含んだメタ言語の一種ということもできる。靴が「いたいいたいだよ」「迷子だよ」の中に「壊れるよ。壊れても知らないよ」「片付けずになくなっても知らないからね」といった意味を含んでいるからである。

　その最たるものが，ほのめかしの言葉である。バフチンが日常にある「隠れた対話という現象」に注目したように，保育の場は多くの隠語によって子どもを制御したり気づきを促したりする関係をつくっている。やるべきこと以外のことをやっていると「おててがあそんでいる」といった言い回しをしたり，静かに聴いて欲しいとき「うさぎのお耳で聞いてね」とか「お耳をダンボにしてね」「ぞうさんのお耳で聞いてね」など，かえって意味がわからないちんぷんかんぷんな言葉が使われる。そこに評価を含む言葉が使われると，強いほのめかしや棘になってくる。「よいお胸」「よいお口」「よいお耳」となると，「話し手の方を向いて」とか「よく嚙んで」「しっかり聞いて」といった意味の反対，「よくない胸」「よくない口」「よくない耳」を暗に示唆することになる。騒がしい子どもを「弱虫さん」と言ったり，保育者の望まない行為をする子どもを「あかちゃん」と言ったりして否定することばかりではない。逆に秀でた子を「博士」「名人」としてもち上げる言葉もある。使う側ではそれがほのめかしや棘のある隠語という認識は少ないかもしれないが，隠語によって傷ついたり他児から阻害されたりする子どもも発生する。こうした保育実践ジャーゴンは1地域のことなのか，全国的な傾向なのか興味深いところであるが，閉鎖的な保育空間で仲間だけに伝わる言い回しである。

　さらに，上品さ，柔らかさを求めた女房言葉の「『お』がつく言葉」が多い。

女房言葉というより「お片付け」「お集まり」「お着替え」「お集め」など「お」をつけて丁寧語を装い，名詞止めにして言語主体の意志をぼかし「誰が」を特定しない言葉として使われる。言語過程説で時枝がいう助詞や助動詞を抜き，意志や思想をもたない名詞を乱用することで曖昧空間を演出する。その曖昧さを読み取ることができて，保育者の期待に添う子どもは「いい子」になれる隠語の文化である。また動詞もあえて違う言葉に置き換えられる。「姿勢を正す」という動詞は「ピッ」と短音で表されたり，「間隔をあける」言葉は「バリア」で代用される。折り紙などの折り目をつけるのは「アイロンをかける」足首を回すのは「足で穴を掘る」足をそろえるのは「足をグーする」といった具合に，共通語でもなく方言でもなく，地域社会や家庭にもなく，流行語でもない言葉が保育界にはある。この言葉環境に入って意味が理解できるようになるのは幼児だけでなく大人でも大変である。だからこそジャーゴンということなのであろう。女性心理に由来する隠語（省略「お」形や擬態語・擬音語，比喩などの表現）が日本語として正式の地位を占め，辞書に記載されてきた。おいた（いたずら）おかか（鰹の削り節），おかず（御菜），おから（大豆の絞りかす），おこわ（強飯），おじや（雑炊），おつけ（吸い物，味噌汁），おみおつけ（味噌汁），おでん（味噌田楽，煮込み田楽），おなか（腹），おなら（屁），おにぎり・おむすび（握り飯），おはぎ（牡丹餅），おひや（水），おまる（便器）などの女房言葉も今日では共通語となっていることを思うと，「お集まり」「お机」「おピアノ」「おしっぽ」など保育界から新しい言葉が誕生するのであろうか。

　音を通して交通する話し言葉は，小社会の文化を形成する。2歳になっても一律幼児語や擬音語・擬声語，「お」のつく名詞だけの会話が残るとしたら，一般社会と遊離した独特な言葉の環境をつくっていくことになる。逆に，独特な言葉文化をもつ園に子どもを囲い込んだことによって，一般社会にいれば自然に移行する共通語や方言への発達を阻害してしまう環境を提供していくことになる。

2．生活言語と書記言語

　方言撲滅も行き過ぎなら，新造語，外来語乱発も時代の潮流であろうか。義務教育機関は共通語を基本として書き言葉に移行していくので，就学前教育のように話し言葉としてのジャーゴンが使われることはない。しかし，就学前教育は言葉環境や対話によって言語主体を確定し，主体が文脈の中で言語を位置づけ，身体に言語を蓄積していくようにするわけで，日常語のありようが言葉への感性や小学校との接続を左右する。それについては第２部に詳細を譲ることにし，また学校文法や義務教育諸学校の国語については，教科書や教育指導書をはじめあふれるほどの文献があるのでそれらを読破していただくことにして，ここでは「働くものから見るものへ」「働くものから聴くものへ」「働くものから語るものへ」を失った日本の就学前教育と日本語，外国語について考えたい。

(1)　ロゴスとしての身体
　「ドストエフスキーの主人公の自意識は不断に対話化されている。それはどんな場合にも外部に向けられており，自分自身，相手，第三者に対して，緊張した呼びかけを行なっている」[16]ように人間は何故に「呼びかけの主体」なのか。バフチンは無数のバリエーションをもった対話の構成原理は「いずれの対話にも，公然とした対話の応答と主人公たちの内的対話の応答との交錯，共鳴，あるいは遮り合いがあり，いずれの対話においても，一定のまとまったイデエ，思想，言葉の総体が，いくつかの融合することのない声たちを介して，それぞれに異なった響きの中に実現されて」[17]いて，同一だとする。発話の対話的相互作用は，言語学的特性ではなく言葉そのもの，しかも自らに呼びかけの主体となる自立した言葉にある。

　教育は，ややもすると自分自身，相手，第三者に対する呼びかけの主体となることを無視して，外界にある言葉を覚えさせることを使命としやすい。

言葉を使う主体，主体の"内から働くもの"を忘れてしまうからである。読み書きが始まる学齢に達した児童の場合は，外界にある新しい言葉に文字を通して出会うことも一つの世界を拡大する方法になるに違いないが，就学前教育においては，言葉によって呼びかける主体の自立を目指すことに対話関係の目的がある。西田幾多郎は『言語』の中で，プラトンの「思惟と言表とは一つのものである。思惟とは発音なくして心が心の中で自分自身と話すことである」[18]とする論や，ノアーレの「言語は人間の工作に伴って発展する」を引き，「我々は働くことによって外に何等かの結果を生ずる。而(しか)してかかる我々の働きの結果が共同的世界に即ち客観的世界に於て見られる時，そこに埋解というものが成立する。思想というものは，我々の働きと客観的に見られる結果とが結合する所に，その根柢を有つのである。然るに，人間の表現的動作には固(もとより)，音声を伴う。情緒的なるもののみならず，意志的なものでもそうである。かかる音声が右の如き結果からその意味を得たものが言語である」[19]とする論を取り上げて言語の原点を照射する。我々が言語をもち"もの"を表示するから「物」があるように，言語は歴史的に生成したものである。人間的身体をロゴスと考える西田にとって，「言語というものは，歴史的社会的生命の身体ということもできる」[20]のである。『場所』の中で「我々が個々の音を意識する時，個々の音は知覚の場所に於てある。その上に音調という如きものが意識せられる時，音調も赤(また)同一の意識の場所に於て

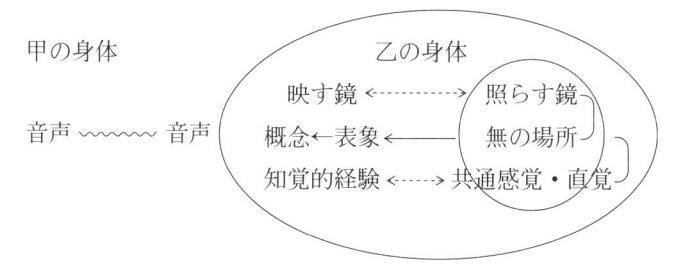

図表 1-2-4　西田の論と時枝の図とを試みに合成した模式図
（筆者による）

ある。各(おのおの)の音が要素であって、音調は之から構成させられて居るというのは、我々の思惟の結果であって、知覚其者(そのもの)に於て個々の音は音調に於てあるのである。併し(しか)音調も亦(また)一つの要素として、更に他の知覚に於てある」[21]。この知覚の野を突き詰めていけば共通感覚に到達する。このような「場所」が無限に深い「無の場所」に映される映像であり、直覚は無限に深い無であるからこそ直覚に分限線はないとする。視覚・聴覚など知覚作用を限るとき、一般概念によって直覚の場所を限定してしまっているが、本来、直覚は規範的直覚も含めて無の場所に全体として「於て」あり、知覚的経験を主語として私たちの経験界を成立させているとする。知覚の意識と判断の意識が離れていることはないとする西田の「無の場所」の論理からすると、教育における言語の有りようは、単に映す鏡から真の無の場所、即ち自ら照らす鏡に至ることであり、この鏡は外からもってきたのではなく、真の無の場所にあったものであることを知ることである。

「言語の教育」も「言葉の教育」も知覚的経験を主語として経験界を広げる、つまり言語自体が歴史的社会的生命の身体であるからこそ、言語的でありロゴスである身体を共通感覚によって形成することが必要になる。子どもの知覚的経験を主語とせず、取り出した単語を覚えさせたところで、経験界は成立せず、ロゴスである言語的な身体は生まれてこないのである。これは換言すれば、バフチンがいう主体が呼びかけの主体を形成することとも重なる。そこに教育と言語の関係を考える基底があると思われる。聾児であれ聴児であれ、知覚的経験と思惟を統一する「無の場所」に働くものがあってこその言語的身体である。

(2) 聴覚障害児の言葉の獲得と環境

聾学校幼稚部の歴史は、学童期以降の聴覚障害教育の歴史をそのまま受け継いで今日の混沌に至っている。それは、聴覚障害児の口話訓練・文字訓練の歴史というだけの問題ではなく、聴児の言葉の暗記・文字訓練や視覚障害児の聴覚・触覚訓練と共通する課題で、生きることの根源にかかわるもので

ある。筆者は長年，幼児教育現場の実践について共同的学びの場を得るだけでなくここ10数年余，聾学校や盲学校に訪問する機会を得てきたが，そこでの言語指導の疑問はいまだに解決していない。言葉を獲得することによって想起的記憶が可能となり，話す聞く対話関係ができるとはいえ，取り出して暗記させた語彙は行為と結びつかず表象につながらない。つまりそれぞれがもつ知覚システムを十分開発する遊びの経験が乏しい子どもたちの現実を見ているからである。話す身体構造についてはソシュールの図解をみたが，聞く構造について脇中起余子[22]の記述によってみたい。脇中は，聞こえの仕組みについて，

①外耳が耳介によって音（空気の振動）を集め，集められた音は外耳道を通して鼓膜に伝わる。
②鼓膜は音を受けると振動して，中耳腔にある耳小骨に振動が伝わる。
③内耳にある蝸牛の中の有毛細胞が聴覚刺激を受けると興奮して電気信号（神経インパルス）を発する。
④電気信号は，脳神経を通して大脳皮質（聴覚中枢）へ導かれ，そこで情報処理される。

として，図表1-2-5のような図解をあげる。④の大脳の情報処理については，ここでは西田の「無の場所」としておこう。

聴覚障害には「伝音性障害」（外耳に損傷がある場合は音が小さく聞こえる程度だが，中耳炎等で中耳に損傷がある場合は軽度から中等度）と「感音性障害」（内耳，聴覚中枢路，聴覚中枢に損傷がある場合）とこれらが重複したものがあり，聞こえを困難にしている。聴力レベルが70dB以上（40cm以上の距離で発声された会話語が理解できない）で障害者手帳が交付されるといわれるが，100dB以上の全聾まで個人差が大きく，弱視と難聴，発達遅滞と難聴などの重複障害がある場合もある。今日は，新生児聴力スクリーニングABR（聴性脳幹反応）とOAE（耳音響放射）によって，出産した病院を退院するまでの

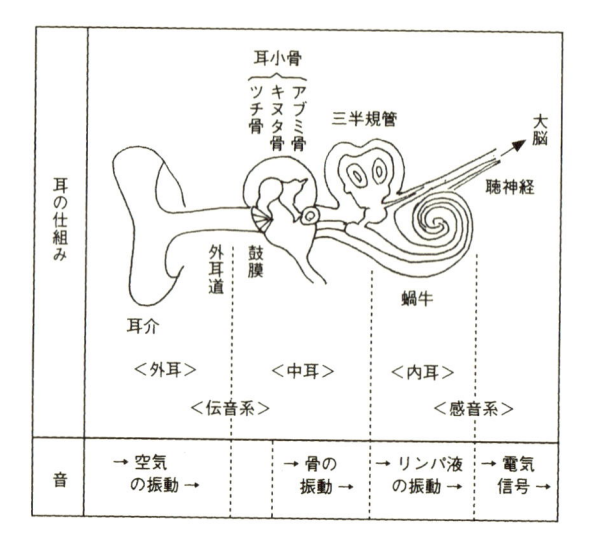

図表 1-2-5
聞こえの仕組み
脇中起余子『聴覚障害教育 これまでとこれから』北大路書房, 2009, P.2 より

耳の仕組み	耳介 / 外耳道	鼓膜 / ツチ骨・キヌタ骨・アブミ骨（耳小骨）	蝸牛 / 三半規管	聴神経 → 大脳
	<外耳>	<中耳>	<内耳>	
	<伝音系>		<感音系>	
音	→空気の振動→	→骨の振動→	→リンパ液の振動→	→電気信号→

間に検査され，早期に発見されるようになったので，新生児聴力スクリーニング後おたふく風邪や髄膜炎など病気による難聴にならないぎり，かつてのように 4, 5 歳になって発見されるということは滅多にない。

　早期発見，早期対応が言葉を獲得する上で有効なのは当然ではあるが，早期の対応が対話でなく口話や手話を教えることにつながりやすい。3 歳児で聾学校幼稚部に入園した子どもたちに手段としての遊びはあっても真の遊びの時間はほとんどない。持ち物の始末を済ませると家で描いてきた絵日記をもとに対話の訓練がされる。まだ殴り書きで描いたものの命名もテーマもない，時系列も身体内に整序されていない子どもが口話あるいは手話で絵を語るのは困難であるが絵日記を語らせる文化がある。中には屋外で遊んだ経験のない子どももおり，全国の中でも遊びがあるといわれる東京のある園ですら，遊びは実質 1 時間程度で 10 時になると集合し午前 2 時間，給食後 1 時間の全体活動と個別の口話訓練，絵日記の語りなどが組まれている。全国の多くの聴覚障害児が往復 2, 3 時間かけて遠方から特別支援学校（聾学校）に通い，幼稚部では遊びはほとんどないままに口話の訓練と生活訓練がなさ

れる生活を行っている。筆者が知るところでは，真の子どもの遊びがあり生活があるのは北関東の某聾学校くらいである。

　言葉は，辞書のように脳内に蓄積されているのではない。電気信号が大脳の聴覚中枢に導かれ情報処理されていることは誰もが知っている。そして脳内で情報処理されるには，電気信号の刺激によって表象されるものがなければ言葉という概念につながらない。つまり，実際の遊びや生活という全体の中で，モノが物として使用され命名され，言葉の包摂関係を他者との対話によって学ぶ経験がなければ，表象も概念も身体内に形成されていかないのに，取り出した名詞や動詞の発声を教えていくのである。ヴィゴツキーは，聾啞の子どもは，擬概念の形成（第3章 pp.138-140 参照）をもたらす大人との言語的コミュニケーションを欠いているとの課題を提起する。聾者の言語においては，「歯は，三つの異なる意味をもつことができる。それは，白・石・歯を意味する。これらのものは一つの複合に結びついている。だから，それらの対象指示を明確にするためには，その後の展開において，さらに指示的あるいは描写的ジェスチャーが，この複合につけ加わることが必要となる」[23)]として，言語がどの対象に関係づけられなければならないかを知る対話が必要だとする。それは聴児や大人でも同じである。そうした複合的思考をつくる言語過程が生活や遊びの中で必要なのに，その環境調整がなされていない。

　取りだした言語の訓練には，子どもが言葉を知りたいと願う主体の意志はなく，繰り返し刷り込まれる言語の洪水に身を委ねるしかない。筆者がここで問題にしたいのは，手話か口話かの論争だけではなく，生活や遊びという主体の経験に結びついた対話関係の獲得，複合的思考を発生させ，心象と言葉をつなぎ表現する意志をもった主体が育つ環境についての議論の必要性である。

　なぜなのか。日本最初（1878）の「盲啞院」が示すように，日本の聴覚障害教育は聞こえない＝話せないを意味する「聾啞」から始まっている。古河太四郎の発音（音声言語），読解，筆談，作文（書記言語）を音声や筆談，手話，指文字を交えた手勢法と口話法から始まり，1896年ころになると伊沢修二

らの口話・発音・筆談指導に重きが置かれるようになる。やがて大正時代には手話は口話の妨げになるとして排除され口話主義教育が盛んになる。1926年には「京都聾口話幼稚園」が作られ，口話主義が全国を風靡するにつれ，聾であっても啞ではないという認識が拡がりをみせ「聾学校」の名称が付与されたのである。1933年には，鳩山一郎文相の訓辞等により全国のほとんどが口話主義になるが，1937年のヘレン・ケラー来日などを機に1938年，時の文相が「口話法に適せざる者に，それを強いることのなきよう」との訓辞がなされ，口話と手話論争が再燃した。第2次世界大戦を経て，1948年，盲聾児の就学義務が開始，1951年に日本聾啞学校に3歳児学級も開設され，1966年，全国的に幼稚部が設置されるに至ったが，戦後になっても手話を否定し口話法が主流を占めてきた。2003年の保護者による聾学校における日本手話使用の人権救済申立，日弁連の仲裁，全日本ろうあ連盟の見解・署名運動と，口話か手話かをめぐる論争は終わるところを知らない。併せて，人工内耳の進歩と普及により，口話か手話かの論争はいまだに決着したわけではない。脇中が自らの経験から述べているように，①時代的に手話に否定的な考え方があったこと，②「障害＝マイナス」で健聴者に近づけるため度を過ぎた聴能訓練，発音訓練がなされたこと，③言葉の授け方が「訓練的・要素法的・不自然・整理しすぎ」だったこと，④家庭で母親が「教師化」しすぎたこと，⑤子どもらしい遊び，集団的活動が少なかったこと，⑥暗記だけが勉強ではなく，もっと「想像力」も育むべきであったこと，の6点[24]に筆者も強い共感を覚える。

　対話より訓練になる原因の一つは，かつて聾学校幼稚部は幼稚園教員資格者ではなく小学校教員資格者が大半のため幼児の発達に対する共通理解が築かれにくく，書記言語が下りてくることにある。とくに幼児教育においては，「訓練的・要素法的・不自然・整理しすぎ」の言語の暗記ではなく，言葉は生活や情動表現による必然とつながるものであるという認識が共有されにくい。二つに，母親や教師も「訓練士化」する文化環境で生活による総合的な関係性や対話関係，情動の発露を学ぶ機会を失い，子どもらしい遊び，集団

的活動の経験も少ないままに，口話訓練結果に価値が置かれたことを意味する。こうした曖昧さが今日も続いて管理職が変わるたびに，遊びがなくなり口話訓練が強化されたり，遊びが許されたりする空気をつくりだしているのである。

　幸いにも，日本も「障害者の権利に関する条約」批准に向けた環境整備が進んでいる。障害者の人権および基本的自由の享有，固有の尊厳の尊重を掲げ，差別されることなく合理的配慮がなされることが謳われている。教育においてはとくに，人間の多様性の尊重と障害者の能力を可能な最大限度に発達させる環境調整や必要な支援の重要性が述べられている。そして地域社会の構成員として平等に参加することを容易にするために，"点字，代替的な文字，意思疎通の補助的代替的形態，手話の習得など，言語的な同一性を促進する"とともに，"視覚・聴覚障害，重度障害のある者の教育では個人にとって最も適当な言語，意思疎通の形態，手段でなされるように"といった内容が盛り込まれている。それは障害者だけでなく，すべての人々が社会参加し，多様性を尊重する社会を意味する。

　外から与える言語訓練で子どもの時間の大半を使っていく教育によって，自我意識の発達や社会的コンピテンスを形成しそびれることへの怖れは，これによって新たな挑戦に向かう。長年の口話か手話かの論争は再検討されるであろうし，移動を保障し合理的配慮によって障害者の社会参加が促進すれば，多様性は日常的になる。幼児が幼児として生得的にもつ活動衝動・表現衝動・創造衝動を遊びや生活の中で満たし，アフォーダンスによって表象される世界を豊かにし，概念に結びつく喜びを培う機会が増えれば，他者との意思疎通も可能になる。脇中のいう6点の問題提起は，まさに自我意識が芽生え，対物，対人とのアフォーダンスによって質感を伴う心象が言葉とつながって言葉を確定していくプロセスが必要であり，表象に概念が結びつかないかぎり，暗記させても記号しか表象されない乏しい世界に子どもを追いやることを示唆する。聴覚障害をマイナスと考え聴児と同じになるように訓練すると考えるのではなく，自然的コミュニケーションを通して身振り，手話，

指文字，口話，読唇，意思疎通の補助的代替的形態など個々人が使える様々な手段でコミュニケーションすることから可能性が開ける。言葉が全体の関係の中にあり，相手に伝わる喜びや充足される感覚を獲得していくことへの希望が湧いてくる。三浦つとむは，レーニン以来の聾啞者に対する偏見に対して「われわれと聾啞者との間に本質的なちがいはない」と主張し「どちらも頭の中に概念をつくりあげて思惟する点では，変りがない。ただその概念にむすびつく感性的な手がかりのありかたがちがうだけ」[25]とする。その手がかりとなる生活環境・対話環境・合理的配慮を抜きにした健常児に近づけるという論争は，人間主体・主体の尊厳の捉え方がずれていたとしか言いようがない。

(3) 言葉の発達と「9歳の壁」

東京教育大学附属聾学校長（1949〜1968）として聾教育に貢献した萩原浅五郎が提起した「9歳の峠」の問題についても言葉の獲得との関係で考えておきたい。森原都は，話し言葉から書き言葉へ，かけ算や割り算へ，知的リアリズムから視覚的リアリズムへと「具体から抽象に移行する」9，10歳の質的転換期を迎えて，児童自身人格的にも価値の多様化が進み，障害に対する見方も変容するとして，「9歳の壁」問題を提起する。この壁は，①一般の聴児や，②日本語を母語としていない子ども，③聴覚障害児がぶつかる壁であるとして，限定コードのもつ限界を指摘する。「これ」「あれ」の指示代名詞や単語，単文から，精緻コードの複文や状況が客観的に説明される「もし〜すると，〜だから，〜ね」となる過程での壁[26]である。脇中は，高度化（横の発達）は「BICS*の充実」で，高次化（縦の発達）は「CALP**への移行」だとして，図表1-2-6のように表している。

京都校幼稚部と限定的ではあるが，壁を越えるのは65〜74%と推定する。

＊　BICS　Basic Interpersonal Communicative Skills
＊＊　CALP　Cognitive Academic Language Proficiency

「9歳の壁」の克服は，かつて語彙数を増やすこととされて言語訓練があったが，今日では「自然で豊かな会話や経験の蓄積，質の高い遊び」が「9歳の壁」を越えさせると考えられるようになり，「自然法」による聴覚口話法や手話の導入が図られ[27)]，また自然手話を「第1言語とし，書記日本語を第2言語とする『バイリンガル聾教育』の主張」が現れたとする。

BICS（限定コード）	CALP（精緻コード）
話しことば	書きことば
1次的ことば	2次的ことば
語用辞典	語彙辞典
限定コード	精緻コード
生活言語	学習言語
高コンテクスト	低コンテクスト
訓読みが多い	音読みが多い

図表1-2-6　2つの言語形式
脇中起余子『聴覚障害教育 これまでとこれから』
北大路書房，2009，p.129

　さらに脇中は，「『聴者』『難聴者』『聾者』は連続的なものであり，適用する教育方法も連続的なものであるほうが無理がない」「高いレベルの日本語を獲得するためには，日本語をからだで（時には理屈抜きで）獲得することが大切」「『手話法』の有効性と限界，および『口話法』の有効性と限界を冷静に見つめた研究や実践」[28)]が必要だとする。対立する聾教育の実践現場で筆者が考えたのも，脇中と同様，そのための本物の生活や遊びが必要だということである。日本語を体で獲得するのは，聴児であれ聴覚障害児，視覚障害児であれ同じで，物の表象に概念が伴った言葉として獲得していかないかぎり，言葉は高次化していかず，「9歳の壁」を越えることを困難にさせていくと考えるのである。

　盲児の実践現場でも自立訓練と触覚訓練，言葉の訓練が行われる。訓練に明け暮れ，園庭に出たこともなく，風も砂も水も草花や野菜も固定遊具での遊びも知らない子どもに，言葉の土壌を耕すことは難しい。歩くこともなかった盲児が自分の足で歩き，砂遊びや水遊び，ブランコや乗り物，ごっこなどで心ゆくまで遊び，自立訓練のためだった着替えも汚れるという必然が生じたときに自分で着替え，養ってやる食事も自分で食べる食事に変えて，歓声が響く生活空間に変えることができた実践研究[29)]も，それを検証する間も

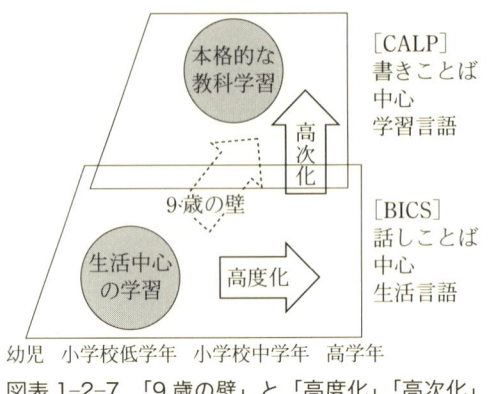

なく2〜3年で管理職が変わると遊びは失われ、訓練に変わるのは聾学校と同じであった。言葉に対する大きな課題は依然として教育界に横たわっているのである。

一方、渡辺弥生[30]は9〜10歳の壁の根拠について心理学の視点から解明し、この時期に他者に気持ちを伝え、社会性や道徳性

図表1-2-7 「9歳の壁」と「高度化」「高次化」
脇中起余子『聴覚障害教育 これまでとこれから』北大路書房, 2009, p.131

など対人関係の基盤をつくることを提唱する。そしてソーシャルスキルを獲得する上で幼児期からの遊びがいかに重要かに触れている。

　ショスタコービッチの別荘だったというロシアの「夏の幼稚園」を訪問した際、一夏を過ごす子どものために夏の具体物が用意されていた。蓮の花だけがないということで蓮の造花が池に浮かべられ、具象を伴った体験が大切にされる遊び環境の豊かな森であった。長野県の「こどもの森幼稚園」にも、友だちと野山を駆け回り夢中になって遊ぶ聾児がいた。丸太を取り合って喧嘩をしたり火にくべられた芋を棒で返したりと、理屈抜きに表象から概念へとつながる経験を獲得していく過程を満喫していたことが思いだされる。子どもの発達を捉える一貫した軸がないのは、特別支援学校だけの問題ではない。子どもの対話関係に聾者、聴者、盲者、晴眼者の根本的な区別はない。「障害者の権利に関する条約」が新しい実践の視座を提供してくれるのではないかと思われる。

3．物語る主体のリテラシー獲得

　昨今は，聴児であれ聾児であれ保護者は早く書記言語に移行することを期待する。書記言語を家庭で教える教材も安価に手に入り，親が教育している場合も多くみられるようになった。一刻も早くCALP（学習言語）に移行することを求める保護者や早期教育の世界的潮流を取り込んだ経営者の意向を受けて，現場の教師たちは幼児期の言葉は身体であり対話関係を土台とすると思いつつ，子どもの遊びの重要性を説明する言葉をもてないでいる。子どもの遊び欲求や対話過程を飛び超えて保護者や経営者のニーズに添うことで，園児獲得に協力せざるを得ない現象が発生している。

(1) 就学前教育におけるリテラシー

　就学前教育がリテラシーを扱う際，何を論的根拠にするかである。現実に子どもと暮らして乳幼児の実態を把握しているにもかかわらず，多くは時の学者の説や教材会社の宣伝等に依拠している。対話関係の現象だけでなく聴覚映像と表象と概念の関係も，言葉の誕生から始まる対話関係の発達過程も，あるいは小学校の教科学習の構造や系統性も熟知しないままに，文字や数記号を教えている園もみられる。ある脳訓練教育を取り入れた園の実践は，私たちに様々な研究課題を提供してくれる。

　　教師「じゃ，今日は」と言いながら「へ，た，れ，ゆ，す，ひ，ら，し」の文字カードをロープに貼りつけ「おててを置いて，8個，昨日の数と同じで，友だちが答えているときは聞いてね」。幼児「はい，はい」と挙手。教師「はい，1ちゃん」。幼1「へた」。教師「みかんのへた」。幼1「違う，へた」の「た」にアクセントをつけて発声するが無視される。教師「はい，2くん」幼2「たれ」。教師「焼き肉のたれ」。以下，挙手した子を指していく。幼6「しらす」。幼7「す」。幼8「おすのす」。幼

7の「す」は無視される。挙手が減る。幼12「しら」。教師「しらってどういうこと」。幼12「しらみ」。教師「みはないね」。幼15「ゆひ」。教師「うがあるといいね」。幼16「ひ」教師「とがあるとひとになるね。何て言いたかったの？」幼16「ひが言いたかったの」と答える。

こうしてたくさんの言葉がつくられる。間髪入れずに次の言葉に移っていくので，ゆっくり話している子どもの言葉や音は拾われにくい。音声から教師自身が表象した言葉に引っ張るので，「下手」や「巣」「火」の言葉は届かない。1時間の脳訓練の言葉づくりののち，鬼ごっこの説明に入る。

教師「これから外に行くけど，今日何するか。鬼ごっこ苦手な人もいたよね。その友だちが鬼ごっこできるといいので考えてもらったね。苦手の人は走るの，つかまるのが苦手。歩いて逃げる鬼ごっこどうだった」。幼児「楽しかった」「走りたくなった」「走りたい人は走って歩く人は歩く」。教師「先生もみんなと遊びたいと思って考えた。みんなと決めた方が楽しいと思ったけど考えたのでいい？　逃げるの苦手，走るの苦手だから先生考えた。逃げない人つくるの」。幼児「応援団とか？」。教師，黒板に園庭のアンパンマン，ドラえもん，ジャンボタワー（いずれも遊具名），ばら組の位置関係図をかくと「走るの好きな人，捕まえるの好きな人。みんな英語知っているので」と人型のABCDEFの6枚を黒板に貼る。「ABは逃げるのが怖いんだって，Cはジャンボタワーで待つ。Dはホールの端で待つ。この友だちはチェックポイントね。ここは監督」と中央に貼る。幼児「監督は先生だね」。教師「監督がAにタッチしないといけない」。幼児「なんで」。教師「そういうルールをつくるとA〜Dは応援している」。幼児「よくわからないよー」「どうしてそんなルールなの」。教師「みんな白とピンクに分かれるよね。白がピンクにタッチ，ピンクはタッチされたら黒帽子，もう戻れません」。幼児「応援する」。教師「でも戻りたいね。ピンクに戻るためには，AとBはアンパンマ

ンとドラえもん。BとCはAにタッチすると戻れます。白もピンクにタッチされたら黒，復活するにはBにタッチしてくる。でもずっと続けているわけにいかない。もしかしたらピンクチームが2人黒，白チームは，4人も黒になっている。そうしたらどっちが勝ち」。幼児「……」。教師「これは先生が考えた遊びだからみんなも考えて。タッチする人，何人？」。と聞いて学級数32÷2と板書する。幼児「4人」。教師「2チームに分かれているでしょ。1チームに何人タッチ？」と言うが誰もわからない。

　こうして20分ほど遊び方の説明をして戸外に出る。聞いた説明と実際の遊びの動きは結びついておらず，幼児はまったく動けないで突っ立っている。これは，"クラス全員を白とピンクの2チームに分け，各陣地に分かれる。陣地から出て敵に捕まったら，ドラえもんの場に行く（これが黒）。捕まっても同じチームの人にタッチしてもらえればもとの陣地に戻れる"という意味だが，過去の成り行きと園の施設図と人の動きとルールが混在しているので要領を得ないのである。教師にしてみれば人間型を使って具体的に説明しているつもりだろうが大人でも理解できない。子どもは行為の模倣に伴う言葉によって理解するのであって記号や抽象的な言葉で理解するのは難しい。

　同様に，4歳学級で赤いもの，白いものの言葉集めをしているが，イチゴ，トマト，テントウムシも赤が正解で白は正解ではない。赤鬼とか赤い洋服，赤い葉なども出され，形容詞によって赤いものになる言葉を含めて正解とされる。「でんき」「パトカーのサイレン」なども赤として幼児から出されたが，「でんきは白」と教師に一蹴される。果実は，白や薄緑から色づいて赤になる成長過程があり，その過程と自分との関係，テントウムシにもナナホシやナミテントウムシがいて，種類が違うことを経験とつなげて語ることの方が表象や概念にとって意味があるのであって，イチゴ，リンゴ，サクランボ，テントウムシの赤が正解と覚えることの方が危険であろう。

　またS園では，3歳児の課業が1時間あり，1〜5の記号カードを板書したとおりに並べさせる。次頁の左は数記号を枚数分並べさせる学習である。

小学1年生でも具体的に操作する数え棒を使い，下の右のように1，5を単位とした集合数につながる学習方法をとって，それが数として表記される関係を学ぶ。しかし，左は数記号の暗記が目的なのか，集合数の概念とつなげたいのか，カテゴリー分類を求めるのかわからないままに3歳児に教授されているのである。数記号カード以上に，実際におやつを3個取るとか椅子を2脚運ぶといった1対1対応や，対話と行為を伴う操作可能な数の方が数学的思考の土壌を耕す生活言語になると思われるが，その問いに対する答えはない。

教師の板書，記号の配列					棒の配列					数
5	5	5	5	5	1	1	1	1	1	5
4	4	4	4		1	1	1	1		4
3	3	3			1	1	1			3
2	2				1	1				2
1					1					1

「絶対学力」を提唱する糸山泰造は，暗記力と計算力の伸張に走りすぎ「『考えない習慣』は『考えない頭』を作り，『考えない頭』はすぐに『考えられない頭』に成長する」「考えられない頭は，複雑なこと・抽象的なこと・手間のかかることを，面倒で嫌なこと，不要なことと感じて拒否反応を起こします」[31]として，学習の基本は言葉のイメージ化だとする。そして「人間は12歳までに様々な角度からものを見ること（抽象思考）ができるようになる自然な成長プログラムを持っています。ですから，そのプログラムに逆らって幼児期に先行学習やパターン学習（その中でも反射形成学習は最も悪い影響を及ぼす）などをしている」と手痛いしっぺ返しがあるとして「幼児期にすべきことは，全ての時間を使って『ゆっくり，じっくり，丁寧に』体験に裏付けされた豊かな言葉を習得させ，『考える力』を付けてあげる」[32]ことで，「9歳の壁」を越えられるかどうかがここにかかっているとする。

(2) 対話体と文章体の発達過程

体験に裏づけられた豊かな言葉の獲得，対話による意思疎通が，「9 歳の壁」を乗り越えるキーとする研究者は多い。国立国語研究所が 1967 年に実施した「就学前児童のひらがなの読み書き能力全国水準調査」でも，幼児は 4 歳代より何らかのかたちで平仮名を習得し始め，読みにおいては，「清音・撥音・濁音・半濁音 71 文字の範囲をこえ，長音・拗音・拗長音・促音・助詞などの特殊音節の範囲にわたっている」[33]とする。この 5 歳クラスの幼児の就学 1 ヶ月前の再調査では，5 歳児クラスの幼児の読みについては，60 文字以上読める幼児が 87.8％であり，就学を迎える直前には高い水準になっている。

また，書きについては自分の名前が書ける幼児がほとんどで，21 文字以上書ける幼児も 6 割弱になっている。この調査の全体結果の考察では，文字条件を位置づけているのは文字環境で，5 歳児の方が積極的に反応すること，文字の扱いに積極的な幼稚園は全体の 1～2 割程度で，大半が環境の中の文字を生活や遊びを通して自ら学ぶようにしているとする。そして 4 歳代にひらがなを覚えはじめるのは，ひらがなの習得の基礎になっている音節分解，抽出行為，識別機能が部分的に形成され，この時期の文字習得を可能にする条件がつくられるためで，これができないうちに文字指導が入ると，文字と意味が分離していくとしている。

同様に，文字学習と学力調査において三神広子は，幼稚園での文字学習と小学校での国語力の関係で，「文字指導を受けない群」の方が「文字指導を

図表 1-2-8　幼稚園の文字の習得の程度（昭和 42 年 11 月）一部抜粋

ひらがな読みの習得状況	5 歳	4 歳	就学 1 ヶ月前
全く 1 字も読めない幼児	1.1%	9.3%	
21 文字以上読める幼児	81.6%	52.8%	
60 文字以上読める幼児	63.9%	33.7%	87.9%
5 種の特殊音節をすべてマスターの幼児	7.6%	2.4%	16.7%

（5 歳　6 歳 7 ヶ月～5 歳 5 ヶ月）（4 歳　5 歳 7 ヶ月～4 歳 5 ヶ月）小数 2 位以下 4 捨 5 入
国立国語研究所『幼児の読み書き能力』東京書籍，1972，p.251, pp.287-288

受けた群」より成績がよいとしており[34]，また岩崎未弥子や黒田実郎の研究でも「意図的に文字指導を行っている園と特別の文字指導を行っていない園の子どもでは，書きの能力では文字指導の影響が多少認められたが，読みの能力には有意差はないとされている[35]。さらに，河井芳文，井上智子，原夏絵の研究の結論は，文字学習のレディネスとして文字パターンの弁別能力，発話語彙能力，聴取語彙能力，概念化の能力，発音能力，音節の分離能力と識字の相関で，「最も高かったのは発話語彙数で，以下聴取，音節分離，概念化，発音の順」であるとしており[36]，リテラシーの早期教育も1，2年生で平準化されるとするとして，文字指導に対して慎重論をとっている。これらにさらに検証を加えた今井は，文字意識の発達については3歳児でも文字言語の表記的特徴をある程度理解できる水準に達していること，高熟知語を学習材料に用いる方が低熟知語より読みの習得，文字あるいは音節の読みの習得，特殊音節の読字においても効果があること，熟知度の高い単語に絵を対提示すると文字習得の妨害をするが，熟知度が低い場合は絵が効果的であること[37]を確認している。

　一方で，石井勲が提唱する漢字教育[38]も就学前教育界に下りてきた。明治の言葉の統一の中で標準語か英語か，漢字改良論も検討され表記に当たっては漢字かひらがな片仮名か，ローマ字かといった議論もされたが，いまではその議論も消えている。また知的早教育として知られる七田眞の右脳教育[39]は1960年代の英才教育以来，功罪ともに議論がなされてきたが，これ

図表1-2-9　幼稚園児の文字の習得の程度（昭和42年11月）一部抜粋

ひらがな書きの習得状況		5歳	4歳
ア	筆順も含めて全く1字も書けない幼児	5.3%	26.8%
イ	筆順も含めて6文字以上正しく書く幼児	81.3%	45.5%
ウ	筆順も含めて21文字以上正しく書く幼児	56.7%	21.0%
エ	筆順も含め60文字以上正しく書く幼児	3.6%	0.4%

（5歳　6歳7ヶ月〜5歳5ヶ月）（4歳　5歳7ヶ月〜4歳5ヶ月）小数2位以下4捨5入
前掲書　pp.287-288

らも，取りだした知識・技能の獲得に果たして主体にとっての発達的意味があるかの吟味は不透明である。こうしたリテラシーの教育内容は，今日では親の歓心を買う対象となっており，幼児の言葉分野の格差は広がる一方である。リテラシーがそれほど早くから人為的になされるのも，産業構造に組み込まれた現代の教育課題の大きさなのか，情報化社会を生きる子どもの発達欲求か，あるいは海外の幼児教育との整合性を求めてなのか，要因は一つではない。そこに英語教育が求められてきているので，就学前教育における言葉の内容はますます対話から離れていく一方である。

(3) 国語科の目的との連続性

基本的人権の一つとして第4回ユネスコ国際成人教育会議が1985年に採択した「学習権宣言」で学習権とは，

①読み書きの権利であり，②問い続け，深く考える権利であり，③想像し，創造する権利であり，④自分自身の世界を読みとり，歴史をつづる権利であり，⑤あらゆる教育の手だてを得る権利であり，⑥個人的・集団的力量を発達させる権利である，と謳われている。1965年ラングランの生涯教育の理念に始まった学び続ける社会の到来は，世界の識字率を向上させ，それぞれの国民が自国の文字を読み書きできる権利を得ることで，自分自身の世界を読み取り，自らの歴史を綴る可能性が開かれた。そして義務教育段階における「国語」は，改めてその目的を確認することになった。

学習指導要領では，1998年から「話すこと・聞くこと」「書くこと」「読むこと」の3領域と「言語文化と国語の特質に関する事項」の1事項となっている。「話すこと・聞くこと」では，話す能力，聞く能力，および話し合う能力と話すこと・聞くこと全体にわたる態度を目標とし，「書くこと」では，書く能力と書く態度が，「読むこと」では読む能力と読書態度が目標として掲げられている。

野地潤家は読むこと（読書行為）から生まれる価値について，①新しい心情体験の喚起・増幅・確かめ・反芻・洗練，②新しい思考体験の獲得，論理

の獲得，問題点（むずかしさ）の解決，解決への示唆，③抽象化・概念化・具象化への契機・実質の把握，④新しい表現意欲の生起[40]，をあげる。そのためには，ア．ひとまとまりの文章表現を読み取り，読み味わうことができる。イ．読むことによって，知識・情報・問題が見いだされ，それらを思案・観照の対象とすることができる。ウ．個性読み－深さ・鋭さ・らしさ（読み手一人ひとりの読みの独自性）をもって読んでいくことができる[41]，ことを目指すとする。小学校の国語の読みは，この読書機能にそってなされ，最終的には読書人として個々が自分の読書生活を築いていくことができるような素地を培うことにある。文字を読むことは，パトスの知にロゴスの知を包摂して，個人だけでなく集団を発達させていく権利を拡大することであり，就学前幼児の知的好奇心はこの価値を獲得する方向に向けられる。「読みの作用には既に解釈が要求として働き，批評の萌芽もそこに芽ぐんでゐることを否むことは出来ない。又解釈はこの読みの中に胚胎しつつ，同時に批評意識に導かれてその職能を完了する」[42]。読書・読解（解釈・批評）は「読みに出発し，読みに原動力を得て展開する」意識の一作用で「故に読みは理解に対する単なる準備過程ではなくて，理解の基礎体験に外（ほか）ならぬ」と西尾実はいう。1年生「読み物に興味を持ち，進んで読もうとする」段階から，2年生「読み物に親しみ，終わりまで読み通す」通読力の形成までが，就学前から低学年の子どもの発達過程にあるといえよう。

　私たちの読みの方法には，ア．意味内容を適確に捉えて読む精読もあれば，イ．関心や問題意識にしたがって必要なところを読み取る，関連する本を読むなどの多読（・摘読），ウ．暗誦するほどに繰り返し読む再読（・味読）がある。大人たちが目的に合わせて使い分けているように，幼児期から低学年期には，こうした読み方が習得され，暗誦するほどに自分の好きな本，好きなジャンルが誕生する。とくに文学を読む楽しみについて，浜本純逸は，「虚構の世界に生きる体験である。虚構の世界を生きるとは，作品の言葉を手がかりに，読み手が非現実の世界を想像しながら生きていくことであり，それは読み手なりの『作品』を創造しつつ読むことである。その過程で，読者は

自己の人間観, 世界観を揺さぶられ, 新しい人生の見方へと導かれ, 新しい価値観の入り口に立つ」[43] という。

イギリスは, 国語科の根幹を小説や詩・戯曲の学習を軸にした物語リテラシーを開発してきて, 今日のナショナル・カリキュラムにつなげている。松山雅子は, それを6視点から捉え, ①基礎力としての声による物語の共有, ②メタ言語の獲得を支える「教育的な場」の構築, ③ひとり読みの根幹であり, 到達点とも言える黙読の力, ④物語テクストの特性にそった読みの方略の習得と予測し推論する力の活用, ⑤テクストを語り直す行為とそのメタ的な認識, ⑥既存のテクスト体験に逆照射される読み[44]とし, 次のように語る。「自らの物語体験の内省をもとに, 物語テクスト所有の特性にそった分析的なアプローチを活用して, 物語テクストといかに出会えた自分であるかを語り出すこと, さらには, それを場で共有することを, 基盤に据えた物語リテラシーである。言い換えれば, 物語テクストの読みによって, 自らを代弁することを必須のことばの力として求める」[45] という社会文化的な言語主体としての「私」の確立を目指した読み方の教育だとする。

また「書くこと」の教育について西尾実は明治期から戦後までの歴史を踏まえ「書くことの教育は, かつての作文が目ざしていたものの革新としての社会生活文と, 綴り方が目ざしていたものの継承・発展としての自己表現文と, 新たにとりあげられて来た, 文化遺産の継承としての文化学習文との三つの面を持つものである」[46] ことに注目する必要性を説く。つまり作文は成人社会の実用に立脚した型や技術の習得があり, 綴方には近代文学の自我解放に導かれた自己表現の自得があるが, 今日の書くことは, 実用的準備でもなく, 単なる自己表現でもない, "社会的存在としての自覚に立った通じあいの1手段としての能力"を獲得することにあるとする。子どもは誰かに何かを伝えたくて書く, 思いを表現したくて書く。書く機能は形を与え, 保存されるので, 書いては読み返すことによってさらに考え, 整理して自分を捉え直すことができ, また相手と通じ合うことができるのである。

書くことの生活化と習慣化を通して,「自覚的で考え深い表現生活人の育

成」[47]を目指すとする大西道雄は,メールや携帯電話に書かれる文字が日常化するだけでなくパブリックな言語生活場面に通用する書く力の育成,書く生活の充実をあげる。それが学校教育に課せられた課題であり,その課題は,日常的にメモしたり印をつけたりひと言感想を書いたりなど,「書き慣れる」準備学習,つまり書くことの「生活化」「習慣化」が前提条件としてあるという。年長組になると文字で書くことが流行する。今日では幼児の書きたい欲求や書くことの模倣を促す情報・環境が多くあり,1967年の国立国語研究所の調査時点より書くことが生活化している。それを受けて,1998年の幼稚園教育要領から"文字などで伝える楽しさ"を謳うのも,この子どもの文字に対する欲求を捉えた「生活化」「習慣化」にあるといえよう。

　他民族で構成し,早期からの言葉習得を行うイギリスの第1段階(第1,第2学年)は5歳から7歳,日本の年中組の9月から小学1年生の8月までである。物語を重視するのは日本の就学前教育と同じだが,日本では小学校に接続すると,間違いなく読めるかどうかに重点が置かれ,ややもすると読みかた,書きかたが「方」という技術や方法として扱われるので,子どもの側からすると幼小で目的が分断されやすい。また,就学前教育の場では,声による物語の共有,メタ言語を支える教育の場の構築,黙読の力,読みから予測し推論する力,物語を語り直す行為やメタ認識といった視点はほとんどみられない。そしてひたすら読み聞かせる,話すのは教師で,子どもの側ではないという園も少なくない。また書くことも長い年月,教育課程基準で封印されてきたためにメモや印を書き慣れる生活化について研究したものは少ない。それが逆に,「文字を教える教育」と「文字にはまったく関与しない教育」の極端な違いを生んで,学齢段階での個人差を拡大している。ここに,対話によって言葉を身体化する就学前と,目的も方法も異にする小学校の国語の読み,書きとの接続の難しさがある。

　「話すこと・聞くこと」「読むこと」「書くこと」の3領域がイギリスのカリキュラムではどのように位置づいているのか,ドイツにあるイギリスのインター・ナショナル校の第1段階(日本の年中組から小学1年の1学期)の時

間割から読み書き，計算の位置づけを見てみよう。

　国語（Literacy）が毎日1限にきて，物語の読みと対話に重点が置かれる。あとは算数と生活言語としてのドイツ語がコアとなって，地理・歴史，歌唱やダンス，アート，スポーツ，お楽しみが予定されている。入門期の国語で扱う物語は，10～20ページ（1段階10冊程度で5段階）くらいの薄い絵本で，その中に基本的な文法がおさえられた物語短文がある。書きについては絵本で見て覚えた単語を見つけて色塗りしたり，熟知語の絵や文字の組み合わせを作ったりするプリントが工夫され，遊びながらできそうな応用とアルファベットの文字の基礎が併用される。国語の発音は，個々に応じて専門の教師がつき，声による物語の共有や「教育的な場」の構築，ひとり読み，物語テクストの読みの方略・予測・推論，テクストを語り直す行為などがなされる。学級担任も英語での生活を進めていくが，科目別担任制で，小集団・個別指導で多国籍の児童に対応している。満3歳からの幼稚園でも基本的な生活習慣に教師が関与することはなく，家庭の教育権の範疇となっている。1日の教育時間は日本より長いが，遊び・休憩時間がゆったりとられ，2週間から6週間にわたる休暇が年6回あり，自然体験や遊び体験は家族とともにすることが基本である。

　福祉国家のスウェーデンや発展途上のメキシコなどの4歳就学，イギリス

図表1-2-10　ST. GEORGE'S SCHOOL 1年生の時間割

	Manday	Tuesday	Wensday	Thursday	Friday
8:35～8:45	Reg				→
8:35～9:45	Literacy	Literacy	Literacy	Literacy	Literacy
9:45～10:15	Snack				→
10:15～10:35	Break				
10:35～11:20	Numeracy	Numeracy	Numeracy	Art/DT	Literacy
11:20～12:05	Science	History/Geography	Numeracy (Phonics	Art/DT	German
12:05～12:35	Lunch				→
12:35～13:05	Break				→
13:05～13:50	German	German	German	German	German
13:50～14:35	Science	Music	ICT	Numeracy	Sport
14:35～14:45	Break				→
14:45～15:20	Dance	History/Geography	RE-PSHE	Fihishng-off Time	Golden Time

などの5歳就学，ドイツなどの6歳就学と比較して，日本が早く文字の読み書きをすればいいということではない。早くしたところで小学校と接続しないし，読み書きの目的がどこにあるかで学齢も指導の方法も読み書きへの出会いも異なるのである。

(4) 物語る主体の発達

イギリスのナショナルカリキュラムにみる物語リテラシーにつながるような物語について，内田伸子の『子どもの文章』にみる「物語る研究」に着目したい。読み書き以前に開発される物語る主体について，内田はヴィゴツキーの仮説に基づきながら，幼児は「想像世界を作る素材として，それまで見たり聞いたりした経験や印象を記憶の中から検索して取りだし，それを加工する複雑な過程が開始される。その過程は知覚した経験や印象を諸要素に分解し，新たに作り上げようとする想像世界について目標に合わせて修正し，次にその修正した諸要素を連想によって統合し，表象にまとめあげる」[48]とする。この表象を統合し構成する段階で言葉が重要な役割を果たす，つまり言葉が経験の諸要素に秩序を与えるからであり，時間・空間関係を動かす様式としての文法を獲得するからである。言葉を手段として経験の諸要素を統合し内的表象が具体的な形象として外化される始まりが，遊びとしてのごっこであり，子どもは経験を語ることから物語を語ることへと発展していくのである。

内田は「物語るということは知識や経験をもとにして新しい表現を創造する営みの典型」[49]でごっこから生活経験の語りへ，そして次第にファンタスティックな事件を盛り込んだ想像的な創造へと進化することを実証している。5歳後半の計画性のあるごっこになるころ，ファンタジーの構成がなされそれをモニターする認知機能も働くようになり，原因→結果の正順枠組みから結果→原因の逆順枠組みへと推論を展開する。それは時系列が整序され，出来事を自在に構成できるようになったことを意味する。

さらに内田は，物語ることから書き言葉に移行する時期の大きな転換点に

図表1-2-11　ファンタジーの発達を支える認知的基礎

暦年齢		1歳前後	3歳後半～4歳前半	5歳後半
現象	遊び	延滞模倣 見立て	スプリクトの出現 →組合せ	計画性のある遊び ルールのある遊び ごっこと現実の区別
	物語	断片的報告	出来事の統合 →筋の展開 発端からの展開と締めくくり	筋の一貫性 (結末からの逆向可) →ファンタジーの構成 (夢・回想シーン)
認知機能		象徴機能 →想像力の出現 　現在＋過去 因果の枠組みの形成 →前から後ろへの推論 　(原因→結果)	欠如・補充枠組みの成立	＋未来 プラン機能 評価機能 モニター機能 後ろから前への推論 (結果→原因)

内田伸子『幼児心理学への招待［改訂版］』サイエンス社，2008，p.190

ついて，作文過程の外的制御を調査している。[50] そして，

第1段階：外言で次に書く文字を言ってから文字を書く。書きながら外言が伴う。

第2段階：ささやき声，唇の動きを伴わせながら1字ずつ書く。

第3段階：黙ったままで1字ずつ書く。

第4段階：ささやき声，唇の動きを伴わせながら，比較的すらすらと書いていく。

第5段階：黙ったまますらすら書き続ける。

と5区分している。また，文・句の意味の切れ目で停滞する姿を捉え，言葉

の表現においては，5歳児と小学1年の口頭作文（口語で語る作文）は5歳児から1年生6月までは会話体が大半（〜して，それから……，で……，……ね）であったものが，1年生9月になると会話体と文章体（1文の長さが短く，敬体ないし常態の文末表現に統一され，順接の接続詞が減少し，主語の省略がなく，後置現象があまりみられない）が半々になるという著しい変化が見られるとする。

この作文過程（文字で綴る作文）[51]も同様，

第1段階：作文中も終了後も読み返さず誤字にも気づかない。

第2段階：書いた直前の文字の見返しをする。

第3段階：ことばや句を自発的に読み返し誤りは正す。

第4段階：読み返しの単位が大きくなり，文のつながりや命題の探究，修正がなされる。

第5段階：第3，第4の読み返しに加え，作文終了直後全体を読み返し加除修正する。

と5区分して，読み返しが生まれる時期を捉えている。年長5月で第1，第2段階がほぼ5割，2月段階で第2段階の子どもが3，4，5段階に分散し，1年生の9月には第1段階の子どもは0人となり，第4段階がもっとも多く第3，2段階がそれに続いている。これは自己の中に読み手を置き，書き手と読み手が分化することによって書きながら意味表象をつくりだしているからで，1次的言葉から2次的言葉への移行を現しているとする。

経験の語りから一定の語り形式をもつ物語文法を獲得し，口話体から文章体に移行していく過程で，ごっこが大きな役割を果たすとともに，「聞かせてもらう」聞き手がいて，話したいという状況に置かれることが幼児を雄弁にすることは想像に難くない。表象に概念が結びつく経験の土壌が豊かに耕されていなければ，物語も生まれないからである。

これらを総合させ筆者の知見を加味して，対話過程にみる言葉の使用と物語の発展過程，文字の読み書きに伴う生活言語から学習言語への移行，そして「9歳の壁」までの関連を筆者は図1-2-12のように表した。

図表 1-2-12 対話過程と物語の発展過程，文字の読み書き過程の歩み
（共通語・方言環境）

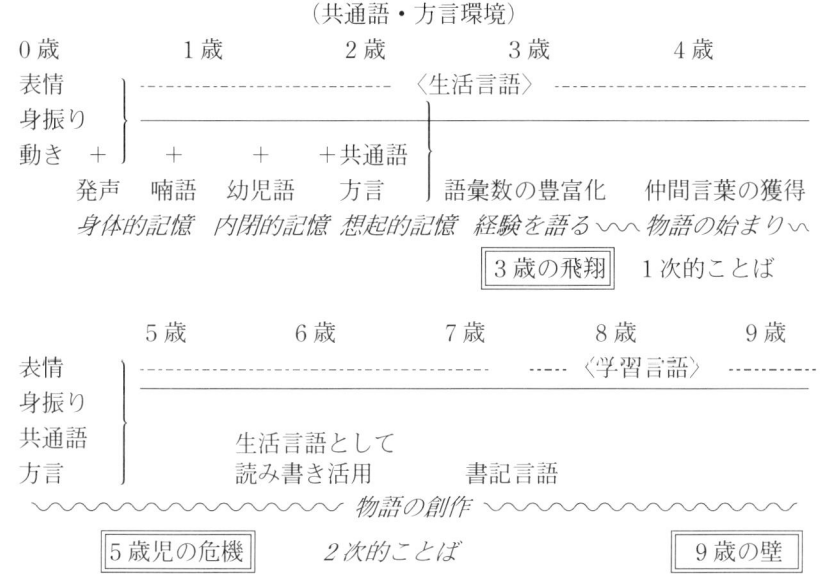

```
0歳        1歳        2歳        3歳        4歳
表情  ┐
身振り ├ ------------------〈生活言語〉------------------
動き  ┘ ＋    ＋     ＋     ＋共通語
       発声  喃語   幼児語    方言   語彙数の豊富化  仲間言葉の獲得
       身体的記憶 内閉的記憶 想起的記憶 経験を語る〜〜物語の始まり〜
                                    ┌3歳の飛翔┐  1次的ことば

        5歳        6歳       7歳       8歳       9歳
表情  ┐
身振り ├ ----------------------------〈学習言語〉-------
共通語├
方言  ┘      生活言語として
              読み書き活用      書記言語
                      〜〜〜〜物語の創作〜〜〜〜
   ┌5歳児の危機┐   2次的ことば              ┌9歳の壁┐
```

- 3歳の飛翔　第1自我（反抗）期，想起的記憶の発達・物語る主体の誕生
- 5歳の危機　二者択一から多様な価値の獲得，獲得しそびれると抽象思考への移行困難
- 9歳の壁　　具象世界から抽象世界への飛躍
  2次的ことば（書き言葉と話し言葉）への移行と1次的ことばの変容

　胎児期から母体内で親の音声や心音などを感じて生誕後，身体接触や音声による対話，表情・身振り・動きと発声による対話から，喃語（なん），幼児語が誕生し，2歳前後には共通語・方言などまわりの人々の言葉環境に応じていく。そして，ごっこが始まるころになると想起的記憶が累積して，3歳前後には第1自我期といわれる反抗期を迎える。「3歳の飛翔」は自我意識を強め，自分の経験を語り，仲間の経験を聞き，仲間言葉を使って対等の立場で対話する関係を獲得する。それは物語の始まりで，想像世界と現実世界との区別ができるようになっていくことを意味する。「5歳児の危機」についてはメルロ=ポンティの言葉[52]を借りている。この時期，状況や立場によって異な

るいろいろな価値に出会うことで, 二者択一の堅さから脱皮でき, 抽象思考への素地が養われる。そして, 文字の読み書きへの関心が自然発生的に生まれるころになると, 物語の創作を記したい欲求も芽生え, 絵本作りや紙芝居作り, 手紙ごっこ遊びも広がって就学機会に恵まれ, 2 次的ことばに移行していく。語る物語は, ここから書く物語としての文法と融合していくのである。具象世界が十分耕されて抽象的世界へと飛躍するのであるが, 音声映像が経験による表象を呼び起こし表象に概念がつながらない場合,「9 歳の壁」は大きく立ちはだかる。対話関係の過程が十分に経験できなかった場合には, 文字と意味が分離し, 抽象思考を阻害する場合もあり得るということになる。

　時枝の言語過程説, ソシュールの「言」の言述, メルロ=ポンティの言葉の身体論や西田の「無の場所」論, 脇中や渡辺の経験論を見てくると,「9 歳の壁」は, 聴覚障害児だけの問題ではない。親や他者, 同年齢集団との対話関係を経験し, 音声映像や身振り手振り, 触覚映像等, 個人の意思疎通から表象され概念に結びつく経験を耕していくことで次への可能性が開かれるのは, 聴児だけでなく障害児も同様である。早期からのリテラシー教育に走る人々, 逆にリテラシー欲求を抑制する人々への警鐘は, 江戸の時代から鳴らされてきたとはいえ, 今なお, 自然に逆らって発達の逆順を突っ走る人々のなんと多いことか。子どもたちの言葉の世界, 想像世界, 多様な価値世界が脅かされると, 自己形成に不安を感じる子どもを輩出する。それでもなお, 大人の虚栄を満たす世界は続くのだろう。なぜなら, やってみなければわからない, 人生はパロディなのである。

第3章

遊びによる文化の再創造

§1 言葉が牽引する子どもの文化

1. 絵本史からみる子どもの文化誕生

　ホイジンガは,「人間社会に固有で偉大な活動にはすべてはじめから遊びが織り込まれている。—（中略）—言葉こそ,人間が判別し,規定し,確認し,簡単に言えば名ざすのに使うもので,言いかえれば物事を精神の領域に高めるのだ」[1]として,神話や祭礼儀式の中に文化生活の偉大な活動（法と秩序,商業と利益,技術と芸術,詩,知識と学問の真の起源）があり,これらすべてが遊びの世界に根を張っているから,文化は遊びの相の下に眺めることが肝要とした。

　文化が先にあるのではない。真の遊びがあるところに文化が生まれるのは幼児の世界である。『文化的営みとしての発達』を捉えたロゴフ[2]も,人間は生物学的に文化的であり,ダイナミックな文化コミュニティへの参加過程にこそ,発達の根源があるとする。文化は参加するコミュニティの中で伝承

され変容していくのであって孤立したものではない。そう考えれば,本巻「言葉」で子どもの文化領域を取り扱うことは危険である。身体が言葉を伴って遊びを創造し,遊びから文化が生まれ創造的所産を伝承するのであって,言葉だけが子どもの文化領域を牽引するものではない。しかし,近代から現在に至る文化は,言葉と身体を分離してきた。そうした見地からも,就学前教育の教員・保育士養成課程の中で「文化論」あるいは「遊びのフォークロア論」を扱うことが本義と思われるが,年々それらを扱うところが少なくなっている。そして今日,「文化論」や「児童文学論」「遊びのフォークロア論」が就学前教育者養成課程の中で確とした位置づけをもてないために,教育課程基準の領域「言葉」の1分野として取り扱われているところが多くなっている。そこで本節では,文化の源となる遊びの根源的な視点を踏まえつつ,本来"子どもたち自身がつくった文化"が"大人が子どもたちにつくって与える文化"になっていった相互の関係を踏まえ,就学前教育施設という限定された時空間における言葉が牽引する文化の諸相を捉えていきたい。

(1) 児童文化のあけぼの

児童文化という言葉は,多くは絵本や紙芝居,わらべうたや絵描き歌,劇や踊りなど,"大人が子どものためにつくって与える文化"と捉える現象をつくりだしている。上笙一郎によると,これは「近代的な人間観・価値観に立つべきものであって,近代社会の成立以後でなくては誕生することのできない児童文化」[3]として,"子どもたち自身がつくった文化"と等価値のものだとする。子どもたち自身がつくった文化の誕生とともに,大人が子どもに関与するようになった社会のしくみに,言葉や文字記号が果たした影響は大きい。

上は,太平の世が続く後期封建社会としての江戸時代に児童文化が誕生したのには,3つの要因があるとする。それは①貴族や武士階級に独占されていた教育が庶民のものとなり,②子どもの自治・自学組織としての子ども組が成立し,③かごめかごめや子取り遊び・手毬・穴一(あないち)など民俗的・伝承的な

遊戯が完成したことである。この3つの相乗効果として、"子どもたち自身がつくった文化"が生まれ、これが近代社会の成立を意味する。つまり子どもや庶民に光が当たりはじめたということである。それはまた、大人の世界に歌留多や俳諧、歌舞伎や狂言、人形浄瑠璃といった文化が生まれたからであり、太平の世の必然といえよう。今尾哲也によれば「踊りは肉体の芸能であり、見物の感性に訴え、身体の内なるリズム感を刺激する。それに対して狂言は言葉の芸能であり、見物の知性に訴え、人物の行動に対する客観的な認識力・理解力を要求する」[4]。知的可能性を目覚めさせた17世紀末には、沖の島の漁師でも櫓を漕ぎ綱を引く片手に俳諧連歌の本をもっていたとされるほど、知的なものを共有する連帯感があったとされる。江戸後期の寺子屋の隆盛が物語るように、庶民が文字をも獲得したことは、口承伝達の文化に文字による新しい文化が加わったということであり、子どもの自治・自学組織が生まれたことは、生活の規範や道徳を行為様式として伝承する仲間、時間、空間ができたということである。

　当然、そこには遊びが生まれ、伝承されるだけの形をつくっていったということができる。大人の精神的なゆとりは生活に花見などの娯楽や遊びだけでなく、芸能鑑賞の世界もつくっていく。江戸時代の芸能の1つが傀儡女や瞽女[5]、平家琵琶師、絵説き比丘尼、猿回しなどの旅芸人の文化である。もう一つは、口承文化としての昔話で、『古事記』や『日本書紀』にある民族のルーツ、村、家族の出来事の語り伝えなどの物語である。大道芸は、年数回訪れた時の一過性の娯楽であるが、家人や村人が語る昔話は子どもの楽しみとして、共同体の一員としての生活に根を下ろしていくことになる。古代から前期封建社会に、男女も年寄りも壮年も若き者も一緒だった昔話が、子どもの文化となるのは、「〈昔話〉でありながら、極度に惨酷な部分やエロティックな側面を削ったり薄めたりした語り物、〈子どものための昔話〉としての〈童話〉が紡ぎ出され」[6]たころからである。それでも農山漁村では口承文学としての昔噺であるが、城下町、港町、門前町など都市を形成しはじめた町では文字と印刷技術で生産される商品経済が成立し、児童文化的製

品が書物として生まれている。音声言語と違って文字で残されたものだけに，日本の絵本史には児童文化の歴史を知る手がかりがある。

　1660年代という早い時期に京都寺町界隈の小双紙屋（こぞうしや），心斎橋筋の絵双紙屋から発見（三重県松阪射和（いざわ）町の木造地蔵坐像の胎内から10冊）された絵が描かれた本は，半紙版，表紙は紺か黒の無地でページ7，8丁（1丁が2ページ），内容は『牛若千人切はし弁慶』『おぐり判官てるて姫』『天狗ぞろへ』『どうけゑづくし』などだったとされる。江戸ではこれより遅れて1670年代，地本問屋から今日のB6版の〈赤本〉『枯木花（かれき）さかせ親仁（じじ）』『さるかに合戦』『したきれ雀』『ただとる山のほととぎす』など，童話が多く刊行[7]されている。上笙一郎は当時の子どもの小遣い銭が1日1文〜2文，赤本の絵本は5文で売られていたので子どもでも自分のものとすることができるようになった時代であるとする。この赤本は，宝永年間（1704‐1711）には中本（18×13cm）1冊5丁に固定され，画師の名も記されるようになっている。

　異時同図法で描かれた赤本の次に1744〜1751年ころ（延享・寛延年間），刊行されたのが黒本である。芝居絵師を中心とした鳥居派が中心人物を焦点化して描くようになっている。1775年を過ぎると，草双紙の主流は黄表紙になり，赤本の昔話や発端噺，後日噺，パロディもの等に創意が加わるようになるが，異時同図法はなくなり，主人公と他の登場人物との間に段差を設けたり，他の登場人物の視線を主人公に向けたりして主人公に注目を集め画面としての奥行きも作っている。また本文については，ある程度まとめて右側から整理して描き，絵本としての読みやすさ，主人公に注目する子どもの発達的な特性に沿った配慮がなされている。鳥越信の絵本史に見るように1804〜1818年ころ（文化年間）になると合巻され，子ども向けの昔話絵本は，10丁から15丁になるが，赤本以来，無地1色だったものが多色刷りの鮮やかなものになっていく。この時期と同じころ，豆本（12×8cm前後）も出され，対象を子どもとした絵柄の表紙も見られるようになった[8]としている。

　260余年にわたる封建の世の安定が，「子どもの時代」をつくっていったのは，喜多村筠庭の『嬉遊笑覧』[9]の「翫弄」にまとめられた遊びを見ても，

長谷川守貞の『守貞謾稿』[10]や越谷吾山の『物類称呼』[11]を見ても，中古の時代からすでに子どもの区分が生まれていたことが類推される。貝原益軒の『和俗童子訓』[12]が書かれたのは1710（宝永7）年，子どもの遊びの必要性や乳幼児期から学童期の教育の書として，近代の"児童観"さえ彷彿させるものである。校注に当たった石川謙は，"人に教ゆるの法，予（あらか）じめするを以て急となす"とする益軒の一句は「子どもは環境次第，経験次第で，善にも悪にも移るもの」で消極的・受容的な存在を意味する反面，「みずから働き，自ら成長する生命の力をそなえていて，生まれおちるその瞬間から自発自展して少しのあいだも休むこととてない」存在だから，教育的な心遣いが必要であるともとれる。いずれにしろ，「すでに人人ならぬ子ども，人人をむこうにたてての子ども，という関係に気がついただけでも，子どもの世界の独自性を認証」[13]しているとする。こうして，大人とは違う子ども期の随年教法が語られる中で，子どもを対象とした文化意識も芽生えていったといえよう。そしてそれは，口承文学としての昔話から本という形ある商品の大量生産へと変化していくのである。しかし，当時「絵本」という呼称があったわけではない。「絵解」「画引」「図解」「絵入」[14]といった言葉が入った作品としてつくられ，絵本という呼称が使われるようになったのは大正末期から昭和初期にかけてだといわれる。

(2) 明治から大正にかけての絵本の歴史

「おとなが子どもたちにつくって与える文化」が児童文化として社会的な位置づけを得るには，様々な条件が熟すのを待たなければならない。当時，9割方は農山漁村の子どもたちである。大半の子どもは仕事の手伝いの合間に遊ぶ道具を自分たちで作り，わらべうたなどで遊んでいた時代である。児童文化の潮流は，都市の子どもを中心として生まれている。

① 絵本史の起源となる本

絵本については，鳥越の『はじめて学ぶ日本の絵本史Ⅰ・Ⅱ・Ⅲ』に詳細な通史研究がなされている。明治維新は，近代絵本史を語る一つの節目とし

図表1-3-1 『絵入智慧の環』の内容

いろは歌	東西南北	春夏秋冬
いぬ，にはとり，ほたる	左右上下	春は花見，夏は涼み
わらび，ねこ，うし	天地	秋は月見，冬は雪見
いのしし，おほかみ，こま	日月	各月の行事，風物詩
さくら，みかん，すずめ	日はひがしよりいでて	田をすくさま，種まき
数字の読み方	日のいづるかたに	苗代，苗，田植
父母の書き方	あたまのかたは	田の草取り，稲
父母の呼び方	日月は天にかがやき	稲をこぐ，臼をひく

古川正雄『絵入智慧の環』1870-1872, 国立国会図書館・東京学芸大学附属図書館所蔵

て，児童文化財が登場する時代の予告をしていったことは確かである。鳥越は明治維新後，1870年から1872年までの絵本リストの最初に，『絵入智慧の環』全8冊を挙げる。彼が近代日本の絵本史の起点とするこの絵本は，文を古川正雄が書き，内山楓山が筆で文字化し，絵は八田小雲が描いたものである。1870年〜1872年にわが国最初の小学校教科書『絵入智慧の環』として発刊，その初編上巻の内容は，平仮名，漢字と絵が配されて構成されている。実物を容易に手に取ることはできないが，鳥越の絵本史の絵から想像できるが本物は国会図書館で閲覧できる，なかなかのものである。古川正雄は，緒方洪庵の適塾で福沢諭吉と出会い，江戸に出て福沢が開いた家塾の初代塾長を務め，1873（明治6）年にはウィーン万国博覧会に派遣され，後に海軍兵学校の教官を務めたり，1875年には盲聾唖者の教育を発起し中村敬宇らと東京盲亞学校（現筑波大学附属視覚特別支援学校）の前身を創設したりした強者である。鳥越がお伽双紙ではなく教科書を絵本史の起点に置いたのは，コメニウスの『世界図絵』を思い描いたからではない。学制発布以前に刊行され，文字と絵が組み合わされた本であること，古川正雄のもつ近代的な感覚，そして現在の安野光雄の『もじあそび』[15]やまついのりこの『ひらがなのほん』[16]のような絵本的なレイアウトにつながったことをあげている。それが結果として教科書に採用になったということであろう。この体裁は後に『コドモノクニ』『子供之友』『キンダーブック』[17]など子ども雑誌が出まわ

る時代になって,その内容構成にも大きな影響を与えている。
　② 絵双紙屋にみる赤本の伝統を引き継ぐ出版物
　神田で生まれた鏑木清方(1878～1972)の『こしかたの記』には,人形町の具足屋,両国の太平,馬喰町の綱島,室町の秋山,金座の佐々木などの店名をあげて,そこで売られていた遊び具があり,子どものたまり場として遊び文化を発信していたことをうかがわせる文がある。

>「学校の課外読物や,絵画に接する機会もごく稀だったから,町の展覧会とも云える絵双紙屋は,そうしたいろいろの欠を補って,子供が懐く美しいものへの憧憬をたやすく允たしてくれる恰好な楽園であった。―(中略)―暖簾の掛かった店の中には,右から左と幾筋も引き渡した細引きの綱に,竹串で挟んで吊り下げた三枚続きは,二段,三段,役者絵あり,女絵あり,紅紫嬋娟(せんけん),板数を重ねた刷色は鮮やかに,檐下(えんか)に吊るしたランプの照り返しに映えて見るものの魂を奪う」「千代紙,手遊絵,その他の切抜絵は殆んど竪判に限られているが,こういうのは斜にした右の隅を例の竹串で挟んで竪形に吊るし下げてある。組立絵,影絵,写し絵,台所道具,衣装の着せ換え,猫のお湯,武者人形,相撲づくし,凧づくし,魚づくし,面づくし,楽屋の役者に好みの鬘(かつら)を切り抜いて冠せるのもあれば,尻取文句,いろはかるた,かぞえ立てたらきりがない。幼い子にして見れば,上の方に吊った立派な三枚つづきも欲しくはあるが,それよりも小遣い銭をねだって買おうという当座の目あてはこの手遊絵や千代紙の方にある」[18]

　ここに,旺盛に新商品を取り入れ遊び化していく子どもの姿を想像することができる。文明開化で賑わう町の子どもたちは,こうした店で絵本や着せ替え人形,手遊び絵や千代紙といった商品を手にして,遊びの世界を広げて自分たちの文化圏をつくりだしていったのである。外来文化と日本文化の融合は,いち早く子どもたちの絵本や幼童家庭教育用錦絵[19]といった紙媒体

を通して広がるとともに，学制発布によって徐々に就学者を増やしていった小学校の教科書を通して全国に波及していったのである。しかし，これらは子どもの遊び道具であって児童文化財として扱われたわけではない。

② ちりめん本とアイヌの昔話など

黒船が浦賀に来航して開国を迫り，横浜，長崎，箱（函）館を開港したのが 1859 年，築地居留地には多くの外国人宣教師や御雇外国人が住むようになり，洋書が入ってくるとともに，英語学習教材や日本のみやげとしてちりめん本の日本昔噺シリーズが刊行されている。『Momotaro;Little Peachling』や『THE TONGUE-CUT SPARROW』『BATTLE OF THE MONKEY AND THE CRAB』『THE OLD MAN WHO MADE THE DEAD TREES BLOSSOM』『KACHI-KACHI MAUNTEN』に始まり 1885 年から 1892 年までに 20 冊を数える。絵の美しさと翻訳の良さ，日本の教育熱心さ，仇討ちや恩返し，日本の生活などを伝える内容が盛り込まれている。このちりめん本日本昔噺は，英語，フランス語，ドイツ語，オランダ語，スペイン語などに翻訳され輸出本として世界に運ばれている。上笙一郎は，これらの絵本の内容だけでなく本格的な絵を描いて日本の文化を世界に知らしめた小林永濯と，その門下たちにも高い評価をおいている。

アイヌの昔話を採集したのはアイヌ研究者チェンバレンで，当時のアイヌ民族が「大変貧しく，無学であるが，この貧しい人々といえども子どもたちを可愛がっているのである。夜，寝床につく前，家族がともに火を囲む時，母親はよく幼い子どもたちに美しい昔話や寓話を語る」[20]と書かれているように，永濯の絵で内容も味わいのあるものでありながら，アイヌが歴史的に未開民族として見られてきたためにあまり知られていない。今でもアイヌには手島圭三郎[21]らの美しい精神性のある絵本が生まれ伝えられているが，当時，海外に輸出される絵本の中にアイヌの昔話があったということはチェンバレンのような外国の研究者がいたからこそ明らかになったのではないかと思われる。同様に，ラフカディオ・ハーンの怪談の採集も，日本の日常にあった妖怪と共生する精神性の世界を物語を通して世界に広げたといえよ

う。

2．児童文化の概念規定

　児童文化をどう捉えるか，その観相が子どもの生活に大きく影響する。今日，児童文化とは広義に"児童生活に及ぼす文化的影響"であり，狭義には"児童文化財や児童の文化的な活動"をいう。しかし，こうした概念が定着するまでには，様々な論争があったことを記憶しておくことが必要だろう。それは，教育が家庭や社会にある"玩具や絵本などの遊び道具"を取り入れると，いつのまにか"教具"として与えるものに化してしまう危険を常にはらんでいるからである。

(1)　創造的所産としての児童文化

　浅岡靖央によると児童文化の語源は，『赤い鳥』に興味をもった峰地光重が「綴方は，実に児童の人生科である。児童の科学・道徳・芸術・宗教である。而して児童文化建設の進行曲であらねばならない」[22]としたところとされる。峰地光重は「児童の文化は児童自身の創造する所」[23]として，真・善・美の価値的な観念の内容をその言葉においていたとする。そして，児童文化研究会の峰地が私立池袋児童の村小学校に赴任したのが1924年であり，そこではすでに，「児童文化」は自由教育の実践を目指した言葉として広がっており，従来言われてきた1930年代より早かったと思われる。世界的には児童文学（juvenile literature）の領域はあっても児童文化という領域はないので，この児童文化という造語は日本独自のものであろう。

　それだけに言葉の概念も様々である。松葉重庸は，児童文化を広義にみる立場をとる。文化の語義はドイツ語のKultur（耕作する，生み出す，新しくする，豊かにする）で，「児童文化とは，子どものために作り出されたもの，子ども自身が作り出したもの，子どもの生活内容のすべてであるといえるのである。即ち，子どもの衣食住の生活すべてであると解される。しかし，これ

まで文化ということばを以上のように広範囲に考えず，科学や宗教や芸術のみをさして考える考え方もあり，児童文化ということばもこの方面のみを考える考え方もある．また，子どもたちの作り出す作文，童謡，童詩，自由画，手芸，児童劇などと，子どもたちに与える児童読物，童謡，童画，玩具，児童劇，レコード，放送などを別個に考える考え方もあるのである．要するに，以上の如く児童文化ということばの中には，子どもの衣食住全般の生活内容を対象とする考え方と子どもの芸術活動のみを対象とする狭義の考え方があり，また，子どもの創造活動に主眼をおく考え方と子どもに恵与する面のみを主眼とする考え方がある」[24]とし，その児童文化の本質は，①作り出すもの（創造性）であり，②目的は子どもの生活を豊かにするもの（文化性と生活性）であり，③あらゆる地域の子どものため（社会性と欲求性）にあり，④児童文化財はマスプロされるもの（大量性と娯楽性）で，⑤随年教法をとる教育と違って子ども一般に向かって恵与されるもの（激発性と自由性）[25]にあるとする．

　菅忠道はそれより広く「(1)広義には，児童文化とは夫々(それぞれ)の歴史的社会が児童のために配慮する保護・教養の総和であり，(2)一般には，文化材乃至は精神文化の児童生活に採り入れられたものを指し，(3)狭義には，児童自身の創造的活動をいふ」[26]とする．児童をめぐる個別的具体的な文化状況は，人類史とともにあり，多様に発生し発展してきたわけで，「遊び・玩具・音楽・舞踊・美術・お話・児童文学・児童劇・人形劇・紙芝居・絵本・児童雑誌・児童図書・映画・ラジオ・テレビなどをめぐって，児童のためのかずかずの営み，ならびに児童自身の活動が展開されてきた．これは，いわば狭義の児童文化の内容である．だが，広義には児童生活に及ぼす文化的影響の総和，つまり家庭・学校・社会における衣・食・住の日常生活から，教育・文化における人間形成の諸過程，社会的児童保護に関する万般を意味することになる」[27]とする論調は，芸術思潮と粗悪な情報環境の間にある子どもたちの視点を浮き上がらせている．

（2） 国をあげての児童文化財の吟味

　明治政府が万国博覧会の玩具を教育に導入して失敗した後，日清・日露戦争後に児童文化の形成期が到来したとする菅は，その要因を，①児童文化の世界に資本主義経営が確立したことにより児童文化財が大量生産されるようになったこと，②家庭教育論が盛んになったこと（学校教育と家庭教育の区分の経過については本シリーズ第 3 巻第 2 章を参照されたい），③明治 30 年代から児童研究が盛んになり児童心理の特殊性について啓蒙運動が行われたこと[28]，をあげている。児童文化の黎明期は，雑誌，図書，絵本の刊行，児童文学の台頭，口演童話や演劇の隆盛，玩具の輸出高の伸び，学校外の学芸会や幻灯会，児童遊園設立と校庭開放といった運動の広がりとともにあったのである。

　大正時代は，児童中心主義の思想に乗って児童文化の発展期となっていく。鈴木三重吉の『赤い鳥』を背景とした自由教育思潮，芸術教育思潮は，児童尊重，直観と体験の重視，子どものための芸術教育を強調しはじめ，「子供のための芸術的教化を目ざす，①美的享楽の教育，②芸術的創作の教育が考へられ，①芸術鑑賞力の陶冶，②芸術創作力の解放を高唱した芸術教育運動は，デモクラシーと結びついて，少数の天分に恵まれた児童のための教育でなく，ひろく『教養ある芸術愛好家への教育』といはれ，『美を鑑賞し，美を創造し得る素地』を養ふべきであることが強調されたのである」[29]として，児童文化は日清・日露戦争後から昭和初期に至り，大人の側の視点を意味した，つまり児童のために良質のものを与える芸術が大正時代の児童文化観を象徴したのである。

　滑川道夫は，大正年間に入って出版された年齢別・学年別の児童雑誌の流行と，赤い鳥運動によって小川未明，宇野浩二，秋田雨雀，芥川龍之介，小山内薫，大木篤雄，上司小剣，楠山正雄，久保田万太郎，坪田譲治，豊島興志雄，島崎藤村，吉田絃二郎，江口渙ら 21 人の名前をあげて，お伽噺を駆逐して童話の文学的地位向上に活躍した人々の功績をたたえている。また，童謡や自由詩も西条八十，野口雨情，北原白秋や，草川信，山田耕筰らの児

童音楽の運動が童謡の全盛期をもたらしたこと,山本鼎の自由画教育運動や教育界で広がっていた綴り方という児童自身の投稿作品も載せられたりしたこと,川上音二郎の後を受けた久留島武彦らの有楽座,坪内逍遥の家庭用児童劇など児童演劇への流れなど,当時一世を風靡した児童文化運動の大きな潮流を整理している。童話は,「道話期」「お伽噺期」「童話期」「生活童話期」と変化し,昔噺が童話に切り替わったのも児童文学としての創作童話があったからだとする。ここに,"大人が与える児童のための芸術"としての児童文化が新しい時代を切り開いていったのである。もちろん,資本主義経済に乗って商品として拡大するということは,漫画や豆本のような低廉な価格の粗雑なものの普及も可能にしていったのはいうまでもない。

　もはや「児童文化」は,誰でも飛びつける生業の種となった感がする。昭和に入って,児童用の出版物が取り締まりの対象となったのも,芸術性,教育性といった「児童に与える文化」の適不適である。1938年,内務省による「児童読ミ物改善ニ関スル指示要項」の廃止スベキ事項には,幼児向けの本は,12ポイント以上の文字の大きさ,固有名詞以外のふりがなの使用を廃止し,懸賞や誇大広告を戒め,正月号以外はおまけを廃止し,内容については「卑猥ナル挿絵,卑猥俗悪ナル漫画及ビ用語,極端ニ粗悪ナル絵本(実物トアマリニモカケ離レタルモノ。アマリニ粗悪ナル色彩ノモノ),内容ノ野卑,陰惨,猟奇的ニ渉ル読物,過度ニ感傷的ナルモノ,病的ナルモノ,其ノ他小説ノ恋愛描写ハ回避シ」[30]となっている。さらに,「教訓的タラズシテ教育的ナルコト,年齢ニ拠リソノ教化及用語ノ程度ヲ考慮スルコト」として5,6歳前後のものには,「絵ハ極メテ健全ナルモノデアルコト」「童話ハ題材ヲ自然ノ凡ユルモノニ求メテ創造的ニシテ詩情豊カナルモノ。特ニ母性愛ノ現ハレタルモノタルコト」とする。内務省がこうした要項を出し,発刊禁止等の取り締まりをすることで,文化の質を維持向上させる大人の側の児童文化観が確かなものになったのである。児童出版物の数量について内務省納本統計[31]によると,検閲統制後の1940年の出版物発行状況は,雑誌48種,少年少女新聞4種,単行本501種,絵本・漫画・その他1344種になっている。

1938年の売上数が少年少女雑誌（13種）12,957,000部，幼年雑誌（25種）が10,825,000部，翌年の少年少女雑誌（13種）が13,175,480部，幼年雑誌（25種）が13,172,950部，一枚絵の絵本や漫画は1回の発行数が4万から8万部になっている。1年の発行部数推定は，6～7千万から1億部という膨大なものである（戦後の児童出版物数は『全日本出版物総目録』国立国会図書館，参照）。

児童出版物の検閲が始まるのは，こうした量的拡大による質への責任の明確化である。上月景尊がまとめた検閲受付資料によると，内閣を通過したものは過半数にも満たず，たとえ通過したとしても修正，訂正が加わらなかったものはほとんどなかったという。この浄化改善の施策もわずかな改善はみたものの，印刷技術の発展と商品流通経済の発達，学制によって文字を習得した子どもたちによって文字を媒体とする文化へと傾いていったのである。文部省（現文部科学省）の児童図書の推薦制度は，1940年に始まっているが，国をあげて児童の読書指導と児童文化向上を目指し，今日も形を変えて継続している。内藤濯，波多野完治，百田宗治，野上弥生子，倉橋惣三ら錚々たるメンバーがかかわり，不適当な図書の選択基準として①内容卑俗，低調なるもの，②教育的でなくして余りに教訓的なるもの，③難解なる内容若しくは取り扱い上誤解の虞れのあるもの，④徒らに感情を刺激するもの，⑤児童の興味に迎合的にして生徒指導性なきもの，⑥自己宣伝に亘るもの，⑦装丁，紙質，印刷，色彩等劣悪なるもの，⑧誤植多きもの，仮名遣い・振仮名の不適当なるもの，⑨格調高きに過ぐるもの[33]，をあげて新刊中の中から選択している。さらに周知・普及のために官報，新聞

図表1-3-2　児童出版物検閲受付数

年度 内容		内閣受付件数	
		昭和14年	昭和15年
絵本	新	223	287
	再	191	89
	計	414	376
漫画	新	443	286
	再	180	3
	計	623	289
紙芝居及印刷玩具		96	93
雑誌		141	110
単行本		10	23
合計		1284	891

内訳[32]　児童出版物検閲後の内閣状況
城戸幡太郎・波多野完治・百田宗治監修『児童文化 上』西村書店，1941，p.103より

等のメディアや, 普及しはじめたラジオニュースによって全国に情報を流し, 質のよい児童文化をつくる努力がなされたのである。

　国家が児童の読み物について関与することは, 児童期という人生の区分を確定することになる。一方で指示要項や検閲は, 児童文化の芸術性と大衆性に寄与する反面, 国家によって文化が先導されるという逆現象も発生する。たとえば指示要項の 10 歳以上の内容として,「敬神, 忠孝, 奉仕, 正直, 誠実, 謙譲, 勇気, 愛情等ノ日本精神ノ確立ニ資スルモノ」「自然科学ソノモノヲ誠実ニ興味深ク述ベタルモノ以外ニ科学的知識ヲ啓発スル芸術作品ヲ取上ゲルコト」「子供ノ質疑ヲ本格的ニ取扱ヒ生活化スル工夫ヲ計ルコト」「幼年童話及ビ絵本ニ『母の頁』ヲ設ケ,『読ませ方』『読んだ後の指導法』等ヲ解説スルコト」[34] など, 絵本や童話を選択する際に, 人々の意識の根底に根づかせる視点も掲出されているが,「子供ニ支那ニ関スル知識ヲ与ヘ……積極的ニ強調スルヤウ」[35] といった時代性も書かれている。子どもの本や玩具, 遊具が市場経済に飲み込まれて俗悪なもの, あるいは高価過ぎるものが出回るのは今日も同じである。商業ベースによる児童文化花盛りのご時勢は, 芸術性を模索する一方で, 大人がそれを商売に利用したり思想統一に利用したりして, 本来の文化とは何かを見えなくする現象も生まれたといえよう。

　ここに至って今日に通じる児童文化の概念が確立したといっても過言でない。滑川が言うように, 児童・青少年が自らつくりだした文化という意味と, 成人が児童・青少年のために与える文化という二つの意味をもつ児童文化は「児童みずから創造的所産としての文化財及び文化活動を育成するために, 成人の手になる児童文化財が与えられなければならないというところで2つの意味が統一される」[36] ところに意味があるのであって, 児童文化財を与える意味を大人たちが間違えば, どんなに質的によいものであっても高級なものであっても, 児童は創造的所産としての文化活動から切り離されていく。

§2 創造的所産としての文化財

1. 文化財の通時的な変遷

　言葉は，創造的所産となり人間の内部から動きはたらく生きた表現を生成する民族が共有する文化である。ここでは通時的文化として幼稚園や保育所等に残っている言葉や言語・文字を媒介とする文化財に視点を当てて考えたい。文化財の中でも，とくに言葉や文字と絵を媒介としたものを中心に，その変遷を捉えている。

　(1)　物語る童話
　プラトンはグラウコンに言う。
　「言葉（話）には二種類あって，ひとつは真実のもの，もうひとつは作りごとの言葉（話）なのではないかね」「ええ」「教育はその両方の種類の言葉（話）で行なわなければならないが，作りごとの言葉（話）による教育のほうを，先にすべきではないか」「それはどういうことでしょう？」と彼は言った，「よくわかりませんが」「君にはわからないかね」とぼくは答えた，「われわれは子供たちに，最初は物語を話して聞かせるではないか。これは全体としていえば，作りごとであるといえよう。真実もたしかに含まれてはいるがね。そしてわれわれは子供たちに対して，体育よりも先に物語を用いるのだ」―（中略）―
　「なぜなら若い人には，裏の意味とそうでないものとの区別ができないし，むしろ何であれ，その年頃に考えのうちに取り入れたものは，なかなか消したり変えたりできないものとなりがちだからね。こうした理由によって，おそらく，彼らが最初に聞く物語としては，徳をめざしてできるだけ立派につくられた物語を聞かせるように，万全の配慮をなすべきだろう」[1]と。

国家の人間を形成する上で物語を聞かせるのは何もギリシャだけではない。古来から物語歌によって人々に口承伝達されてきた。「昔噺」だけでなく『平家物語』をはじめ鎌倉幕府の事績を記した『吾妻鏡』に見るように武士の子育ては「合戦譚」を聞かせることを初めとしたこと，「家訓書」が書かれるようになるとそれを一族の物語として語り継いだことなど，人々の生活に物語が根づいているからこそ民族の存続が図られるのである。貝原益軒は『和俗童子訓』で，

　　「いとけなき時より，年老（としお）ておとなしき人，才学ある人，古今世変（せいへん）をしれる人に，なれちかづきて，其物がたりをききおぼえ，物にかきつけを（置）きて，わするべからず。又うたがはしき事をば，し（知）れる人にたづねと（問）ふべし。ふるき事をしれる老人の，ものがたりをきく事をこのみて，きらふべからず。かやうにふるき事を，このみききてきらはず，物ごとに志ある人は，後に必ず，人にすぐるるもの也」[2]

として，物語を聞き覚えることが優れた志を立てる根本にあるとした。
　武士に限らず，古き昔から民族は子どもに物語を聞かせてきた。それは，生きる知恵を伝承し，新たな物語を創造する子どもたちに未来を託す希望の話であった。『古事記』や『日本書紀』に書かれた物語を知らない者はいないだろう。『国のはじまり』や『八岐の大蛇（やまたおろち）』『因幡の素兎（しろうさぎ）』『海佐知と山佐知』など，民族のルーツを確認し，民族としてのアイデンティティを形成する物語もあれば，農耕を行う人々にとって重要な季節の変わり目の邪気を祓う節句のいわれ，妖怪や鬼などの自然神と共存する精神世界を形成する物語など，日本には豊かな物語がある。こうして生まれた昔噺は幾世代と人々が語りつないできた物語である。
　明治になってこうして語り継がれてきた昔噺を文字としてまとめた巌谷小波の下に，口演童話家が育つことになる。巌谷は，童話の口演や戯曲化にも当たった近代児童文学の生みの親とも称されるが，それは『日本お伽噺』『日

本昔噺』[3] に見ることができる。筆者の歳になっても幼年期に親や教師から聞いた日本昔噺を改めて読むとほんとうにおもしろい。どんなに豊かな物語も伝承される方法論と子どもの遊びによる身体化が伴わなければ死んだものとなっていくが，身体に残る物語は話の詳細は違っても語り部の口調とリズムを伴って大筋は残っていく。巌谷が口演童話に目覚めたのは 1896 年，京都のある小学校を訪れた際に校長から「子どもが昔噺を読んでいるが直に話してほしい」と頼まれたことから始まると言われる。「口演童話を組織の軌道に乗せたのは―（中略）―小波の弟子の久留島武彦で―（中略）―教会でお伽噺の会をひらいたのを皮切りに―（中略）―川上音二郎・貞奴らの賛助出演を得てお伽芝居を上演」[4] し，1906 年には「お伽倶楽部」を開設，子どもたちに童話を語っていたのである。

　口演童話の父と呼ばれた久留島武彦は，やがてラジオ放送が始まった時代を味方につけて，書く童話家としてではなく語る童話家として口演童話の全国行脚をして，子どもたちに日本や世界の童話を聞く楽しみを伝えている。その原点は子どものころ日曜学校で聞いたお話である。戦地から帰り新聞記者となった後，1906 年から口演童話活動で訪ねた幼稚園・小学校は 6000 を越えたという。絵本の伝承方法は，印刷技術の発達と流通機構の発展によってであるが，琵琶法師が『平家物語』を語りついだように，物語は町に出た口演童話によって広がりを見せた時代である。自由民権運動の潮流にのり，川上音二郎が寄席で歌った「おっぺけぺ節」[5] が一世を風靡したのが 1889 年と言われる。演劇界で新風が吹いたように，童話の世界にも囲炉裏端にあった民話の語り部から教育の分野に入り込んだ世界の童話への新しい風が吹いていった。久留島が早蕨幼稚園を開設して口演童話を幼児に聞かせたように，巌谷のもう 1 人の弟子，岸辺福雄[6] も自ら東洋幼稚園を設立して口演童話を行い，その普及に努めている。

　明治期の幼稚園のお話が「修身話」であり，大正期のお話が「創作児童文学」であって子どもの喜ぶ物語ではない。一般家庭にはラジオもテレビもない時代のこと，幼稚園や保育所で聞く口演童話が，子どもから離れ児童芸術

に偏りすぎた児童文学と囲炉裏端を失った物語をつないだものとしての価値をもったのである。そして，久留島武彦や岸辺福雄の口演童話，のちに河合徳治らが行っていた「教室童話」(教師が教室・保育室で気軽に語る童話) は姿を消したが，今日，口演童話はストーリーテリングと名前を変えて，図書館や児童館などで行われている。また，物語を聞いて育ってきた人々を中心に題目や語りを新たにして幼稚園や保育所に生き残っている。欧州，オセアニア州など筆者の狭い見聞録の範囲だが，就学前教育の場で物語を語る人々に出会うことが多い。時には森のブナの木の根元で，時にはギターをつま弾きながらの語りで，時には包んだ布を広げて小さな人形を動かしながら，それぞれの国のもつ言葉と様式で物語っている。そして，子どもたちも物語の中に溶け込んで一緒に話を進めている姿に接するたびに，昔噺を豊かにもつ日本人のルーツはどこにいったのかと思うのである。

　そのルーツといえば，今，子どもにも人気が出てはやっている落語も伝統的な話芸である。絵本やテレビの子ども番組でも落語が演目となっているので身近な環境に話芸を見聞きできる。落語は，戦国大名が無聊を慰めたり世間の見聞を広げたり趣味教養を高めたりするために抱えた御伽衆に始まり，そこには野間藤六や曾呂利新左衛門らがいたとされる[7]。安楽庵策伝の『醒睡笑』には現行落語の源流が見られる。落語家の誕生は17世紀後半に江戸で鹿野武左衛門が芝居小屋や風呂屋で「座敷仕方咄」を始め，京都では露の五郎兵衛が四条河原で，大阪（坂）では米沢彦八が生玉神社境内で話芸を披露して興業が始まっている。18世紀後半には狂歌師によって江戸小噺が生まれ，上方，江戸で噺会が催され，1798年岡本万作と三笑亭可楽によって寄席が開かれるとやがて寄席は急増する。落語は江戸時代後半から明治時代に原型が成立したもので，身振りと語りで物語を進めていくのは口演童話と同様である。滑稽を中心とした落ち（サゲ）をもつ落とし噺や人情噺，芝居噺があり，戦前までに演出が確立したものを古典落語とし，それ以外は新作落語（創作落語）とされる。時事的な風刺性のある新作落語も演出が確立して多くの演者が演じれば古典としての価値をもっていく。時枝誠記が言葉の

美とした日本語を遊ぶ精神が旺盛な落語の特徴は，口演童話と共通するところが多い。

『久留島武彦翁口演童話』の肉声を聞くと，今日のストーリーテリングと創作落語の要素を併せもった構成であり，時代を反映して進取の気風に富んだものである。落語は音声による口頭語で，立ち歩くことなく，噺の勘所では会話文と表情や声調，言葉づかい，話し方などの変化で進み，説明に当たる地の文は最小限にする。また，衣装や照明，効果音などを使う演劇や舞踊と違って素のままで演じる。口演童話では使わない扇子と手ぬぐいという落語の小道具は様々な物を連想させるように使われる違いがあるものの，本筋に入る前に演目にかかわりのある話（枕）から入り，聴衆をリラックスさせるとともに本題への関心を引きつけ，わからない言葉なども取り扱っておくことで，演題が理解しやすいといった演じ方の工夫も同じである。そして，噺のもとが『竹取物語』『今昔物語集』『醒睡笑』といった古典に遡り，人々が語りつないできた物語にある点でも共通している。口演童話は落語の形成発展期の後を追って成立してきたもので，落語が落ちや滑稽を語れば，口演童話は子どもにわかり易い筋・内容を伝えようとしたと思われる。

口演童話も落語も無形の話芸であるだけに，口から口へと語り継がれていく内容の面白さと，語る者・聞く者が一体となれる時間・空間が必要である。参加した人々の身体に創造的所産として残り，やがて口演童話者・落語の演者となっていくような状況に埋め込まれた学習の共同体があっての生きた物語といえよう。

(2) 詩の中にいる子ども

与田凖一は詩の母型としての幼児の言葉に注目し，「子どもは詩人」なのではなく「子どもは詩の中にいる」という。「現代詩が，音楽性をはなれて，考える詩，あるいは，描く詩となってきたことは，生活から言葉が独立して，あたらしい次の生活と人間をつくろうとするみちゆきとして，そうなったのです。―（中略）―あたらしい生活と人間をつくろうとするには，考えたり，

描いたりするところに，とどまるだけでなく，全身的にうたうという，行為行動としての詩へと，うちださされなければならない」「詩は，進化したり，発展したりするというよりも，もともとコスモスのものであり，野性の声であり，それを失いがちなのが，現代人の生活なのではないでしょうか」[8]として幼児のおしゃべりが詩だとする。幼児の言葉は，歌と踊りが伴うとともに，「ヒトとモノとコト，つまり，現実を批評し，意義づけるという，思考性と行為性にもつながり，発展する」[9]機能をもっている。それだからこそ，父母なら言葉の成長の足跡に記録をつけること，保育者なら園での子どもの言葉を記録して，その中から共感するものを取り出し整理したら，教師・保育士と子どもの共有する詩になるとする。「幼児が泣くことも，怒ることも，よろこびたのしむことと同じように，うけいれ，あまやかさず，冷静に，ゆたかに，聞き取ってくだされば，そこに詩神の声がひびいてきます」[10]という。

　幼児の言葉と詩の共通性について与田[11]は，①子どもの言葉は抽象的ではなく具体的であること，②言葉と行動が一体となっていること，③語彙が少ない言葉で多くを語るために無理があったりおもしろい言葉が結合したりすること，④自他未分で自分と相手を同格に見る特徴があること，⑤うそと空想をごっちゃにしてしゃべること，これらが詩人のうちにある幼児性と似ているとする。詩は，直截的に，対象の本質をつかむもので，音感的にも事物と対応した世界をつくりだす。幼児は大人の詩人と違って，直截に純粋にそれをやるから，相手に伝わっていくのである。金子みすゞの詩が，今日愛吟されているのも，詩人の内にある幼児性が，真実を見つめさせるからであろう。今でも，こうした幼児のおしゃべりを詩として整理し，文集にしている園は多い。意図してつくる大人の詩より，大人が選んで暗唱させる詩より，そこに直截的な真実，科学的な根源，人智の働きが見えるからである。

　しかし，大正期の教育芸術運動が子どもから遊離した問題は児童詩にも見られる。1933年の稲村健一の生活詩運動は，花鳥風月趣味を棄てて生活錬成の児童詩教育に，やがて千葉春雄の生活行動詩へと変わっていく。吉田瑞穂は「どの段階の詩が今日的な意義があるかといふと，それは生活行動詩で

あらねばならぬ……これを児童詩と呼んでいる」「児童詩は児童の表現を通して彼等の生を拡充する」[12]とする。「赤い鳥」運動で童謡部門の詩を受けもった北原白秋も，教訓的な学校唱歌や外来の翻訳歌詞の歌に圧せられて，子守歌で育ち郷土民謡を聴いてきた日本の子どもの歌がなくなっていることを嘆き「無味乾燥な唱歌風のものから子どもたちのうたを郷土自然に根ざした伝承童謡（わらべうた）の昔にかえさねばならぬ，その上に立ってそぼくではつらつとした感覚にもとづいた素裸の子どもの心を子どもの言葉でうたい，日本の新しい童謡をきずきたい」[13]と述べている。歌謡とは，「韻文形式の作品中，特に音楽を伴なう口唱文学をいい，童謡も，もちろんそのなかにふくまれ」[14]る口承文学で，白秋は自分の童謡は 13, 4 歳の子どもに読ませるもので，子どもの歌心を引き出す必要を感じながら大人の自分がつくる恐ろしさを自覚しており，童心主義に偏り過ぎることへの批判精神ももっていたとされる。与田は，白秋が大正童謡の「お」の接頭ていねい語ならびに拗音の使用の行き過ぎを除き，歌い上げる外律的要素から内律の語る要素へ，もののあわれへ，童心への内省的気韻と格調をつくり，普遍に戻す努力をしていると捉えている。「童謡をもって子どもを養おうとするのはわるい」という言葉からも，幼児の中にある詩の言葉に本質を感じ取っていることがわかる。

　「一時あれほど隆盛を極めた，いはゆる芸術童謡も，今は既に桐一葉の凋落の感が深い。何故斯くも急速に衰微したか？　それには理由がある。彼等・既成童謡詩人たちは，口を極めて児童の天真を説き，児童の『童心芸術』たることを力説した」[15]に始まる槇本楠朗のプチブル・インテリゲンチアの富裕層の美しき夢想への批判は，プロレタリアの視点からのものである。ここに童謡の起源が調べられていて，童謡は『日本書紀』に遡り，童謡として「時の変異を，善悪ともに神の謡はしめ給ふを云ふ」ことに始まり，奈良・平安朝で俚謡に至り徳川時代に 童歌（児童のうたう歌, はやり歌）となったとする。江戸時代から明治時代にかけて童謡は，版権だの著作権などない，人々が歌いたいときに，歌いたいまま歌ったものに，大人の手が加わりはじめ，野口

雨情らの童謡は純粋な芸術とするに至ってその性格を大人の側に移したのである。槇本は，詩が童謡の中に含まれるとともに，童謡には，a 児童が歌い出すものと，b 大人の歌いだすものがあり，b には，甲：児童の心境を歌うものと，乙：児童の到達すべき心境を歌うものがあるとする。しかし，1934年にはプロレタリア教育運動も弾圧されて，槇本らの作家同盟も解散している。満州事変，国連脱退，世界大戦への突入という時代背景は，「戦争漫画」に取って代わり，児童文化論争は戦局に巻き込まれていくのである。軍歌で育った筆者の時代は，唱歌『那須与一』『源平の戦』『水師営の会見』『広瀬中佐』や『軍艦』などの戦さ物語，唱歌『日本 武 尊（やまとたけるのみこと）』『二宮金次郎』などの英雄物語は数知れない。それらが手遊び歌，お手玉やわらべ歌，労働歌として日常にあったことからも，純粋芸術の生き延びる難しさを思うのである。

　さて，学童期の子どもに詩を読ませる，書かせる意味は何か。与田は，感受力は生活しているとき，行動しているとき働くもので，子どもの詩は生活詩であるとする。そして文字を覚えたばかりの低学年では教師との共作であり，やがて自分の詩に進むとする。幼児にとってはおしゃべりを記録し整理したところに詩が生まれるのであって，暗唱するところに詩があるのではない。歌も口承文学である以上，子どもの生活から生まれ整理された詩が歌になる。その詩や歌を，諳んじること，歌うことが生活である。しかし今日の保育現場では，有名といわれる詩が暗唱教材になり，歌は文字と楽譜から入っていくといった由々しき問題も発生している。生活を生活して感受する中から表現される詩や口承文学の側面は消えて，児童文化財として与えるものになった現象は，こうした分野にも及んでいるのである。せっかく子どものおしゃべりや言葉の遊びを記録し整理して文集にしても，それで終わってしまうのでは死んだ文化財に変わりはない。おしゃべりから生まれ整理された詩を音声として表現する生活があり，仲間と唱和して共有する時間があっての言葉として生きられる詩や歌である。

(3) 人形劇・紙芝居・劇
① 人形劇

　1970年代までは，多くの教師は自分たちで人形を作り子どもと一緒に演じていた。軍手人形，封筒人形，野菜の人形，紙人形，木偶人形（でく）など，身近にある材料で作ることを楽しみながら対話することが遊びであった。子どもは，教師が作った人形を大切に思い，印象を再現して幼児同士で対話したり劇を演じたりしながら演劇の世界を堪能していったのである。人形作りから劇になり演じ手が子どもに遷っていく過程に新しい創造が生まれ，担い手が生まれていく。昨今では人形劇はテレビで見る方が多く，幼稚園等の生活では，ぬいぐるみ人形やパペットは増えたが，人形劇を楽しむ子どもの姿が消えようとしている。人形という具体物がありながら，ドラマを演じたり即興で言葉のやりとりを楽しめる人形劇ならではの対話の楽しみはほとんどなくなっているといえよう。

　日本では17世紀初頭よりあったもので，人形浄瑠璃は演者の竹本義太夫や近松門左衛門の脚本により人形に魂を吹き込む浄瑠璃として人気を博し，1872年に「文楽座」ができ，唯一の人形浄瑠璃専門の劇場[16]となった。人形浄瑠璃に類した郷土人形芝居が今でも全国に残っているが，1955年には重要無形文化財に，2009年にはユネスコの世界無形遺産に登録されている。大夫（語り），三味線，人形遣いで成立する三位一体の男子の演芸である。古代からどんな民族にも人形を使った劇があり，人形に託した魂を伝承しているものがある。内山憲尚（憲堂）は児童のための人形劇の分類[17]を図表1-3-3のようにしている。

図表1-3-3　内山憲堂『人形遣の製作と演出』より

立体的（丸形）	1 手遣い
	2 糸繰り（Marionetts）
	3 指遣い（Guignols）
	4 瓶芝居
	5 玩具芝居
平面的（平形）	1 影絵芝居（Shadow Figures）
	2 紙芝居

そして，愛玩用の人形と人形劇の人形とは全然別個なる立場があるとする。「前者は単なる模倣に止まつて，それが如何に愛らしく造られるかといふことを主たる目的としてゐるのであるが，人形劇の人形に於ては，総合芸術の一要素としての働きをするもので，個々の人形そのものは決して玩具となることを目的とせず装飾品なることをも目的としてはゐない」[18] 人形劇の「人形それ自身に持つ美的表現によって，一個の立派な芸術品」であることを強調する。なぜなら，「演劇の根本は『動く』と云ふことである。―（中略）―児童は彼の想像力によって，すべてのものを擬人化する―自然民族と同じやうに――（中略）―即ち自分と同じ人格を附与し，人間と同じ動作をなさしめて」[19] 動かないものを動かして興味を感じ，喜び・満足を得るところに人形劇の面白さの一つがある。二つに，人形の動きによって演劇をする（音楽や科白も加わり）ことで，自我形成をするとして外山卯三郎の『舞台芸術論』を引用している。つまり，「哲学における関心は，自我と自我でない自我との間に考えられる真理の欲求（知的欲求）であると言へる。然し演劇に於いての自我と自我でない自我との関係は，享楽しやうとする追求（感受的欲求）であると言ふことが出来る」[20] として，"自我でない自我を見ることによって明らかにそれは自我でないという安心からくる喜びと，自我でない自我という消極的な自我の影を見るという喜び"という人間の本質にあり，幼児の場合は"自我でない自我を人形に想像する作用"に意味を置いている。演劇の二重性は，俳優と俳優が扮した人物の性格の二重性だが，人形劇の二重性は人形と人形遣いの関係になる。人形遣いは舞台に体を現さないため，俳優性は人形そのものに表現されることになる。人形に人間以上の動きを与えるのは人形遣いであり，人形遣いとして自分の声や動きを人形に乗せることで，俳優に扮するより自我でない自我を人形に想像し，表現しやすいことも幼児に好まれる。『夕鶴』の人形劇ならつうにもよひょうにも大臣・家来にもなれる，あるいは『あかずきん』であればあかずきんにもオオカミにもなれるうえに，動かない人形を動かす自分を感じることができるからである。

この人形劇が教育に導入されたのは1938年ころ，保育問題研究会が農繁

期託児所調査に赴いた際,小さなカバンに人形を入れ,即興の舞台を作り,演じたのが始まりとされる。菅忠道は,日本の児童の文化生活が演劇と交渉をもつ機会が少ないことについて「日本中の子供たちの殆ど凡てのものは,自分たちの劇としては,年一,二回催される学芸会のステーヂを飾る学校劇しか知らない」[21]とし,ラジオの児童劇では音だけであり,紙芝居は肝心の動きがなく限界がある。演劇の日常化のためには「今日の児童演劇の水準を考へ,その灰色の空白を埋めるものとして」[22]人形劇運動を啓蒙した。文楽としてあった人形劇が子どもの世界に入ってこなかったのは,すでにそれが完成したものとして成立していたからといわれる。日本の伝統的な人形芝居は江戸時代には舞台芸術として完成の域に達したにもかかわらず,児童のための人形劇はその中から生まれなかったことを,小さな人形が常に子どもの伴侶としてある欧米と比較してその振興のための啓蒙を行うのである。菅のいう人形劇運動は,1922年新劇運動の一貫として始まり,いくつかの人形座もできていく。1926年,内山憲尚が幼稚園でギニョールの実演を行ったり,山本鼎がフランスの木彫りギニョールの紹介をしたり,倉橋惣三が東京女子高等師範学校附属幼稚園の保育にギニョールをとり入れたりして,1930年代にはわずかの広がりを見せている。

　今でこそ全国27余の人形劇団があるといわれるが,「幼稚園・保育所に働きかけてみて,今更のように感じたことは,案外多くの人々が人形劇を知らないといふこと,それと舞台セットや人形が幾組かありながらそれを塵にまみれさせてゐるところが多いといふこと」[23]をあげている。「劇団を結成し公演活動を行ふのに,様々な困難が伴うのはいふまでもないが,線香花火のやうな華々しさで瞬時に消えていく有様」を嘆き「このやうな活動の担い手は,一体,何処に求めたらよいのであろうか。日常的な活動が行はれるべき場所の責任者といふ意味で,国民学校の教師,幼稚園・保育所の保母に,先ず期待を寄せねばならない」[24]としたが,今日でも,人形劇団はあっても教育における人形劇の担い手は,結城市の私立富士見幼稚園のつむぎ座など少数である。

② 紙芝居

一方，紙芝居について，久能龍太郎は「絵伽」「絵話」が起源であれば聖徳太子の時代に遡るとして，曼荼羅や仏画の絵噺におく。一般的には，江戸時代に流行った「覗きからくり」とするが，今井よねは立絵（芝居の登場人物の似顔を描いて竹の柄をつけたもの，今日のペープサートの前身）と絵噺（今日でいう紙芝居）の2種を紙芝居と呼ぶ。紙芝居誕生について，自ら紙芝居を作り子どもに演じて見せた今井の『紙芝居の実際』[25]に詳細に綴られているところによると，世界恐慌で子どもの小遣いもない時期，安価で子どもが喜ぶものとして，「黒バット」「黄金バット」シリーズが当たり，紙芝居屋が急増した。1930年には東京に70～80人と言われた紙芝居屋が1933年には2千人，翌々年には3千人になったというほどである。当然，粗悪なものも広がり親たちの反発を買い，取り締まりの対象にもなっている。1935年になると芸術的に高い紙芝居を作る動きが学校やセツルメントから生まれる。上笙一郎は，「一体なにが，そのように子供を引きつけるのか，どこにそんな魅力を感じさせるのか。食わんがために子供に迎合したこと，飴をしゃぶりながらの見物，それらのことも魅力の一部になったかもしれない。が，紙芝居の魅力は，そんな底の浅いものじゃない。それは，見る，聞くたのしさにあるのだ」[26]と書き記した高橋五山の言葉を引用する。五山が「見る・聞くの絶対の魅力の上に，すぐれた文学性や美しい芸術性を盛るなら，有益な教育，娯楽の機関になり，子供の情操を陶冶し涵養」[27]できると考えて印刷教育紙芝居を製作，「幼稚園紙芝居」と名づけて売り歩き，教訓的な仏教紙芝居に行き着いた情熱が今日まで紙芝居を伝承したもとである。佐木秋夫は，紙芝居は「教具，宣伝用具，娯楽，芸術など広汎な面を含み，既製の概念では処理しきれない多面的な存在」でその形式は「単純，直截」で「内容的に連続性をもち，順次に展示される何枚かの絵と，それに対応する文（ことば，せりふ）とから成る独特の構成をもった，きはめて単純，直截，簡易な，小集団的，知的な，独自の文化伝達様式」[28]と規定する。この簡易さが，時と場所を問はず安価で専門的修練も必要としない，つまり強い説得性と興味性

という大衆性を生みだしているとする。「絵画を通じての直観的性質，演劇に類した綜合性，─生活性，芸術性，簡易でわかり易いこと，これらの諸要素のほかに，実演が手工業的，人間的に行はれ，小集団がいつしよに観聴する，といふ点に大きな力の発揮される根源の在ることを，忘れてはならない」[29)]とする。

単純だからこそ，見る者と演ずる者との間に人間的な交流が生まれるのであり，幼児自身が作って演じることを可能に感じる構造があるといえよう。「紙芝居をよく見せていると，きっと『つくってみたいなあ……』という声がでてくるものである」[30)]として，稲庭桂子は子どもがつくる紙芝居の重要性と作る過程への保育者の関与の仕方をまとめている。また，保育者はどんなときに紙芝居を作るかとして，ⓐ自分が紙芝居が好きなとき，ⓑ紙芝居がないとき，ⓒ保育の中で必要を感じたとき，ⓓ郷土や園独自のものがほしいときをあげている。子どもが保育者の手作りの紙芝居を喜ぶのも，生活性や郷土性，表現者として遊ぶ共感性，その紙芝居を子どもも演じられる親密性，そしてそのテーマで演劇や表現を作り出せる発展性にあると思われる。

松葉は，紙芝居の特質を，視覚的要素と劇的構成，活動性と社会性，大衆性と生活性[31)]にあるとする。紙芝居の技術的演技として舞台に置くことによって演出効果を高め，50人くらいの小集団で全員に見えるようにし，絵の抜き方によって動きを出し，芝居として聞き取りやすくはっきりしたせりふで長短，高低，強弱，緩急，間などの技術で興味を引き，音楽と照明も工夫する必要性を説く。また，見せる時間はたった10分でも，予告をすること，席をつくること，集まること，集まりの遊びをすること，軽いお話をしてから，紙芝居の実演，終わったら話し合い，わかるといった流れをつくるとする。ここでも対話することがあげられており，子どもが感じたままを表現する機会としている。そして，作る紙芝居についても，題材は「a幼稚園・保育所の行事から─これは遠足，節句，七夕，子ども会などから，b物のでき上がり，成長，発達などを観察させてから─これは動植物の成長発育，ものの製作過程などを図解的に表示するもの，たとえばお米のできる過程，昆虫

が大きくなる過程,おもちゃのできるまで等々,c 幼児向のお話,童話から―これは幼児向の名作童話,伝説,お伽噺,創作童話などの脚色,例えば,グリム童話集,アンデルセン童話集,ひろすけ童話集,幼年童話集,幼年月刊雑誌など」[32]としている。芝居を見て語り演じる,芝居をつくる人を見て真似てつくり演じる,こうして対話の媒体となり,感想や思想を交流するものが芝居を見るという意味なのである。

　紙芝居も同様,保育者が作るものが主流を占めていたのは昔となっている。そのために題材が子どもの生活から離れ,興味や関心から離れて,紙芝居は教師用の教材になり下がっている。図書館から借りた紙芝居はまだ子どもが手にすることができるが,幼稚園等では子どもが手にして演じたくても触ることすらできない園が大半である。そのため,子どもが紙芝居を演じたい,作りたいと思う欲求も刺激されず,作りたいと思っても作っている人を見る経験もないため,その技術は伝わらず,結果的には静かに見せて貰うだけの死んだ文化財になっている。指人形や紙芝居ほど,簡易で大衆性のあるものはないとした特性は,その遊びの特性を失ってしまったといえよう。

　③　劇
　劇といえば発表会というほど,幼稚園や保育所等の定番の行事として位置づいているものだが,学校劇が演じられるようになったのも近代学校ができてからのことである。

　歌舞伎や能,狂言など日本には古くから舞台演劇ともいわれる文化がある。「歌舞妓」[33]は,戦国時代から江戸時代のはじめに現れた「かぶき者」に端を発し,1603年に北野天満宮で興行を行い評判となった出雲のお国にあるといわれている。当時の流行歌に合わせ,かぶき者の派手な衣装を取り入れて踊ったもので,見る者も一緒に踊り舞う興業の評判は模倣者を生み,遊女遊びなど低きに流れて,たびたび歌舞妓の禁止令が出されている。劇としての門出は1680年代に狂言を背景に新たに歌舞伎として立ち上がったものである。少年や女性が排除され歌舞伎から野郎歌舞伎となったいわれがある。歌舞伎劇の形ができたのは続き狂言(人間相互に展開される葛藤の単元を二つ

以上組合わせ，劇的構成をもつもの）からで役柄が成立し，ヤツシ（身をやつす）でドラマが反転し，本懐を遂げるといった時代性を映すテーマをもっている。今尾哲也は，その形は「ヤツシにおける存在の両義性の認識は，歌舞伎のパラダイムとなって，以後の歌舞伎史を支配する。この世とあの世，人間界と異界，表裏する愛憎の世界等々」[34]のドラマツルギー（演劇の本質や方法に関する理論，劇作術）の成立におく。1717（享保2）年ごろには，花道がつき客席にも屋根を設けて舞台と役者がひとまとまりのものになって演出を成熟させていく。こうして人形浄瑠璃が歌舞伎を取り入れれば，歌舞伎は人形浄瑠璃を取り入れて義太夫狂言を生みだし，相互に質を磨いていく。高度な演劇に発展し，場面を区切る引き幕と奥行きがもつ2次元性，高さがもつ3次元性，さらに廻り舞台によって江戸歌舞伎は全盛期を迎えた。1820年代になると4代目鶴屋南北の『東海道四谷怪談』や『於染久松 色 読販』（おそめひさまつうきなのよみうり）など，多くの作品が創作されている。明治政府の文明国としての演劇改良運動の中で歌舞伎様式も改良され，現在につながる新しい日本の演劇形式が成立したのである。

　河原者から始まったとはいえ，歌舞伎や能・狂言，人形浄瑠璃など，ドラマツルギー，演劇形式をもつ文化があるにもかかわらず，教育内容の一つに演劇を組み込む理論は海外から輸入された。芸術教育会編著の『学校劇の研究』[35]には，エヴリイン・ヒリヤアド『教育演劇とその効果』，ヘンリィ・カァティス『遊戯の教育』など多数の文献も紹介されている。こうした学校演劇の考え方を総括して，冒頭に倉橋惣三は次のように学校劇の心理的考察を行っている。

「学校劇の効果には二種ある。一つは学習上の価値であり，他は美育上の価値である。―（中略）―劇化の学習価値は，要するに劇化といふことの中に含まるる諸真理活動の利用を基礎原理とする。従来の学習が専ら受動的な視覚と聴覚とによる印象及び記憶によって居るのに対して，劇化においては，表現の活動の作用から，より鮮明なる印象と，より強固なる記憶を得来たらんとしているのである」[36]。「もう一つ肝腎のものを加へて居るのである。そ

れは即ち，感情興奮の学習価値であつて，演出の場合が，製作の場合と同じ表現的学習でありながら特に違つて居るのは此の点なのである。劇化的学習法の理論上の新味も亦此の点に存する」[37]として学習上の価値，美育上の価値，感情興奮の価値の3点を挙げる。感情興奮の価値は，興味などと違い，役になりきって演じる感情移入的興奮で，それは学習上の価値・美育上の価値が感じることによってよりよく学ぶのに対して，感じることによってよりよく感じる価値とする。

「従って学習効果としての主張の場合よりも，感情要素が，より大切な位置を占めて来ることは，自ら当然である。前の場合では.感情興奮は，かげの作用をして居たが，此の場合，大におもての位置をとるのである。ここに—（中略）—芸術的性質を多く具へて来るわけなのである。此頃，芸術教育の名に於て，此の種の学校劇の行はるるのは，此の心理的性質からのことである。ところで，斯く考察して来ると，学習上の学校劇と，美育上の学校劇とは，一つは，感情興奮を道具とし，他は之れを目的とするところに，明瞭な差別が立てられる」[38]。この感情興奮が手段としての道具ではなく，感情興奮自体が目的であることは，歌舞伎の成り立ちを見ても了解されよう。まして見る者ではなく演じるものとしての学校劇，遊びとしての劇である。

演劇の本質について外山卯三郎は，「演劇とは物を『指示する動作』を『見せるところ』で見ることである」[39]。換言すれば，見せるところで動作をする者とこれを見る者の二つが相互に作用する直観的形式に一つの統一があるとき，演劇といえる。そして演劇のモチーフは動作であり，動作を運ばせるのは筋で，演劇の対象は事柄・出来事であるという関係にある。とくに児童の演劇性は，自我でない自我が自我と親和する喜びを得るものとする。子どもはすべてのものを自我の友だちと考え，自我でない自我と戯れることを喜ぶ。木片も玩具も自我の友として遊ぶのである。

倉橋や外山のいうこうした演劇の本質を見失うと，せりふを暗記させたり，見る人のための劇として内的イメージの表現ではなく動きの模倣を教えられたりして，劇は子どもにとって苦痛になる。現実の自分と演じる役の二重性

に大きな矛盾が生じるのである。とくにせりふの部分は，日常性とかけ離れる場合が多い。話し手同士で相手の顔や表情，身振りを見て会話する日常の言語過程が，劇になった途端，話し手と向き合うことなく観客を見て話す。映画でも人形劇でも，素話や落語でも対話形式なのに，劇になると対話にならない世界を演じることが求められるからである。そこで幼児の劇はせりふで行う劇より，音楽と身体表現と言葉が伴って行われることが多い。音楽は，ⓐBGMとしての効果，ⓑ歌唱隊として物語を歌で進めていく効果，ⓒ音楽によって言葉と動きが一体となって表現される効果，ⓓ音とリズムによって身体が自然に躍動する効果，ⓔ間合いの取り方，言葉の出だしや出場の呼吸あわせといった効果などをもたらし，言語過程として生みだしにくいせりふの欠を補いリズムや音によって観客の感性と一体となるからである。それは地謡や囃子などを伴って構成された音楽劇・仮面劇の能，歌舞伎の舞踏劇での長唄（歌舞伎の伴奏音楽，囃子），人形浄瑠璃の義太夫節（歌舞伎ではせりふは役者，説明は太夫），江戸浄瑠璃では常磐津節・清元節などのドラマツルギーに帰するものである。子どもたちは頬に埋めこまれたこうした演劇のDNAをもっているはずだが，教育においては西洋の形のまねごとを取り入れた劇が多い。

(4) 言葉や文字での遊び

日本語は言葉の遊びをつくりやすい。日常の言語過程にすでに言葉の遊びが含まれていることは，時枝の国語美の中でも述べたとおりである。言葉のリズムや抑揚は歌をつくり，韻を踏んだ言葉や同音異語は様々な意味を連想させる。等拍的拍音形式は音をつないだり逆順の言葉を遊んだりすることを可能にする。同音異義語を連想する面白さだけでなく，屈折型や倒錯型は洒落や駄洒落の遊びにもつながる。言葉は物を命名し事象を音声化して他者と共有する世界をつくりだすだけに，コト・モノ・心を通じ合わせる遊びが生みだされるのである。また文字記号として表すことができる特徴が，言葉による遊びの幅を広げていく。

5歳児ともなると語彙数も増え，言語過程で他者の言葉が意味する内容との違い，同音異語や駄洒落も理解し，文法形も安定してくるので言葉による様々な連想を楽しむようになる。それが仲間と言葉を「遊び化」することになる。

末尾の音の言葉をつないでいく「しりとり」の歴史は定かでないが，名詞に限定し「ん」で終わった場合に負けとなる。幼児が行うしりとりは，音を通して連想する言葉は何でもよいルールが多いが，年齢が上がると乗り物，動物，歴史上の人物，駅名，地名といった類別した内容で言葉をつなぐルールを加えたり，漢字しりとりなどのように記述する文字の末尾の音をつないだりするなど，使用する言葉の範疇を変化させることで遊びを面白くしていく。しりとりが楽しくなるということは，音を分解したり音を連続させて言葉にする面白さであり，また1音から連想される言葉を発見する面白さである。そこにルールが加味される勝負がかかるので，面白さが倍加する。

また，「なぞなぞ」は，問いに対する答えを要求するクイズだが，駄洒落や洒落が多く，韻を踏んでいたり，何かにたとえられたりする。日本でなぞなぞを始めたとされるのは古く，和歌などを題材とした言葉遊びのような形式がつくられ，戦国時代の後奈良天皇による『後奈良天皇御撰何曾』にもなぞなぞが残されている。問いかけに対して，どれほどのとんちが利くか，「パンはパンでも食べられないパンは何だ」という問いに「フライパン」と答えるように，普通のクイズとは違って正解は事実に基づくものではなく，言葉の意味をこじつけた駄洒落・洒落で遊ぶ。言葉によって婉曲的にわからせることをもなぞなぞというが，なぞなぞは日本固有のものではない。スフィンクスのなぞなぞ（ギリシャ神話より）に「朝は4本足，昼は2本足，夕は3本足。この生き物は何か？」（一般的には「最初は4本，次は2本，最後は3本」）の問いの答えが「人間」というように，赤ちゃんの時ははいはいで4本足，二足歩行が完了すると2本，老人になって杖を使うようになる3本といった類のものがある。子どもは最後の「なーんだ」と歌う節が好きで，珍問，難問を見つけてくる。「問い：赤くて1本足で立っているものなーんだ」「答：

ポスト」,「問い：目が２つあって口と鼻が１つあるものなーんだ」「答：私のおかあさん」といったものもなぞなぞに登場する。想起的記憶が発達して言葉から連想できること，それを言葉で表現すること，問いに対する自分の答えと友だちの答えが合うかどうかが面白いのである。なぞなぞを単式なぞ，あるいは２段なぞと言い，なぞかけは複式なぞ，３段なぞと言ってもう少し複雑になる。なぞかけは「Ａとかけて何と解く」「Ｂと解く」「その心は」といったやりとりの中で，ABCの共通点を解読していく。駄洒落も多いが，Ａ＝Ｂ，Ｂ＝Ｃ，Ｃ＝Ａという３段論法を応用するわけで，知識や教養が必要な高尚な言葉遊びである。テレビ番組『笑点』の大喜利などで時々なされる大人たちのなぞなぞであるが，ユーモア感覚がないと遊べない。言葉によってユーモア感覚を養う絶好の遊びといえよう。

　「倒語」も子どもの遊びによく出てくる。自分の名前や友だちの名前を逆順読みしたり，ふざけて倒語を使ったりする。「まいう」などと言う言葉がはやるのはメディアの影響もあるが，倒語が通じる仲間のつながりが快感を呼ぶのである。倒語の面白さがわかるのは，文字に興味をもちはじめる時期からで，音だけで倒語をつくるのは難しい。拾い読みする際に上から読み下から読んで「トマト―トマト」「カラス―スラカ」「うまい―いまう」「スリ―リス」など倒語の中に同音同義語が生まれたり，知らない言葉，意味が分化した言葉が生まれたりと，偶然発見することが多い。江戸時代に流行したと言われるのも，庶民が文字をもちはじめたことに関係すると思われる。英語のスペルと違って仮名文字を逆順に読むので，音素と文字は正確には対応しない。

　「磨かぬ鏡」「竹藪焼けた」など，逆順に読んでも意味が変わらない「回文」は，幕末期以降，俳人らによって親しまれ，盛んにつくられた。

　和歌の世界では平安時代から詠まれており，

　　むら草に くさの名はもし そなはらば なぞしも花の 咲くに咲くらむ
　　ながき夜の とをのねぶりの みなめざめ なみのりふねの をとのよきかな

のように五七五七七の短歌律形式をとった歌があり[40]，回文の言葉遊びもずいぶんな知識と教養を必要としたのである。しかし現代の幼児も大中恩の『トマト』の歌のように，回文を織り込んだ歌遊びに親しんでいる。

　言葉遊びはまだまだある。「ぎなた読み」は，文字を読みはじめた幼児の18番ともいうもので，分析の区切りが異なり意味がくみ取りにくい（「弁慶がなぎなたを」に由来）。「かにくわれる」を「蚊／に／食われる」と「蟹／食われる」というほどに，ぎなた読みが笑いを呼ぶ。国語教科書の表記が，文節に空欄を置き，文の句読点に注意するのも，この時期のぎなた読みの特性を配慮したものである。幼児の場合は自然にぎなた読みになるのだが，年齢が上がるとこれを遊びにしていくのである。「ここではきものをぬぐべし」→「ここで，履き物を脱ぐべし」・「ここでは，着物を脱ぐべし」と区切り方によって意味が違う。平仮名入力するワープロは，「わたしはいしゃです」→「私は医者です」・「私歯医者です」と打ち出されるので，昨今は機器が「ぎなた読み」をしているかのような錯覚に陥る。

　「つみあげうた」として言葉を次々と足していくものは，絵本にも紹介されており，洋の東西を問わずにある。マザーグースの「これはジャックのたてた いえ」[41]は，まさにそれで，

　　これはジャックのたてた いえ
　　これはジャックのたてた いえに ねかせた こうじ
　　これはジャックのたてた いえに ねかせた こうじを たべた ねずみ
　　これはジャックのたてた いえに ねかせた こうじを たべた ねずみを ころした ねこ
　　これはジャックのたてた いえに ねかせた こうじを たべた ねずみを ころした ねこを いじめた いぬ
　　これはジャックのたてた いえに ねかせた こうじを たべた ねずみを ころした ねこを いじめた いぬをつきあげた ねじれたつのの めうし
　　── （以下略） ──

といった具合に継ぎ足されていく。訳者谷川俊太郎自身にも『これはのみのぴこ』[42]があり，つみあげうたが遊ばれる。保育の中では共同のお話づくりで，つみあげうたの手法を使うことも多く，言葉の繰り返しの面白さと，登場人物や出来事が増えていく面白さが子どもたちを引きつける。また「生麦生米生卵」「東京特許許可局」「蛙ぴょこぴょこ三ぴょこぴょこ合わせてぴょこぴょこ六ぴょこぴょこ」など「早口言葉」のように，言いにくい言葉を早くうまく言うことができるかを競う言葉遊びも意味より音で遊ぶ，つまり身体で遊ぶものである。

かるたの遊び方は，読み手と読み札，取り手と取り札の役が決められ参加者に合意される。読み手が札を読む最初の音(おん)，あるいは上の句に従って絵札か下の句の文字札を取る。ゲームに変化と持続時間の長さを求める場合は，最後の数枚になったところでお手つきと称してすでに取られた札を読み上げて混乱を起こさせる。最終的に全部の取り札が終わったところで，参加者のうち一番多く取った者を勝ちとする。花札の場合には，花札を構成する4枚の組み合わせをいくつつくることができたかで点数に換算してその得点を競い，トランプの場合には数字の組み合わせ方を決めてそれをいくつつくり上げたか，あるいは配られた札を早く無しにしたかを競う。この勝負の優勝者に当事者，ギャラリーや主催者が賞金や金品を賭けるかどうかで賭博と遊びとの区分がなされるというものである。今日の「かるた名人戦」などでは，持ち札を半分にし，早く無くなった方を勝ちとするなど競技ルールが決められていて，熾烈な戦いを演じている。全日本かるた協会の規定に基づいた名人戦の競技人口は，100万人とも200万人ともいわれており，子どもから老人まで年齢差なく参加できる国民的遊びになっている。文字の読み書きに関心をもつようになると，犬棒かるたにはじまり生活かるた，物語かるた，昔噺かるたから百人一首まで，多種類のかるたが遊ばれる。また，数字で遊ぶすごろくに始まり，花札やオセロ，将棋といった数や形を操作して遊ぶ遊びも増えてくる。こうした遊びを通して子どもたちは，知らず知らずのうちに

日本語の面白さや特徴に親しんでいくのである。

そのほかにも，大人たちが遊ぶ言葉遊びとして，もじり句（段駄羅：五七五句の中の7音が2つの異なる意味をもって，上の5音と下の5音につながる構造／例「愛してるわたしといてよ請求書」の「私と居てよ」「渡しといてよ」[*]）や，文字の並び順を入れ替えて別の言葉にするアナグラム（やかんあさまし→あかしやさんま），アンビグラム（語を異なる方向からも読み取れるようにしたグラフィカルな文字），パングラム（26個のアルファベットをすべて使い文章をつくる，50音を使ったいろは歌の現代版），「電話には出んわ」「土管がドカンと音がした」などの同じか，たいへん似通った音をもつ言葉をかけて遊ぶ「駄洒落（地口）」，「ダカレケダカ」（ダレダ）と音節の間に別の音節を挿入して無意味な文をつくりだす「入れ詞（挟み詞，唐言）」，折句，あいうえお作文，縦読み，「問い：晴れの日になめても飴（雨）とはこれいかに」「答え：冬に飲んでもつゆ（梅雨）と呼ぶが如し」といった「語呂合わせ」，相手の発言や質問に対し全く噛み合わない返答を2人で交互に行い，つじつまの合う会話を成立させてしまったほうが負けとなる「無理問答」などなど，言葉遊びはきりがないほどに，古来から遊ばれている。

こうした言葉による遊びが子どもを引きつけるのは，言葉の発達と深く関係する。2歳前後に「すべての物が名前をもっている」ことを発見し，「名前を問いただしながら積極的に拡大し始め」「語彙の積極的拡大に基づいて生ずる言葉の貯えのきわめて急速な，飛躍的増大」[43]するという二つのモメントが，単語を必要とし物に属する記号，命名と伝達に役立つ記号を子どもに獲得させる。思考と言葉の根源は別々で相互に独立した異なる発達路線を歩んでいたものが交差し，「思考は言語的となる，ことばは知能的となる」[44]からである。

ヴィゴツキーは，言葉と思考における概念発達の関係を「子どもの表象や知覚のなかで一つの形象にたがいになんとなく結びついた，まったく不明確

---

[*] 森岡梅子 作，輪島観光協会より。

な，いくつかの事物の非組織的・混同心性的連結」[45]を第1段階とする。そして「概念と等価な混同心性的形象がより複雑な基礎に基づいて形成され，子どもの知覚のなかで以前にすでに統合されていたさまざまのグループの代表を一つの意味にまとめることに基礎をおく水準」[46]になると第2段階を迎える。"様々な具体的事物を一つのグループに統合する方法・思考を基礎に発生する統一体の構造＝複合的思考"[47]は，混同心性からの離脱と客観的思考の達成への決定的な前進である。この第2段階で形成される複合は，概念とはまったく別な思考法則に基づいて構成されるが，この複合の基礎に「それを構成する個々の要素の間の抽象的・論理的結合ではなくて，具体的・事実的結合が横たわっている」[48]。つまり直接経験によって発見された事実的結合である。どんな結合も現実に存在するものは複合の中に取り入れることができるが，「概念の基礎には，たがいに論理的に一致する統一したタイプの結合が存在するのにたいして，複合の基礎にはしばしばたがいになんらの共通点も持たない多種多様な事実的結合が横たわる」[49]とする。そして，ヴィゴツキーは，この複合的思考体系に5つの形式[50]を見いだしている。

①同一の色，形，特徴などの類似に基づいて複合の核と要素を連合する論理的に一致する統一したタイプの結合を「連合的複合」とし，この水準にある子どもの言葉は，個々の事物の名称や固有名詞ではなく，関係によってつながる言葉となっている。
②のタイプは具体的印象の一般化，たとえば食事であればコップに皿，スプーンにナイフを1セットにした「コレクション的複合」は事物の一般化，機能的協力を基礎とする一般化だとする。
③のタイプは個々の環が一つの連鎖に一時的に結合し，連鎖の個々の環を通じて意味が移動する「連鎖的複合」，たとえば黄色の三角形の見本で類似形を集めていたものが，青色が混じっていたことで青の円・半円形に，次に円に注目して円形を集めるといった意味の移動であり，それは，複合的思考のもっとも純粋な形態だとする。

④のタイプの複合は，拡散的，無限定的結合によって直観的，具体的形象や事物のグループを結びつける「拡散的複合」である。これは複合的思考のもう一つの本質で，はっきりした輪郭のない無限の複合，自分の中に無限に拡大する可能性，基本的類の中に次々と新しい具体的な対象を包含する可能性を秘めた事物の家族的結合だとする。

⑤のタイプは，概念形成への橋渡しとなる「擬概念的複合」である。外見，外的特質の総体においては概念とまったく一致するが，発生論的性質・発生と発達の条件・基礎に横たわる因果的，力動的結合においてはまったく違う，つまり外面的には概念であるが，内面的には複合である。

この擬概念は，就学前の子どもの複合的思考のほとんど唯一の形式で，「言葉の意味に相当する子どものこの複合は，自由に，自然発生的に，子ども自身のきめた線にそって発達するのではなく，この複合の発達のために，すでに大人のことばにおいては確立されている単語の意味によってあらかじめ定められた一定の方向に向って発達する」[51]ので，子どもには大人の概念と等価な複合，擬概念が存在する。子どもは言葉の意味を選ぶのでなく，大人との言語的コミュニケーションの過程で意味を与えられる。他者の言葉を理解する過程ですでに意味はつくられたものであることを知るのである。その意味を自らの複合の中に含めながら一般化された具体的事物をでき上がった形として受け取るのである。擬概念は，発生論的意義をもつ複合的思考と，すでにでき上がっている概念的思考の間の連結環の役割を果たしているといえる。

子どもも大人も言葉を遊ぶのがなぜ面白いのか。連合的結合，コレクション的複合，連鎖的複合，拡散的複合と擬概念を他者に映しながら連結環を自ら磨いていくところにあるといえよう。言葉遊びは，言葉という道具以外に何も要らずに遊びをつくりだせるうえに，どこででもできる手軽さがある。そして言葉を遊ぶこと自体が同じ言語圏の人間の仕業なのである。こうした言葉遊びができること自体，日常の言語過程による口話の構造の獲得だけで

なく，文化財との接触や操作，芝居言葉による表現の方法が確立してきた証である。言葉を遊ぶことにより，読み書きの面白さや必要感がさらに高まっていくといえよう。

　原子エネルギー時代の特徴で，言葉遊びの大半がすでに10年以上放映されているNHK教育テレビ『にほんごであそぼ』の番組の中に織り込まれており，子どもたちは知らず知らずのうちに言葉を遊んでいる。しかし，これらの番組も他者と視聴を通して語り，表現し創造することがないかぎり，身体に蓄えられた伝承する所産とはならないだろう。言葉遊びは，共時的に享楽する他者との関係において身体にその感覚が培われ，伝承が可能になるのであって，見て聞いて覚えてもすぐに忘れていく。これら以外にも次々と流行語を遊んだり，丸文字や絵文字などの文字を遊んだりと，言葉の遊びを創りだす力は想像を超えるが，今日はそれが熟成する時間もなく言葉の消費が激しい時代なのである。

2．言葉を媒介とする共時的文化の死

　幼児を対象として考えれば，文化は「享楽する主体の側からみたら遊びであり，与える客体の側からみたら子どもの生活に影響を与える環境の提供であり，双方のコミュニケーションによって享楽をともにし，身体化して，子ども自身が資産を生かして創造し遊ぶもの」である。その媒体となる創造的所産が，共時的に大人と子ども，子ども集団を結びつけ，通時的な遊びの歴史をつくりだす。文化財となると静的だが，文化はもっと動的で所属するコミュニティに広がりをもつものであり，創造的遊びとなる所産は，再創造されて新しい創造的所産を創出するものである。文化に大人と子どもの境界があるのではない。それぞれの風土，地域性，流行，年齢，文化財の内容等によって興味・関心の示し方が異なるだけで，創造的所産を共有するコミュニティがあるところに文化活動が生まれるといえよう。

(1) 創造的文化が失われた時代

松葉重庸が類別した児童文化は，①子どもの衣食住に関する文化，②子どもの創造的活動の所産としての文化，③子どもに伝承すべき文化，④児童文化を助長する施設・機関，⑤子どもの文化的活動の組織[52]であった。子どもの衣食住に関する文化は，大人の生活文化と深く関係する地域社会の行動様式であり，形式の伝承を失ったとはいえ日常にある。また，大人たちが子どもに伝承すべき文化としての絵本・図書や読み物，映画，演劇，紙芝居，人形芝居，レコード，放送，インターネット情報などは巷にあふれるほどにある。さらに，図書館や映画館，遊園，博物館，動植物園，文化施設等の助成の場も，都市部だけでなく地方にも整備されるようになっているが，これらは見学の場であって子どもの活動の場にはなりにくい。子どもの創造的活動によって生産される作文や絵画，手工芸，工作，紙芝居や人形芝居，劇，幻灯，壁新聞なども市井から消え，商業活動によって取り扱われるものとなっている。

児童文化が子どもの側の論理を失ったのは，コミュニティを失い，遊びを失ったからにほかならない。遊びの仲間，遊びの時間，遊びの場所を失った子どもたちは，子どもクラブ，子ども会，ボーイ（ガール）スカウトといった集団に入ればともかく，日常では，文化的所産を共有して遊び，創造する集団は幼稚園や保育所等に行かなければ得られないのが実情である。本来，児童文化は教育の場ではなく学校外にあるものであるが，教育の場でそれを引き受けて細々とつないでいるのが現状である。その子どもの文化を引き受けた就学前教育の場においてすら，遊びが少なくなっている。児童文化が「伝承行事」「伝承遊び」「読み聞かせ」「ビデオ視聴」などといった与えられる文化財として位置していて，なかなか子どもの創造的所産となっていかないのである。

児童文化運動の歴史を見てきた筆者らは，第2次世界大戦後は国家中心の児童観から社会中心の児童観に変わり，自治会，子ども会，児童憲章，児童の権利に関する条約の制定など，子どもの生活の権利が謳われ施策化された

ものの,商業的な文化財の氾濫が子どもの創造性や自由性を奪う結果をもたらしていることに深い恐れを感じる。峰地光重が「社会の生きた問題,子供達の日々の生活事実,それをじっと観察して,生活に生きて働く原則を吾も摑み,子供達にも摑ませる。本当な自治生活の樹立,それこそ生活教育の理想であり又方法である。吾々同人は,綴方が生活教育の中心教科であることを信じ,共感の士と共に綴方教育を中心として,生活教育の原則とその方法とを創造せんと意企する」[53)]と鼓舞して文化を子どもたちの側に引きつけた運動も今ではすっかり忘れ去られている。

　文化を特化して教育に取り込む難しさである。児童文化運動として展開された「生活綴方運動」「生活学校」が発刊した「教育・国語教育」に近藤益雄が「最も身近な友達の胸にさへ流れ込まない詩は,既に詩といふ児童文化の機能を持たない―(中略)―生活を観察し,生活を生活しそれを文化と結びつけ烈々たる野性を盛つてこそ,詩となるものだ」[54)]として自ら実践した言葉に彼の児童文化観を見ることができる。霜田静志も「絵画や音楽や舞踊や劇や,それ等のものは,之を専門の芸術として教へるのでなしに,児童の生活を導く手段として用ゐらるゝならば,児童の生活指導の上に,どれ程大きな力となるか」[55)]として,芸術分野においても子どもの生活から離れないことを実践した。こうした先人の児童文化観に基づいた教育実践への挑戦も,今はすっかり消えてしまった。「子どものための玩具,児童雑誌,童話劇も売らんがための,見せんがための商業主義の犠牲となり,今日に至るも深く根ざしている児童文化財は買うもの,与えられるものというような一方的な考え方」[56)]が定着するにつれ,児童のための文化財も死んだものになりつつある。

(2)　文化財と就学前教育

　文化の全体を体系的に捉えた中山茂も,児童文化として狭義に押し込めないために,児童文化の領域を「①子どもの生活における情操にかかわる行動様式,②子どもの創造的活動及びその所産,③児童文化財」[57)]として,子ど

ものための文化をとりまく広い文化総体の中に位置づけている。次は長い年月，児童福祉を仕事としてきた行政官中山ならではの分類である。

　児童文化は，一般の文化領域と遊離するものではなく，その中に包摂されるものである。中山は，①について，価値体験としての情緒・複雑な知的作用を伴う知的感情・人格のもつ全体的傾向性ともいわれる"情操"は，子どもの想像活動の基盤となり，子ども自身が生活の中に積極的に児童文化財を取り入れる行動傾向の基盤となる。子どもにとってはそれが遊びであり，遊びとして創造され伝承されている行動様式の中に児童文化があるとする。つまり子どもの情操にかかわる行動様式は遊びの中での創造活動および文化財享受の活動で，子どもの生活の中に定着したとき子どもの行動様式となるのである。また②について，子どもの生活の中に情操にかかわる行動様式が確立されてくると，創造活動が生まれてくる。子どもの創造活動は，集団の中で相互に刺激され，誘発され，子どもが参加することで起こるとする。そして③について，児童文化財は，児童文化をつくりだす人の意識にある児童観・児童に与えたいと思う精神的所産およびその表現構成が，その内容の種類によってその他の技術として表現されるもの，としている。

　このように児童文化・文化財の捉え方もまた多様である。文化財の概念を

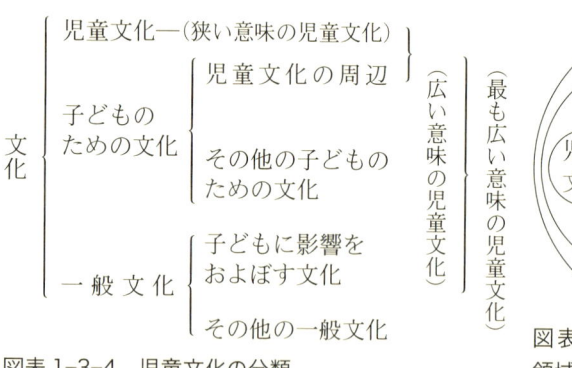

図表1-3-4　児童文化の分類
中山茂『児童文化』朝倉書店，1970，pp.22-23

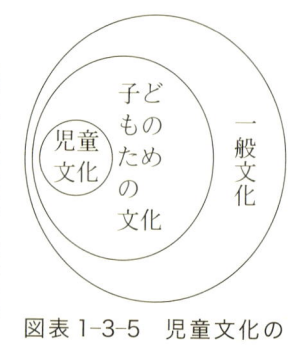

図表1-3-5　児童文化の領域
同左

定義している「文化財保護法（第二条）」によれば，わが国にとって歴史上または芸術上，学術上，鑑賞上価値の高い，①建造物，絵画，彫刻，工芸品，書跡，典籍，古文書その他の有形の文化的所産，並びに考古資料および歴史資料を「有形文化財」と言い，②演劇，音楽，工芸技術その他の無形の文化的所産を「無形文化財」と言う。そして，③衣食住，生業，信仰，年中行事等に関する風俗慣習，民俗芸能，民俗技術およびこれらに用いられる衣服，器具，家屋その他の物件でわが国民の生活の推移の理解のため欠くことのできないものを「民俗文化財」，④貝塚，古墳，都城跡，城跡，旧宅その他の遺跡，庭園，橋梁，峡谷，海浜，山岳その他の名勝地，並びに動物，植物および地質鉱物を「記念物」と定めている。さらに，⑤地域における人々の生活または生業および当該地域の風土により形成された景観地でわが国民の生活または生業の理解のため欠くことのできないものを「文化的景観」，⑥周囲の環境と一体をなして歴史的風致を形成している伝統的な建造物群を「伝統的建造物群」と定めている。

　児童文化として前述してきたものを文化財として置き換えて考えると，口演童話や舞踊，演劇，遊びなどは無形文化財に，玩具や童画，絵本，児童図書，紙芝居，映画フィルム，幻灯用スライド，レコードなどは有形文化財ということになる。しかし中山は，紙芝居でも児童がこれを享受するときには演出という技術と組み合わされるし，人形劇では脚本が物体（人形もすでにある場合には物体）として成立しており，その上に演出，科白，操作などの技術が総合されたものになる。また，レコードやラジオ，テレビなどは，「技術をさらに，機械という機構を通して表現することになる」ので，絵本や児童図書とはまったく異なった意味のものになり「児童文化財は，すべて表現の技術と表現すべき内容との組合わせである」[58]とする。たとえ，外から子どものために与えられたものであっても，児童文化財は表現の技術と行為様式の組み合わせである以上，子どもが模倣して取り入れ享楽する分野をもっており，子どもは生活の中で享受しつつ生活にある情操にかかわる行動様式や創造活動を自らの内に育てていくのだといえよう。

文化が生活や遊びから発生する以上，文化も子どもの身体を通して伝承されるものである。とくに遊び衝動の強い幼児期の文化財の享受は，遊びの行動様式に総合された表現として表れる。行動様式における創造と伝承は，本来，家庭や地域社会の子ども集団の中にあったものである。遊びが大人と子ども期を区分したため双方の世界が見えないうえに，子どもたちは行動様式を伝承する近隣の縦社会集団を失った。大量の児童文化財を与えられて，それらを咀嚼し身体化し，行動様式にまで昇華していく時間すらない子どもたちである。「創造と伝承は，子どもの手から離れて，親や教師，指導者，作家，制作者などによって行われる。そこでは，子どもは享受する立場であって，自らが主体となって伝承することはない。創造活動も，児童文化財も，子どもが興味をもたなくなったものについては，もはや児童文化として創造伝承する価値がなくなり，歴史を示す資料にすぎなくなる。そういう意味では，子どもをさしおいて，おとなの手だけで創造し伝承されるということはない。しかしまた，創造活動や児童文化財自体は子どもだけの手で創造し，伝承することは不可能で，教師や作家や，製作者や販売者，施設関係者によって行わなければならない」[59]とされるように，子どもをよく観察し，生活を生活し，子どもと共に味わい創造していく所産に変わりはない。

(3) 就学前教育における文化観と領域観

就学前教育において，生活や遊びで獲得した創造的所産が新たな創造的活動につながっているのか，保育界が文化財を与えることを是として一方向の作用が強化されてしまったのか，明確にはわからない。商業主義が席捲し，伝承する行動様式が家庭から失われ，兄弟姉妹も少なくなり，親が玩具や人形を作ることもなくなって製作が専門家に委ねられ，家庭での伝承が困難になっていったころ，おそらく高度経済成長が始まった1965年前後を境に激変したに違いない。それは物質的に豊かな環境に置かれた子どもたちが誕生し，子どもの仲間，時間，空間の「3間」の必要性も薄れ，自ずから戸外での遊びが減少し，テレビアニメやファミコンの普及に伴って室内での受動的

な遊びが増え，消費経済の渦に巻き込まれていった時期と重なる。そして，その環境で育った子どもたちが教師・保育士になったとき，幼稚園や保育所等での文化財は，大人と子どもの創造的所産という2者の視点を失い，大人が与える1者の視点へと変質していったのであろう。

　物の価値が逆転しその環境で育った子どもたちが教師・保育士となっていった1985年といえば，校内暴力やいじめ，不登校など学校をめぐる様々な現象が流行語になるほどに吹き荒れはじめた時代である。過剰に与えられる文化財という1者の働きかけに押しつぶされるかのように，子どもの活力は萎えていった。それが，児童文化・児童文化財という言葉が死語になるほどに子どもから遊離した大きな要因の一つだが，それは保育者の側に児童文化を概念規定する2者の視点の伝承がなされてこなかったことを意味する。

　こうした児童文化観の変化を反映した文言が，日本の幼稚園教育課程基準・保育所保育指針の保育内容にみられる。現在の保育内容の基準は，教師が指導し幼児が経験する内容をとらえる視点として5領域に分類している。領域「言葉」の冒頭には，経験や思想を言葉で表現する視点を掲げ，ねらいとして言葉で表現する楽しさ，伝え合う喜びといった言語過程で指導し経験させる内容と，絵本や物語などに親しみ心を通わせるという文化財に親しむ内容があげられている。しかし，具体的には「絵本や物語などに親しみ，興味をもって聞き，想像をする楽しさを味わう」として領域「言葉」の中心は，〈対話関係での表現〉と〈聞いて想像し楽しむ〉視点だけで，絵本や物語などの創造的所産を生かして子どもたちが表現する観点はみられない。〈内容の取扱い〉も同様の視点で，文化を受け身で享楽する視点だけが目に飛び込んでくる。もちろん，全体の文脈を通して理解すれば，「言葉で表現する楽しさ」を核として絵本や物語を創造的所産にするための親しみ・想像する楽しさを経験させ（経験し），幼児自らも表現者となると理解することができないわけではないが，短絡的に読むと，読み聞かせることが基本と解釈されやすい文言なのである。古橋和夫は,「聞き手と読み手は同じひとつの世界を共有し，人物，語り手，作者と対話し，そして人と人との結びつきが築かれる」[60]と

して,「読み聞かせ」ではなく「読み語り」とする。

　他の国では,こうした文化と表現との関係がどのように扱われているのであろうか。ニュージーランドの教育課程基準であるテ・ファリキ[61]は,すべての子どもたちに良質な幼年期教育を提供し,子どもが経験し獲得する能力を掲げて5領域を構成している。

① children will gain confidence and an ability to express ideas
② children will experience an environment rich language experiences
③ children will experience numeracy
④ children will experience science
⑤ children will experience exploration opportunities

　①の信頼を獲得し意志・考えを現す基礎的な能力獲得の経験をするためには,園環境を安全・安心と感じ,他児・先生・保護者と相互作用し,他者との類似点と違いを褒め称え,自立心を獲得し,分担・協力すること,対立状況を取り扱う能力を開発すること,また子どもの小集団・大集団を経験し,試みと成功を賛美すること,選択する機会が与えられ意思決定に貢献できること,他者と接した経験を彼らの家族と共有すること等があげられている。

　②の豊かな言語経験のある環境の経験をするためには対話が重要で,子どもの第1言語(母語)に価値を置き,世界の多くの言語と文字にさらされる経験を得る。歌・ゲーム・リズム・物語や音楽で言葉や知識を増し,話す聞く・読む書く・見る伝えることを通してコミュニケーション能力や知識の開発が奨励され,リストや物語を記録する・考えや計画を書く・本やポスター,コンピュータなど環境にある変化に富んだ異なる方法で書く(印刷する)経験をすること,読み書きの過程について話すこと等があげられている。

　③の数量的思考の経験としては,数を使うこと,数学的な言葉を見聞きし使う,形を見分けサイズを分類すること,数をつり合わせること,問題解決の技術を開発するよう励まされ,理論を開発する自信を得ること,場所の概

念を探索する機会をもつこと，調子を囲むパターンを探索し発見すること等があげられている。

④の科学的な経験では，為（な）し，疑問を尋ね，他児と相互作用し理論を準備し考えをもち試すこと，資源の意図的な使用・好奇心・問題解決・質問や実験をすること，生物の世話をし関心をもつこと，彼らの全感覚を通して探索し，環境の理解を発展すること，物はどのように働くかについての考え，滑車や電気など子どもたちの知識が増し，これらの考えを研究すること，地球や宇宙の向こうにある惑星について働いている理論を開発すること，重さや重力についての学習すること等があげられている。

⑤の表現する様々な機会を経験する，では，芸術・音楽・ダンス・演劇・多種多様な音楽・音・物語などに出会うとともに，彼等が想像し創造できる変化に富んだテクニック・ツールと資源・リズム・ビート・音のピッチなどの音楽に関する方法を理解し獲得すること，疑問を尋ね，発見し，有能で，自信にあふれた学習者・探検家のような自分自身に出会うことがあげられている。

つまり，幼児が経験し獲得するにふさわしい環境，行為，表現機会，資産を提供することは，それらが創造的所産となって子ども自身が探索し，理解し，考え表現し，開発し，論理立てるために活用されるという２者が子どもにおいて統一される構造である。「コミュニケーション（言葉）」「表現」という領域は同じに見えるが，日本の領域「言葉」には対話と文化財の感受が，領域「表現」には音楽・造形・言葉の表現や演劇の楽しさを味わい自己表現するような指導過程が，あげられているだけである。

図表1-3-6　頻出動詞（望まれる子どもの行為）山内

順位	幼稚園教育要領	小学校学習指導要領	テ・ファリキ（青木追記・順位不同）
1位	かかわる	考える	為す，使う，取り扱う
2位	味わう	調べる	考え，意志を現す
3位	親しむ	理解する	理解する
4位	表現する	読む	理論を開発する
5位	気付く	書く	話す聞く，読む書く

磯部裕子・山内紀幸『ナラティヴとしての保育学』萌文書林，2007, p.208

　山内紀幸が，幼稚園教育要領に頻出する「こうした動詞だけを並べるならば，子どもではなく，植物か農作物を栽培しているかような動詞群」[62]であり，前接続フレーズの特徴を見ても独特の言語形式であるとするように，心情・意欲・態度を現す動詞は抽象的で子どもの行為性につながらないために，かかわらせる，味わわせる，親しませるといった与える教師側の姿勢を連想させ強化させる構造になっているということになろう。つまり文化財も，現場では，味わわせる，親しませる，気づかせるために与えることを教師の仕事と解釈してしまいやすいのである。併せて，保育者養成課程の教科目「遊び論」「児童文学」の減少は，2者の視点どころか再創造される子どもの文化という言葉も死語となって，子どもの生活が社会にある営利目的の絵本や文字が氾濫する現象に巻き込まれ，溶け込んでいるのである。

　第2次世界大戦後の食べ物にもこと欠き，物がほとんど手に入らない時代には，保育者が子どもと一緒に素話やわらべうたを楽しみ，廃材で紙芝居や人形劇舞台を作り，絵図や絵本を作って不足する文化財を生みだした。竹とんぼや竹馬，人形などの玩具も作れるものはすべて自分たちの手で作り，その傍らにいる子どもたちも創作に参加した。親や町の人々もまだ技術をもっていてそれを可能にした。新設園の保育者として3園，顧問として1園にかかわってきた筆者も，戦後同様，遊具や玩具，絵本や紙芝居などほとんどない中で遊びを生みだすために古い布きれや板片，紙や箱，ぼろぼろの絵本の切り抜きなどを使って，遊びの媒体・再創造となるものを手作りしてきた。

子どもたちも見よう見まねで試行錯誤しながら人形劇の人形やマリオネット，劇や紙芝居，絵本，かるたやトランプ，独楽や凧などを作る過程は，まさに創作に参加することによって学び合う共同体そのもので，改めて考えれば貧しかったことが幸いして，文化の本来ありたい現象の渦中にいたことになる。

　文化が伝承される構造は，生活や遊びの必要感から共同してつくり，ともに遊び興じて興奮を分かち合うという，今日流にいえば対話しつつ学び合い伝承していく共同体があることである。児童文化の振興期に菅忠道や松葉重庸，城戸幡太郎ら多くの同人が執筆した『児童文化』，あるいは戦後に至っての『人形劇の作り方・演じ方』『紙芝居』などをみても，保育者がつくることを前提にしてその技術を伝承する文献が多い。現場が求めていたものは，無から有へと自らつくって生みだす手ほどきであり，子どもたちはその姿を真似び遊んで自分たちも創造者としていろいろなものを生みだしていったのである。

3．死からの復活──再創造への道

　遊具としてあったフレーベルの「恩物」を教育が取り込むことで，遊びの伝承性を失ったように，児童対象の文化財も教材として扱われることで死語となるほどにその生命を失っている。確かに教育の場に置かれることで教育的な観点から質の吟味はなされるのかもしれない。しかし，そこに落とし穴がある。教育界だけでなく，人間が創造過程に快を見いだす目的的行為を，ある目的の手段として取り込んだために消滅した文化はたくさんある。教育の手段として，新映像の手段として，宣伝の手段としていくことで，本来の目的が見失われ，創造の財が滓になってしまうのである。教育においては，何がそうさせるのであろうか。

　一つは学校・幼稚園・保育所等がもつ文化の特徴である。学校等はもともと社会と地平を同じにする場所(トポス)のはずだが，拠点に塀をめぐらして分断した

文化をつくることで，学校の存在根拠をつくってきた。ジャーゴンしかり，誘導という独特のメタ言語，児童文化しかり。異なる文化圏こそが学校等の使命を担っているような錯覚に陥り，閉塞性の中に身を置くことで安心の根拠をつくっている。そこでは，遊びも文化も社会から遊離した特殊なものとなって本質から遠のく。「子どものため」という根拠も思い込みに過ぎないという自省がないかぎり，生きた文化を創造する子ども存在を忘れていく。

　二つめに，文化・児童文化の根拠そのものに歴史的な限界があったということであろう。擬概念としてあるような「子どもたち自身でつくりだす文化」と「大人たちが子どものためにつくり与える文化」の2者の視点を失った現在は，ますます不透明に覆われている。児童とは何か，文化とは何か，生きることとどう関係するのか，あまりにも多くの物に取り囲まれて児童の文化の根拠が消滅しているのである。

　三つめに，教師・保育士自身が，与えられるモノ・ことに馴れて，自ら語る言葉や有への楽しみが失われているということである。ともに暮らす人々がもつ言葉や技術や行動様式が思想を形成していくのであって，児童の文化の思想や伝承が言葉や技術をつくるのではない。教師・保育士が身体にそれらをもっていないことは伝承にとって致命的である。専門家と称する仕事人に委託してでき上がった結果を鑑賞してみても，過程が見えない上に身体の共鳴性がないため，次世代への伝承性を失うという悪循環に見舞われる。

　こうして教育の場における児童文化という言葉が死語になっていく現象は，Grund（グルント，大地・土地・土台）を失うことである。社会の「子ら」「児ら」と総称した子ども存在が「児童」として法的に位置づき，共同体の「文化」から「大人が児童のために与える文化」に特化されておよそ100年近い。児童の世紀を夢見た大人によって，逆に児童の居場所・大地がなくなり児童の享楽する文化は伝承する身体性を失った。消えるべくして消えていく運命だったともいえよう。今や，コンピュータが日常生活の隅々にまで浸透し，映像文化は無意識のうちに人々を型刻して，児童の世界の区切りは消え，芸能やスポーツ界ではタレントの低年齢化が進み，氾濫する絵本や図書，観劇

や娯楽は児童との境界をなくしている。「児童」「文化」の大地が揺らいで，その根拠の模索がすでに始まっているのである。

　ハイデガーは『根拠律』の中で，「根拠律とは，次のことをいふ。すなわち Nihil est sine ratione（如何なるものも根拠なしに有るのではない）と。」[63] そして「根拠の命題はすべての根本命題中の根本命題である」[64] とライプニッツの論を引きながら，他の多くの根本命題と同列的な根本命題ではなく，すべての根本命題中の最上位の根本命題であるとする。私たちが表象作用に方向と基準を与えている根本命題を語る場合，アリストテレス以来，同一律（甲は甲である），矛盾律（甲は非甲である），排中律（甲は乙であるか，非乙であるかである）の3点から論じる。しかしハイデガーは，これらは表象作用の淵源より遠いある習慣によって確かとされているだけで根本命題中の根本命題ではないとする。根本命題はその原理（原理はそれ自身の内にその他のものの根拠を含んでいること）に従えばドイツ語で，「Der Satz vom Grund（根拠の命題）」つまり根拠の根拠ということになり，ギリシャ語で $\nu\pi\delta\theta\varepsilon\sigma\iota\zeta$（根底に定位されたもの）となるとする。Grund-Satz（根本－命題）を $\nu\pi\delta$-$\theta\varepsilon\sigma\iota\zeta$（根底に－定位されたもの）であるとプラトン的に解釈するのである[65]。そして原子エネルギーの時代に至って，「ひとが文化と名付けてゐるものは，すなわち演劇，芸術，映画やラジオ，それから亦文学や哲学，更に亦信仰や宗教でさへも──これらすべては，時代に原子といふ型刻を押し附けてゐるものの後を，到る処で辛うじて跛を引き引き追従して来るにすぎない」[66] として，歴史的－精神的現有の1エポックを原子エネルギーの殺到と開発によって規定しているとする。つまり，原子エネルギーによって量産を可能にし，商売道具としての新聞雑誌の外来語が報道や通知に浸透し，読者や聴者を目につかない仕方で型刻しているということを見逃さない。児童の文化も原子エネルギー時代の商売仕事によって，目につかない仕方で人々を型刻し，与える作用を強化しているのは変わりがない。

　佐々木中（あたる）は，「根拠があるはずだという根拠律には根拠がない」というハイデガーの言葉の可逆性を引いて，大震災後の日本の思想に様々な角度から

問いを発している。法や慣習や人々の言葉や行為は，根拠を根絶されて何が何だか，誰が誰だかわからない動揺，混乱を呼んだ。大地の動揺は，根拠の動揺であり，そこにおいては法や秩序や信仰も崩壊した。かつて人々の同一性が崩壊したときをクライスト（ドイツの劇作家，1777-1811）は驚くべき筆力で書き切った。日本の大震災もまた「無根拠で惨たらしく残虐で，非道徳で，救いがなくモラルがなく，われわれを無限に突き放す剥き出しの現実」が露呈された。「この世に善があり，この世に道徳があり，この世に根拠があり，この世に法があり，この世に信仰があるというのは全部嘘かもしれない。でもそういうものが露呈した瞬間，真の助け合い，共同体が生まれる」[67]とするように，児童文化の意味的な死は「児童」というグルントが揺れ動き，児童観・児童文化観をつくってきた100年の虚像だったかもしれないと思うのである。

　そして今，それらが露呈し，束縛から解放されて本当の意味で共同体の文化を共有し創造する可能性が生まれる時代がやってきている。第2次世界大戦後の混乱を生きてきた者にとっては，あの解き放たれた自由感は，根拠の崩壊によって真にあるものが見えたことだったのかと今さらにして思うことに似ている。小泉義之[68]は，「人間は複数の異質な時間に巻き込まれている」として6つの時間をあげる。第1の天変地異の時間は，天変が天体運動から派生する多重周期的な天文学的な時間で，地異が大地の変動の地質学的な時間で両者は異なる。第2は暦法の時間で，暦法の時間は社会学的・人類学的な時間とともにある。第3は国家と資本主義の時間で，将来を先取りすることによって現在を持続させる時間である。第4は半減期などで指標化される物質の物理化学的な時間であり，第5は人類が土地に刻みつけた考古学的な時間，第6に短い線分として表象される人間の一生の時間だとする。児童文化が生きてきた時間は第3の資本主義の時間に巻き込まれた第6の時間であり，それは，天変地異や人類学的時間，物理化学的な時間や考古学的な時間からすると点のようなものかもしれないと思う。

　佐々木や小泉，さらに山折哲雄，森一郎らが大震災をもって根拠の動揺を

語る視点は深い。法や規範に縛られてきた誰しもが，どこかでそう思っていても根拠の動揺について語る言葉をもちえなかった。しかし，大震災においては児童は対等であった。天変地異は児童だけを特別視はしないし手心は加えない。大人に誘導された自由のない子どもは天変地異に弱かったが，自らの力で生き延びた子どもは大人より賢かった。そうした意味でも愛らしき守ってやる存在として大人が優越感を味わってきた「児童の根拠」が揺らいだのである。その揺らぎは，地盤だけでなく政治，経済，教育，文化，宗教，歴史等の観相にも亀裂をもたらしている。

　原子エネルギー時代に型刻された児童文化の死からの復活は，この世の根拠律が崩壊した瞬間に真の根拠律が産まれるように，親や子どもや社会が，従来，善としてあった児童文化という根拠から解放されることなしには再生しないであろう。世界に児童文化という言葉がないように，今日，児童文化が死語となることは逆に大きな可能性の到来を意味していると考えられる。なぜなら行き詰まった児童文化を発展・継続させようとしたところで一過性のものはあっという間に消滅する運命にある。何十年，伝承を復活させようと様々な取り組みが行われてきたが，消えるものは消えていく。それより児童文化という根拠の動揺を出発点にして，大人も子どもも身の程の生活に向かって行為する方が，原子エネルギー時代の冠がつきつつも子どもの中から新しい文化が形成・創造されるといえよう。それだけの創造的所産は社会の中にまだ残されている。たとえ，流されたとしても再生するだけの歴史的所産を人々は身体にもっている。

　根拠律を失う恐怖は大きい。しかし根拠のない不安な時代と向き合いながら，それぞれが矛盾を抱えつまずき，転びながらも快を伴う方向に，共感や成就感を感じる方向に何かしら行動していく中から，根拠ができていくことを信じていくことであろう。そのためには遊ぶことである。従来の漫然とした文化の享受ではなく，千年余日本の言葉を遊んだ文化が豊穣であったように，厳しい生活を遊び，仕事を遊び，遊びを遊ぶ知慮が，歴史的所産と結びついて文化を再創造していくに違いない。

第 2 部

保育における言葉

　対話的コミュニケーションの重要性は，幼児教育の中で，どのように位置づいてきたのだろうか。第 2 部では，わが国の幼稚園教育に視点を当て，第 1 部で主張した論が，保育実践の場で歴史的にどのように考えられてきたか，その現状を探り，今後の展望を論じていく。
　第 1 章では，江戸時代までの育児観を封印し，西洋への憧れを基盤に形真似から始まった就学前教育における言語指導の歴史的変遷を捉える。第 2 章，第 3 章では，言葉の獲得に関する諸理論を踏まえ，有能な子どもの発見や，状況に注目し，コミュニケーションを支える保育の場のあり方を探究し，言葉の獲得がヒトにもたらす意義を確認する。

第1章

保育内容「言葉」の歴史的変遷とその背景

　本章では，幼稚園教育に視点をあて，そこでの保育内容「言葉」の位置づけとその背景について歴史を振り返る。具体的には，それらの基盤となる江戸時代の子育て状況を探ることからはじめ，わが国における幼稚園創設期の保育内容4項目及び5項目時代の「談話」，12項目時代の「お話」「ごっこ遊び・劇遊び・人形芝居」，6領域時代の「言語」，そして5領域時代の「言葉」について検討していく。その際，国の方向性として，言葉の獲得をどのように捉え，教育しようとしていたかに注目し論じていく。そこでは，「模倣」「教えの様式」「学び」「知識」「他者の意図」が，キーワードとして浮上してくる。それらを，第2章「状況に身を置き獲得する言葉―言葉の獲得理論の現在―」のキーワードとしてつなげていく。

§1　江戸の子育てから幼稚園教育のあけぼの

1．近世の伝統的な育児観

　明治初期に始まるわが国の幼稚園教育は，「外国のもののそのままの模倣」[1]であったといわれている。それまで，藩校，寺子屋，家塾はあったが身分制によらないすべての国民を対象とした近代学校制度としての教育を成立させ

ていなかったわが国は，開国と同時に世界に目を向け，新たに急速に海外の教育制度を導入していった。幼児教育においても欧米の幼稚園に注目し，創設に取り組んでいった。では，幼稚園が存在しなかった開国前の子どもたちは，どのような生活を送っていたのだろう。まずは，江戸時代の子育て状況を振り返りつつ，幼稚園教育のあけぼのを見ていくことにしよう。

(1) 生活のありようと子育て

戦乱に明け暮れた前期封建社会を経て1603年江戸時代を迎えると，士農工商という身分階級が定められた。階級により，生活のありようは大きく異なり子育て状況にも違いが見られた。

8割を占めていた農民は，階級としては上位から2番目に置かれていたものの，生活に追われる極貧の日々を送っていた[2]。したがって，子どもを養うことも難しく，家を存続させるには女児1名，男児2名が限界で，後の子どもは棄子にしたり間引いたりという今日の人権感覚とかけ離れた切ない状況にあった。上笙一郎は，当時，人間の生命は神から授けられたものであるとされていたことから，間引き子を神の世界に帰す，戻すという意識を働かせていたとする[3]。たとえば，間引き子を家の敷居の下や床下に埋めたのは，「育てられるときが来たら育てます」という農民たちの心情の表れであり，せめてもの「親ごころ」であったとする。また，神の世界にもっとも近い自然の山や沢へ埋めることで，早く確実に神の世界に帰ることができる，地蔵菩薩に救われて不幸なわが子が極楽に行けると想像することで，自らを慰めたとも考えている。なお，神から授かり，生まれてきたわが子は，極貧の中，放任せざるを得ない状況にある一方で，親の命に替えても守るという子育てへの意識もあったとする。これに関して，太田素子は，「家」が社会の単位として特別な意義をもっていたことが，「出生制限に敏感な土壌を形成したのではないか，また，子返しの習俗は，それぞれぬきさしならぬ事情や家産の賢明な管理，生活向上を目指す民衆の出生制限の性格を持っていたが，伝統的な再生信仰によって合理化され得る間だけ可能な選択肢だったのであろ

うと考えている」[4]とする。家の宝である子宝ゆえに，生まれてくる子どもの幸せを視野に神の世界に返すという子返しを行っていたのではないかする興味深い論考である。いずれにしても，家の出現は，身分を越えて「子どもに強い執着と情愛をそそぎ始めた」[5]といえよう。

　江戸時代は政治的・経済的な安定が約270年（1603-1867）続くことにより，「子どもは大人とは違う存在」とする子どもの心性への思いやりが育まれていた時代でもある。社会の安定と発展は，人々を神から少しずつ解き放ち，信仰されなくなった神は河童・天狗・鬼などといった妖怪変化として語り継がれていった。同時に，神への信仰行事である「神祭」の担い手が大人から子どもに移り，「敬虔的態度」から次第に「遊戯的態度（遊び）」として執り行われるように変化していった。柳田国男はこのような社会の発展が，「神祭」を「子どもの遊び」に変えていく様を論じている[6]。江戸時代に出版された書物や浮世絵にも，子どもが遊ぶ姿が様々に描かれており，社会の安定とともに子どもの遊びが本格的に成立したといえよう。喜多村筠庭著『嬉遊笑覧』，喜多川守貞著『近世風俗志—守貞謾稿』には，遊びの事典ともいえる内容が記されており，かくれんぼ・子取ろ子取ろ・つくばね・ままごと・独楽まわし・凧あげ・おはじき・手毬・双六・かるた・めんこ・天神様の細道など，数百の遊びが記載されており，民俗的・伝承的な遊びをはじめ多様な遊びが展開されていたことをみることができる。

　また，この時代には，童話や絵本をはじめとする児童文学が子どもの生活に浸透するようになっている。農村・山村・漁村においては，口承文化としての童話が語り継がれ，『桃太郎』『舌切雀』『かちかち山』『浦島太郎』などの物語が江戸時代の農村漁村において定型を与えたとする[7]。これは，前述したように，「子どもは，大人とは違う存在」とする心性が育まれていったことから，昔話を子どもにふさわしく語ろうとする流れが生じてきたためと考えられる。農村漁村に対して，都市では木版印刷技術の発達により，口承文化として語り継がれていた伝承物語を，絵画も加えた絵本として出版するようになっているのは，本巻の第1部で取り上げたとおりである。語りや絵

本によって伝承された物語は，家庭保育が基本の当時の子どもたちに，生活の中での知恵や知識を伝えることとなった。

(2) しつけ・教育の萌芽

近世には，大人と子どもに対する概念が言葉としても表現されるようになっており，生誕1年までの子どもは「嬰児」「新生の児」「初生の子」などと呼ばれ教育の対象からはずされたが，社会の安定と共に，それ以上の数え年3歳ころから6，7歳までの子どもに対しては，家庭でのしつけや教育への意識がみられるようになっている。村山貞雄は江戸時代の子どもの「しつけ・教育」についての考えを幼児前期・後期にわけてまとめている[8]。その概要を以下に記す。

① 幼児前期（数え年3歳～4歳）

a 幼児前期の教育

江戸時代の人々は，3歳で1つの段階を認め，それまでの「無心」の状態から「心」が現れてくると考えた。3歳ころから思索が始まり，「三つ児の魂百まで」と言い，それ以後の習慣があとまで維持されるとして，言葉を使い始める3歳から教育することを主張した。

　教育の内容
　ア　読書算の知育のための準備教育
　イ　基礎的な習慣の形成と行儀のしつけ
　教育の方法
　ア　遊びにとりなして教える「遊戯的教法」
　イ　難しいことを焦って教えるのではなく，自然に教育する「自然的教法」
　　　（近世では，難しいことを幼児期から焦って教えることが禁じられた）
　ウ　興味が向くような環境つくりをして教える「興味的教法」

b 幼児前期の知育

近世の知育の内容は，手習いのための準備と，物の概念を教えることが主であり，絵本と玩具がその主要な材料とされていた。江戸中期以降は，平和

による富裕家庭の出現，寺子屋の発達および印刷文化の向上などから一部の家庭では家庭教育としての知識教育をしようとした。

c 幼児前期のしつけ

　幼児前期にしつけをする根拠としては，以下の3点があげられている。

　ア　当時は自然法が優位を占めていたことから，自然界に見られる苗木の柔軟性に着目し，若い苗木のうちにしつけることとして「柔軟性」を説いていた。一方，柔軟性があるからといって無理に親の意のままにしようとすると，強い木も枯れたり痛んだりすることから，役に立たなくなってしまうと戒めている。

　イ　3～4歳ころの仕草は一生つきまとうことから，習慣の中でしつけていくことの重要性として「習慣性」を説いている。たとえば，貝原益軒は『和俗童子訓』において，「小児は，はじめて食を食い，はじめてものをいうころから絶えまなく教える必要がある，教え戒めることが遅いと悪が癖になってしまい，改善されることが容易でない，悪事に慣れると，のちに善事を教えても容易に移らないものであるから，偽りやほしいままなことは，早く戒めて，必ず許してはいけない」（貝原益軒『和俗童子訓』青木が要約）として悪い習慣が身につかないよう説いている。

　ウ　3～4歳児でしつけておかなければ，親が後になって困るというように，親の必要感に基づいて「必要性」を説いている。これは，実利的な考えが強くなったこと，道楽息子に困る商家などが現れたことが背景にある。

　②　幼児後期（数え年5歳～7歳）

a 幼児後期の教育

　このころから知恵がつきはじめると考えられた。貝原益軒は，「男7歳と成りては，ことにふれては遠慮する気味あり，またことにふれては才はしること有るとの両端あり」（『大和俗訓』巻之二，為学下）としたが，この結果，この時期では知育や徳育が行われていた。

教育の内容
　ア　数などの知識教育
　イ　子どもによっては読み書き，あるいは素読
　ウ　無理にならない程度のしつけ
b 幼児後期の知識教育
　江戸時代の中期以後は，文化の潤いが武家や裕福な商家などの一部の家庭に浸透した。知識教育の内容としては，数の計算をはじめ姓名・左右・地名・尺度・時刻・十二支などがある。これらの内容は，数え年6歳の正月から教えはじめ，8歳で寺子屋に入学させることが多かった。字は数とちがって「其生まれつきの利鈍をはかりて」考えられ，習わせる年齢に余裕があった。ごくわずかであったが，6歳でも素読が行われていた。
c 幼児後期のしつけ
　しつけの内容として，6歳ころから目上に対するあいさつや言葉づかいが教えられていた。一般には，幼児期は遊戯の時期であるとして，その好みに任されたが，一方で，ひがみごとや心の悪習を防ぎ，封建時代の大人になる芽を養おうとした。江戸時代は幼児の仕癖が成童以後も直らないとして先入が重視された。そして親を敬うことや，女児にあってはおとなしいことが重視され，中には幼児の心理にとって無理なしつけもされていた。しかし，幼児期に強くしかることは子どもの心をいじけさせ，ねじけた心にするとされていた。教育の方法は，家庭で父母，めのと，その他の家族が，飲食・起居・嬉戯などの日常生活の中で習得させようとした。
　なお，村山貞雄は，上記のような幼児教育が実際に行われたのは，士農工商のうち，武士階級や裕福な商人，および武士に準じた神官・僧侶・医師などの階級だけであり，これらの者を除いた他の家庭では日々の生活に追われて，毎日牛馬のようにただ無我夢中で働いていた。その結果，せっかく間引きや堕胎をされずに育った幼児も，両親から無関心に放任され，家庭教育の対象とならなかったとしている。幼児後期になっても「ただ食事を食べさせられたり衣類を着せてもらうだけで，あとは放ったらかしの野ばなしの状態

で育てられる子が多かった。」[9]とする。大人の生活が、子どもの生活を保障するのは常であり、ようやく得た安定の江戸時代であれ、底辺の階級においては厳しい状況にあったと考えられる。そこで、次に、階級別に幼児後期の生活の在り様と教育に注目する。

　「士農工商」の「工商」に当たる町人階級は、階級としては最下位であるにもかかわらず、江戸中期から後期にかけて経済上の実権を握るようになる。工商が栄えていく中、商人は注文書や領収書を書く必要から、職人は丈（たけ）や目方を測る必要から読み・書き・計算が求められ、家を継ぐわが子にもそれを伝える必要が生じている。家庭内でそれを教えることの難しさもあり、当初は、鎌倉時代の武士を真似て、6，7歳で子どもを町の寺へ通わせ、読み・書き・計算を習わせている。これに端を発して、読み書き能力のある浪人や町人たちも加わった商売としての寺子屋が普及していくようになる。毎月の月謝は、お金でも品物でもよく、家の経済状況によりその額は柔軟に対応していた。寺子屋では、往来物の中から1冊を教科書として選び、それを、言語・読書・修身教育的に教えるとともに、筆記教育および書道教育的にも教えていた。「手習い」といわれるように書方能力の涵養のために、書写、習字、書道の指導がかなりの時間行われていた。『一掃百態帖』に記されている渡辺崋山『寺子屋の図』[10]には、寺子屋での子どもたちが取っ組み合いの喧嘩をしたり肘を突いたりしている様子が描かれており、かなり自由な雰囲気であったことがうかがえる。

　武士階級において、平和な安定した江戸時代に新たに求められた能力は、「支配階級の一員としての政治・経済的な事務処理の能力、具体的に言えば農民たちから取り立てる年貢の事務さばき」[11]であった。したがって、読み・書き・計算の力が必要であり、家塾（藩の認可や経済的な援助のもとに経営）や藩校（諸藩の公的施設）が、江戸時代中期になると急激に増えている。通いはじめの年齢は、藩により異なり、満5歳の藩もあれば満10歳の藩もあった。読み・書きに関する内容としては、中国の古典である『孝経』や『大学』『中庸』『論語』等である。しかし、たとえば、次にあげる『孝経』に見られ

るように漢字ばかりが並んだものを読むことはかなり難しかったのではないかと思われる。

　「仲尼間居，曽子侍坐，子曰，参先王有至徳要道，以訓天下，民用和睦，上下忘怨，女知之乎」[12]

そこで漢文の書物を学ぶにあたり，意味には触れず，その読み方だけを覚えるという「素読法」が経験的に案出され読みの基本になっている。「素読法」によると，前述の「孝経」は，次のように読むこととなる。

　「チュウジカンキョス，ソウシジザス，シノタマワク，シン，センノウシトクヨウドウアリテ，モッテテンカニオシウ，タミモチイテワボクス，ジョウゲウラミナシ，ナンジコレヲシルヤ」[13]

これを，何度も繰り返し口真似のようにして暗唱させたのちに，それぞれの言葉の意味を教え（たとえば，「仲尼」とは「孔子」の字(あざな)），文章内容を理解させた。この「素読法」は，漢文をテキストとするかぎり避けることはできない有効な方法である。しかし，わが国初の教育論書といわれる貝原益軒著『和俗童子訓』(1710年)には，年齢を考慮した教授法「随年教法」(巻之三)が6, 7歳から20歳まで示されており，6, 7, 8歳にみる「随年教法」の内容は以下のように記されている。

　　六，七歳—始(はじめ)て一二三四五六七八九十，百，千，万，億の名と，東西南北の方の名とををしへ……六七歳より和字(かな)をよませ，書(かき)ならはしむべし。はじめて和字ををしゆるに，「あいうえを」五十韻を，平がなに書きてたてよこに読ませ，書ならはしむ。
　　八歳—ことしの春より，真(しん)と草との文字をかきならはしむ。……又この年よりはやく文字（漢字）をよみならはせ知らしむべし。『孝経』，『小

学』,四書などの類(たぐひ)の,文句長きむつかしきものは,はじめより読みがたく,おぼえがたく,退屈し,学問をきらふ心いで来て悪(あ)しく,まず文句みじかくして,読みやすくおぼえやすきものを読ませ,暗(そら)におぼえさすべし。[14]

益軒は,さらに「書ヲ読ムノ法」において教授法と技術を細かく説いている。

「小児の文字の教へは,事しげくすべからず。事しげく,文句おほくてむつかしければ,学問を苦しみて,うとんじきらふ心,出来(いでく)ることあり。故に,簡要をゑらび,事すくなく教ゆべし」「はじめは,ただ一字二字三字づつ字を知らしむべし。其後一句づつ教ゆべし」[15]

このように,寺子屋や藩校のような家庭外での教育が普及していく中,教えることを急いたり強いたりすることが,結果的に子どもの学びを保障しないということが説かれている。このことは,先にあげた村山貞雄の幼児前期における教育方法としての「遊戯的教法」「自然的教法」「興味的教法」,しつけにおける「柔軟性」「習慣性」「必要性」とつながる考えである。したがって,この考えは,江戸時代を通して貫かれている子育ての考えであり,育児観であるといえよう。江戸時代の育児観は,大人と子どもがともに生活する中で培われたのであろう。大人は仕事をしながら生活し,子どもは遊びながら生活する。相手と同じ方を見る様子「共同注意」は浮世絵の構図として多く残されているが,日常生活の中で子どもは大人に憧れ模倣し,大人は子どものペースや心性を理解していったのではないかと考える。無理強いすることは,子どもにとっても大人にとっても結果的によい効果を見いだせないことをともに暮らす生活の中で実感していき,子ども理解を深めていったのだと考えられる。しかし,江戸末期以降の流通経済の繁栄に伴い職業に求められる知識が増えるにしたがって,寺子屋や藩校などの家庭外での教育が普及

し，大人と子どもがともに過ごす時間が減少していく。江戸時代に培われた幼い子どもに教えることを急いたり強いたりしない構えが，その後，どこまで継承することができるかという時代的な課題をここに見ることができよう。

2．学制と海外博物館見聞録

　1868年，維新革命により徳川幕藩政治は終わりを告げ，立憲君主制による統一近代国家の成立となった。それに伴い，政府は「国民皆学制度」を打ち立て，すべての子どもに必要最低限の学校的教育を施すことを図っていった。しかし，江戸時代において，学校的教育を受けていたのは武士階級以上の子弟に加えて町人階級の子女が寺子屋へ通うことができただけで，大半を占めていた農民の子どもは必要感を伴わず，ほぼ読み書きの圏外に置かれていた。

（1）　学制にみる国家的必要性

　明治政府が成立して4年後の1872（明治5）年，政府は学校制度の創設に着手し，初等教育に関しては国民皆学の方向性を示し，「学制」として以下のとおり記したのである。[16]

　　第　一　章　　全国ノ学政ハ之ヲ文部一省ニ統フ
　　第二十一章　　小学校ハ教育ノ初級ニシテ人民一般必ス学ハスンハアル
　　　　　　　　　ヘカラサルモノトス之ヲ区別スレハ左ノ数種ニ別ツヘシ
　　　　　　　　　然トモ均ク之ヲ小学校ト称ス即チ尋常小学女児小学村落
　　　　　　　　　小学貧人小学小学私塾幼稚小学ナリ
　　第二十二章　　幼稚小学ハ男女ノ子弟六歳迄ノモノ小学ニ入ル前ノ端緒
　　　　　　　　　ヲ教ルナリ

このようにして全国につくられた国民皆学施設としての小学校は，長野県松本市の小学開智学校のように西洋風の校舎を新築したところもあったが，従来の寺子屋を名称だけ変更したところが大半であった。教師も寺子屋師匠がそのまま小学校教師となったり，教科書も従来使用していたものに文部省編「小学読本」など欧米のものの翻案に立つ教科書が混在したりしていた。1886（明治19）年には，「小学校令」の第3条で，「父母後見人等ハ其学齢児童ヲシテ普通教育ヲ得セシムルノ義務アルモノトス」[17]と定め，就学の義務を明文化するものの，就学率は明治20年代前半期までは50％に満たない状態である。これに対し，政府は，国民皆学に向けて登校する子どもにはバッジや賞品を与えたり，貧農の子守をしていた子どもには幼児を背負ったまま登校してもよい子守学校を設立したり，遊郭や花街には半玉（はんぎょく）学校を設立したりして，小学校の普及につとめている。明治政府が力を注いだ国民皆学であるが，子どもにとってはどのような意味をもっていたのだろう。これに関して，上笙一郎は「かならずしも＜子どもの幸福＞のためのものだったとは言えない」[18]とし，国民皆学制度の本当のねらいを次のように述べている。

　　「すなわち，日本資本主義のいち早い確立のためには一定水準の近代教育的な学力を身に着けた労働者と兵士とが入用であり，そういう労働者と兵士とを大量に得ることは，徳川時代のように教育を国民一人びとりの〈私事〉にしておいたのでは不可能です。そこで近代日本の国家は，日本のすべての子どもに必要限度の読み・書き・計算その他の能力を持たせるための教育制度を考案し，いわゆる義務教育としての小学校の網の目を全国に張りめぐらすに至ったのでした」[19]

さらに，同氏は1890（明治23）年に明治天皇が出した勅令としての「教育勅語」の渙発とその政策的な具体化としての「国定教科書の制定」によって，「近代日本の子どもたちは，温良な労働者と勇敢な兵士―どんな苛酷な条件にも耐えて低賃金でよくはたらく工場労働者と，異国の民衆を殺し自分

もまた平気で死ぬ兵士に育っていった」[20]としている。これに関して，1889（明治22）年1月，文部大臣の森有礼は直轄学校長を対象とした演説で，「抑々(そもそも)政府カ文部省ヲ設立シテ学制ノ責ニ任セシメ，―（中略）― 諸学校ヲ通シ学政上ニ於テハ生徒其人ノ為メニスルニ非スシテ，国家ノ為メニスルコトヲ始終記憶セサル可ラス，此事ハ本大臣ニ於テ学政上最モ重要ナル点トシテ諸君ニ注意シ，厳重ニ体認アランコトヲ企望スルナリ」[21]と語り，学制による教育が子どものためというより国家のために行う施策であることを主張している。当時の教育が，子どもたちの現実生活・日常生活から遊離しがちであった様子について，福沢諭吉は，知識の詰め込みに陥りがちであった様子について，「業成り課程を終(おえ)て学校を退きたる者は，徒(いたづら)に難字を解し，文字を書くのみにて更に物の役に立たず，教師の苦心は僅(わづか)に此活字引と写字器械とを製造するに止まりて世に無用の人物を増したるのみ」[22]とし，「活字引」「写字器械」をたとえに批判している。このような学制による教育について，松丸修三は，「とかく，子どもたちの現実生活あるいは日常生活から遊離しがちで，かつ，知識の詰め込みに陥りがちであった」[23]と論じている。

　筆者は，江戸時代において，各階級における職業とからめて必要な知識教育が人々の生活の中から求められ，教えられる子どもの側にしてもともに生活する大人が働くために必要としていることを感じ取っていると考察した。一方，明治政府が急激に展開しようとした国民皆学への取り組みにおいては，政府の必要性であり，国民の直(じか)の必要性ではなかったと考えられる。ここに，江戸時代と明治時代の教育に対する大きな違いを読み取ることができる。

(2) 構想された幼稚園と時を要した普及

　「学制」第22章には，幼稚小学が幼児の教育機関として規定されていた。これは，学制が範とした仏国学制の中に，「育幼院」として規定されていたのを模して，形式的に条文にしたことによるといわれている[24]。江戸時代においては，幼児は家庭で教育することが踏襲され，厳格な教育を行う時期ではないとされていた。これは前述のように，わが国では，幼いときは苗木の

ように穏やかにしつけ，成長するにしたがって厳しく教育することが主張されていたからである。これに対して，欧米では，幼い時は厳格にしつけ，成長するに伴い自主性を重んじる傾向がある。したがって，海外の教育制度を倣って学制を設け，そこに仏国学制と同様に幼稚小学を規定したものの，それは書類上のこととなり，この規定に基づいて開設された幼稚小学は正式には実在しておらず[25]，幼稚園第1号として海外の幼稚園を模した東京女子師範学校附属幼稚園の創設は1876（明治9）年11月となっている。そこでは，規則の中に「小児保育」「保育料」というように「保育」という言葉を使用している。保育という言葉について，森上史朗は，「公的には1879（明治12）年の文部省布達の中でこのことばを用いたのが最初で，以後は終始，幼児教育には保育ということばが用いられてきている」[26]とする。これに関して，太田素子は，「『保育』は『保嬰』など近世の用語に基づき明治初期に考案された専門用語で，開設された幼稚園の営み，つまり幼児期の人間形成に働きかける大人の営みの特質を，学校教育と差異化する意図を込めて造られた用語だったのではないか」[27]とし，幼稚園制度移入に努めた田中不二麻呂は幼稚園開設準備の1年半あまりの間，幼稚園の仕事を説明するのに宮内庁などがすでに使用していた「幼稚（穉）教育」という言葉を1度も使わなかったと指摘する。そして，太田は「彼の意図する所は，遊びの中で知らず知らず就学準備が整えられるような保育者による養護と誘導を用意することだったからである。筆者はそうした当時の幼稚園関係者の認識が，我が国の人々を深く捉えてきた近世子育て論および小児養生論の蓄積という，長い文化の伝統の上で初めて可能だったのではないかと考えている」[28]と興味深く考察している。

　その後，1947（昭和22）年に制定された学校教育法では幼稚園の目的として「幼稚園は，幼児を保育し……」と定められ，保育としての幼稚園が位置づいていくが，その草案を作成した坂本彦太郎は，「保育とは"保護・教育"の略で，外からの保護と内からの発達を助けることを一体と考えるのが幼児期の特徴である」[29]としてこの語を用いており，田中の意図は現在も引き継

がれているといえよう。

　いずれにしても，学制により，幼稚小学を規定するものの，それまでの子育て観とかけ離れる学校教育と差異化する意図を込めて「保育」としての幼稚園教育を位置づけようとしたのではないかと考えられる。

　このような状況において，幼稚園が一般庶民に広く普及するには時を要す。この創設に先立つ1875（明治8）年，近藤真琴が「子育ての巻」の中で，1872（明治5）年にウィーンで開催された万国博覧会で紹介されたフレーベルの童子園（幼稚園）のことを詳しく記述し報告している。翻訳本としては，1876（明治9）年1月には桑田親五訳『幼稚園』（イギリスに移民したドイツ人ロンゲ夫妻共著），同年7月には関信三訳『幼稚園記』（ニューヨーク師範学校長ドゥアイ著）が出版され，共にその著の中で恩物についての紹介や解説がされている。1876年夏に，フィラデルフィアで開催された万国博覧会においては，米国幼稚園連盟が恩物や子どもの製作品を出品し，幼稚園保育の実際の様子を展示している。その際，日本からの参加もあり，海外の情報を得るとともに，日本からも教育参考品として恩物（幼稚園玩器）4箱を出品している。

　これらのことから，江戸時代の育児観を背景に，学制に記載された幼稚小学の実現は難しく幼稚園の創設・普及には時を要するものの，海外の幼稚園教育については関心を寄せ，情報を収集していたといえる。学制により，時をかけず一律に国民皆学として開始した小学校教育と時をかけて普及していった幼稚園教育への取り組み，その取り組みの違いがわが国の保育における，その後の展開に，結果的に大きな意義をもたらしたのではないかと筆者は考える。

§2 「模倣的様式」の時代

1．「模倣的様式」からの出発

　国民の8割を占めていた江戸時代の農民は，読み書きの必要感を伴うことなく生活していたにもかかわらず，明治政府は学校制度の創設に着手し，初等教育に関しては国民皆学の方向性を示した。それに伴い，「教える」ということが国の教育制度として組み込まれていくことになる。では，「教える」という行為には，どのような意味が含まれているのであろう。読者諸氏は，「教える」というと懇切ていねいに子どもに教える教師像を描くだろうか。ここでは，「教える」の2つの様式を基盤に考えていく。

(1)　「教える」の二つの様式

　佐藤学は，「教える」という行為には，知識や技能を「伝達する」という意味と，学び手の態度や生き方に「変容を促す」という二つの意味があるとしている[30]。アメリカの教育学者，フリップ・ジャクソンは，前者の「伝達」を意味する「教える」の様式を「模倣的様式」とし，後者の「変容」を意味する「教える」の様式を「変容的様式」と名づけている。

　「模倣的様式」の始まりは，王や貴族に土地の所有をめぐる訴訟に勝つための弁論術や人々を支配する政治の技術を教えた古代ギリシャのソフィストたちに見ることができる。その後，『大教授学』(1632年) において，知識を一斉に複製する印刷技術から「一斉授業」を構想したコメニウスにより「模倣的様式」が広まっている。この様式は，とくに，19世紀以降に見られる各国の国民教育の制度化とともに普及し，20世紀に入ると産業主義を背景に生産性と効率性を求める教育の場にも大量の知識を効率よく伝達し，模倣させる教授法として徹底された。ここでの知識は，固定的なものであり，そ

れがゆえにその知識を教える側も教わる側も見直したり疑ったりすることはない。教える側は効率的に注入し伝達する，教わる側は注入され伝達された知識を模倣し，覚えていくという考えに依っている。

一方，「変容的様式」の始まりは，「知識の伝達」を重視したソフィストを批判したソクラテスに見ることができる。ソクラテスは学び手の抱いている知識がいかに固定観念に縛られているかを対話の中で気づかせ，「無知の知」を悟らせ，学び手のあり方や生き方の変容を求める。

その具体を，以下の「クリトン―行動はいかにあるべきかということについて―」の対話から見ることにしよう。これは，ソクラテスが投獄され毒杯を仰ぐ日が近日だという報せをもって，残される子どものこと，市民のことを考え，何とか助け出したいとするクリトンとの対話である。[31]

    ソクラテス　―（前略）―大切にしなければならないのは，ただ生きるということではなくて，善く生きるということなのだというのだ。
    クリトン　いや，その原則は動かないよ。
    ソクラテス　ところでその「善く」というのは，「美しく」とか「正しく」とかいうのと同じだというのは，どうかね？　動かないだろうか，それとも動くだろうか。
    クリトン　動かないよ。

こうして，「善」「正」のありかを対話により確認し，クリトンがソクラテスの決意を悟る。

ソクラテスの弟子であるプラトンは，上記のようなソクラテスと学び手との対話を記録した。そうすることにより，知識を教えるというソクラテスの行為とは，実は，学び手の学びを生みだす行為であるとしている。学びは，学び手の想起により実現しているのであり，教えるという行為は学び手の「想起」を対話により引きだす行為だとしているからである。したがって，学び

手は，学ぶ対象について知らないとその対象について知ることができないということであり，教えるという行為は本来学び手の学びによって成立する行為なのである。このように，「学び」に注目した「変容的様式」は，その後，20世紀になって，子ども中心の新教育の実践と理論に継承されている。そこでは，知識を固定的なものと捉えて伝達する効率性よりも学び手の創造的志向や自己表現の価値が重視されたのである。換言すると，効率よく「模倣させる」"教え"ではなく，学び手が創造的志向性を伴って「自ら模倣し，創造する自己表現の価値が重視された」"教え"といえる。

　これに関連して，佐藤学は，「学び」を「まねび＝模倣」として再定義する意義を，次のように論じている[32]。

　　これまで，「模倣」が教育において否定的な作用しか及ぼしてこなかったのは，デューイが指摘するように，学習者が意味を構成する創造的思考や想像力の活用として「学び＝まねび」を遂行しなかったからであり，ヴィゴツキーが主張するように，その「模倣」が「発達の最近接領域」の枠外で強制され，退屈なオウム返しの反復練習に終始していたからである。逆に，「模倣」が積極的な意味を持つのは，学びの実践が，他者とのコミュニケーションにおいて意味を構成する社会的過程として展開されたときといえよう。
　　「模倣」の積極的な意味付けは，「なぞり」と「かたどり」の循環作用としての学びへと，私たちを導いてくれる。

　上記のように論じた佐藤は，「学び」の本質を模倣の行為に求める考え方の代表的起源としてアリストテレスの『詩学』[33]をあげ，同書において，芸術的な創作行為の実践を「ミメシス＝模倣・描写」とその「喜び」に性格づけているとし，この「ミメシス＝模倣・描写」の活動は人間の創造的行為が文化の伝承として成立することを示しているとする。「近代主義の芸術理論を特徴づける『自己表現』の思想においては，しばしば，『伝承』と『創造』

とは対立して認識されがちだが，アリストテレスにおいて，文化の『創造』は『伝承』を基盤として成立するものとして認識されていた」[34]として，文化の伝承と創造に意義をおく同氏は，学びにおける模倣への注目を促している。

なお，ここでの文化の伝承は「模倣」を前提としているが，だからといって効率よく「模倣させる」のではなく，学び手が創造的志向性を伴って「自ら模倣する」営みの中で成立するのである。従来，このことを厳然と指摘していないがために，伝承の前提である「模倣」が「創造」と対立構造として認識・議論されてきたのではないか。筆者は，「教える」の方式において，無力な存在としての子ども観に基づき「模倣させる」ことに着目した「模倣的様式」と，有能な存在としての子ども観に基づき「自ら模倣する」ことに着目した「変容的様式」とに整理して，「教える」の様式を捉えている。同じ模倣でも，模倣する子どもに視点を置いて考えていく必要がある。あくまでも，意思ある存在としての子どもであり，自ら周囲の環境に目を向け，関心を寄せ憧れて模倣していくのである。だからこそ，そこに疑問を生じたり，問題意識をもったりして，何度も繰り返し模倣し（「なぞり」），その対象の本質となる模倣を行うのである。納得した模倣が行われることにより，そこから，新たな「かたどり」としての創造的表現を展開していくのではないか，その過程に「学び」という価値ある営みが生じているのだと考える。

では，わが国の幼稚園教育がどのように子どもの存在を捉えて「教える」営みを展開し，普及してきたのか。同時に，保育内容「言葉」がどのように位置づいてきたのか，その変遷を歴史的に見ることは，大枠で言えば上記に述べた「模倣的様式」から「変容的様式」への移行を意味している。本節では，その変遷の実際と背景をみていく。

(2) 創設期の保育内容

最初に，日本で初めて創設された東京女子師範学校附属幼稚園に注目し，どのように幼稚園教育が展開されていったかを探ることにする。

1876（明治9）年，明治政府によって創設された東京女子師範学校附属幼稚園だが，当初，太政官から時期尚早として設立反対の通知が出るなど困難もあった。その後，文部省・学校関係者の熱意により再度願いを提出して開設に至った経緯がある。当初の保育は，フレーベル式の保母養成校を卒業したドイツ人女性松野クララを首席保母として，恩物中心の保育を展開したとされる。恩物とはフレーベルが，ゲーテ，ルソー，ペスタロッチらの思想を基盤に考案した幼児用玩具の一種であり，"神からの贈りもの"との意で命名されたように，キリスト教の考えも反映されていた。太田素子が，「恩物の思想やフレーベルの神学的な世界観」がわが国でどれ程理解されていたかは疑問であるとしているように[35]，当時の日本の保育者たちが，その背景を含めフレーベル理論とそれを具現化している恩物を理解することはかなり困難を要したと思われる。また，わが国初の幼稚園を創設するということから，当時は，その手がかりを外国の著書に求めた。渡米経験のある初代監事（園長）関信三は，アメリカ人ドゥアイの著書を翻訳し，わが国初の保育翻訳書『幼

	月	火	水	木	金	土	時間
室内会集		同	同	同	同	同	三十分
体操		同	同	唱歌	体操	同	三十分
球ノ遊（第一箱）、小話、三形物（球・円柱・六面形）、計数（一ヨリ十二至ル）、形体積ミ方（第三箱二至ル）及ヒ体操、画解							四十五分
図画（三倍線ノ直角等）、貝ノ遊ヒ、畳紙（第一号ヨリ第四号二至ル其他単易ノ形）、鎖ノ連接、針画、木著置キ方（六本二至ル）							四十五分
遊戯		同	同	同	同	同	一時半

第三ノ組　小児満三年以上満四年以下

図表 2-1-1　保育時間表

第一章 幼稚園教育の創始

第一―一表 保育時間表

第一ノ組 小児満五年以上満六年以下

	三十分	四十五分	四十五分	一時半
月	室内会集	形体置キ方（第七箱ヨリ第九箱ニ至ル）	図面及ヒ紙片組ミ方	遊戯
火	博物修身等ノ話	形体積ミ方（第五箱）及ヒ小話	針画	同
水	計数（一ヨリ百ニ至ル）	剪紙及ヒ同貼付	歴史上ノ話	同
木	木箸細工（木箸ヲ折リテ四分ノ一以下分数ノ理ヲ知ラシメ或ハ文字及ヒ数字ヲ作ル）	形体置キ方（第九箱ヨリ第十二箱）	畳紙	同
金	唱歌	形体積ミ方（第五箱ヨリ第六箱ニ至ル）	織紙	同
土	同	環置キ方	縫画	同

第二ノ組 小児満四年以上満五年以下

	三十分	四十五分	四十五分	一時半
月	室内会集	形体置キ方	図画（三角形等ニ至ル）	遊戯
火	体操	博物修身等ノ話及ヒ図画	針画	同
水	同	形体積ミ方（第三箱ヨリ第四箱ニ至ル）	縫画（三倍線等）	同
木	唱歌	木箸細工（豆ヲ用ヒテ六面形及ヒ日用器物ノ形体ヲ模造ス）	織紙（第十二号ニ至ル）	同
金	体操	計数（一ヨリ二十二ニ至ル）及ヒ体操	畳紙	同
土	同	木箸組ミ方及ヒ粘土細工／木片組ミ方（六本ヨリ二十本ニ至ル）／歴史上ノ話	形体積ミ方（第四箱）	同

但シ保育ノ余間ニ体操ヲ為サシム

文部省『幼稚園教育百年史』ひかりのくに，1979，pp.58-59

稚園記』(全四巻)を1876(明治9)年に出版している。あと1冊は,桑田親五が訳したロンゲ夫妻の著書『幼稚園（おさなごのその)』上ノ巻であり,同じく明治9年に文部省から刊行されている。当時は,この二つの翻訳書が重要な役割を果たし,それを頼りに当時の保育が展開されたと考えられる。

　東京女子師範学校附属幼稚園創設時における保育内容についての規定はなかったが,1877(明治10)年7月に制定された幼稚園規則にそれを見ることができる。保育3科目「第一物品科」「第二美麗科」「第三知識科」には,25の子目が含まれており,これはフレーベルの20遊嬉(恩物)を模範としたものであり,また,時間割も会集に始まり,「整列」「遊戯室―唱歌」「開遊室―修身話か庶物話（説話或は博物理解)」「戸外あそび」「整列」「開遊室―恩物―積木」「遊戯室―遊戯か体操」「昼食」「戸外あそび」「開遊室―恩物」という順で,ほとんど毎日上記の組み合わせたものであった。「今から思へば一日に保育項目の全部をもつてあるとも謂ふべきである。時限は大方二十分乃至三十分」[36]であり,これらの合図は鐘で行ったとしている。

　附属幼稚園規則には,保育時間表として図表2-1-1のように記されている。

　「言葉」に関する内容としては,「第一物品科」で「日用ノ器物即チ椅子机或ハ禽獣花果等ニツキ其性質或ハ形状等ヲ示ス」[37]とあり,幼児の日常生活に親しい器具,花鳥等の物を幼児に見せてその名を教えるものである。また,「第三知識科」では,「観玩ニ由テ知識ヲ開ク即チ立方体或ハ幾個ノ端線平面幾個ノ角ヨリ成リ其形ハ如何ナルカ等ヲ示ス」[38]とあり,フレーベルの恩物を使い,知識を啓発していこうとするものである。このように,当時の保育内容は,フレーベルの恩物を重視して取り入れたものであることがわかる。この背景に,前述した,海外の翻訳本を頼りに保育が展開されていた事情があった。そこでは,恩物の理論を難解な翻訳本で理解することは困難を要したため,その保育を形から真似て展開したといえる。したがって,そこに見られる保育方法は,子どもの実態に合わせて柔軟に対応するというものではなく,あらかじめ決めた保育内容を教え込むというものであった。

　その後,保育科目は1881(明治14)年の改正を経て20科目となっているが,

第1章 保育内容「言葉」の歴史的変遷とその背景　179

改正されたものは，依然として恩物による手技を中心としたものである。保育内容「言葉」に関する科目として，「聞く・話す」に関しては「修身ノ話」「庶物ノ話」，「読み・書き」に関しては「読ミ方・書キ方」として以下のように示されている[39]。

「修身ノ話」：修身ノ話ハ和漢ノ聖賢ノ教ニ基キテ近易ノ談話ヲナシ考悌忠信ノコトヲ知ラシメ務メテ善良ノ性質習慣ヲ養ハンコトヲ要ス。

「庶物ノ話」：庶物ノ話ハ専ラ日用普通ノ家具，什器，鳥，獣，草，木等幼児ノ知リ易キ物或ハ其標本，絵図ヲ示シテ之ヲ問答シ以テ観察注意ノ良習ヲ養ヒ兼テ言語ヲ習ハシメンコトヲ要ス。

「読ミ方」：読ミ方ハ始メニハ片仮名ヲ以テ幼児ノ知リタルモノノ名等ノ綴リ方易キモノヲ黒板ニ書キ示シテ仮名ノ称ヘ方用ヒ方ヲ教フル旨トシ後ニハ仮名ヲ記セル骨牌ヲ以テ物ノ名等ヲ綴ラシム。

「書キ方」：書キ方ハ片仮名平仮名ヲ以テ既ニ授ケタル物ノ名等ヲ黒板ニ書キ示シテ石盤ノ上ニ習ハシメ又数字ヲ習ハシム。

　上記の内容から，「聞く・話す」に関する科目「修身ノ話」「庶物ノ話」の中で，道徳心と観察注意の習慣，言語知識を獲得することを重視していることがわかる。話の内容としては，善良な性質習慣を養うための物語を修身ノ話として聞かせることを記している。1881年の保育科目の改正で，それまでの「説話」が「修身ノ話」として保育内容に位置づき，これ以降開設された多くの幼稚園がこれにならっていることから，教育勅語が出された当時としては受け入れやすい状況にあったといえよう。なお，これらの指導は主に掛図を用いて行われていたが，その内容は，子どもを訓育，知育するものであり，教訓的な内容の話を聞かせることで，子どもたちの徳性を養うことを

ねらいとしている。話の題材として，倉橋惣三らは，海外のイソップ物語等の教訓的部分を活用することとなった当時の保育状況について，以下のように記している。

> 「イソップの話がもつ内容の中で教訓のみを主として取り入れ，これが修身話と相合致したのである。それ故我が国古来から存する物語などは，当初は顧みられないといつた形で，かの桃太郎とか，かちかち山，舌切雀等は幼稚園の基礎根底が固められて，実際保育に余裕を見出し，顧みれば，我が国にも古来から幼児向きの話が存在しているのであるといふことに気がついてから，是を幼稚園にとりいれたのであつて，始めは全然外国のものの翻訳である。然も漢文風の直訳であるから，是を実際に幼児に話をするのにはなかなか保母の苦心を要したことであらうと思はずには居られない。」[40]

同書において，倉橋らは，具体的な題目として『幼稚園記』に記されているものが参考となるとし，『幼稚園記』小説中，題目（図表2-1-2）をあげている。なお，第13「驕兎却て亀に後る（兎と亀）」，第18「善童果然其実を告ぐ（正直なるワシントン）」は，度々話される題材となっている。

また，「庶物ノ話」では，日常生活に親しい事物を実物または標本，絵図を示して観察させ，問答を通して，その名称を知識として覚えさせようとした。「修身ノ話」，「庶物ノ話」の話の材料について，さらに，以下のように記している。

> 「材料については，時を経るに従ってその数も多くなつて来て居るのは勿論のことであるが，その内容は，いづれにしても，話そのものから溢れるところの文学的情趣を味ふところ迄には及ばなかつた。是によつて，幼児のよい性情を養ふといふ事が目的であつたから，何か為になる

話でなければ用ゐられない。それ故外国のものでもイソップのもの等は，話として最も用ゐられたのでありワシントンの正直なる話は，開国当初より，かなり長い間つづいた話である。」[41]

その後，「聞く・話す」に関する科目「修身ノ話」「庶物ノ話」は，明治32年の「幼稚園保育及設備規程」により保育項目「談話」としてまとめられていく。一方，「読み・書き」に関する科目「読ミ方」「書キ方」は，保育20科目を制定する際に，「数ヘ方」と同様，保育科目として新たに加えられ「読み・書き」と「計算」の3R's が重視されていることがわかる。これは，当時，幼稚園の意義が問われる中，学校とはリテラシーを学ぶという歴史的認識から，成果として見えやすい読み・書き・計算の内容を加えることで世間からの理解を得ようとしたことによる。1876年，わが国初の幼稚園を創設しようとしたとき，太政官から設立反対の通知が出されたことからも，当時の社会的状況の中で幼稚園創設への理解がなかなか得られない実情があり，その後数年を経ても依然として幼稚園に対する批判が世間から浴びせられる状況にあったことが推察される。そこで，当時，小学校入学後に幼稚園経験児と幼稚園未経験児とを比較して，その効果を論じていた。同時に，批

図表2-1-2 「幼稚園記」小説中題目

第一　渇鳥遂に水を得る	第十　旅客泉を飲て疾病を感ず
第二　山羊橋上に争闘す	第十一　野狐巧に猛狼を挫く
第三　獅子方に鼷鼠（ハツカネズミ）を放つ	第十二　農夫途に驢馬を弄す
第四　乳燕遂に黠雀を餓死せしむ	第十三　驕兎却て亀に後る
第五　傲蛙自ら其腹を綻裂す	第十四　頑童自ら鏡中の像を誤認す
第六　猿猴自ら其鬚を剃る	第十五　蜘蛛糸を吐て危急を脱す
第七　舞熊親く児童と戯る	第十六　慢童一日鞭縄に驚く
第八　父翁其四子を試む	第十七　良犬方に悪友の為に害せらる
第九　老馬の度量能く斃獅を憐む	第十八　善童果然其実を告く

倉橋惣三・新庄よし子『日本幼稚園史』臨川書店，1980，pp.215-216

判への対策として，保育科目「読ミ方」「書キ方」「数ヘ方」を，保育科目として位置づけたのだと考えられる。それ以降の時代においても，幾度となく教育効果として読み・書き・計算の成果を示すことで世間の理解を得ようとする試みは繰り返されていく。世間の理解を得るための対策として，教育の表面上の成果に注目していく流れが，このときから生じていたと解釈することができよう。このことは，子どもの学びや，言葉の獲得の本質的な意義を見いだすことができないという悪循環を生みだすことでもある。

その後，東基吉や和田実が，幼稚園教育は小学校と異なり遊びを中心として展開するという主張に基づき批判したことから，「読み・書き」に関する科目「読ミ方」「書キ方」の科目は，1899（明治 32）年の「幼稚園保育及設備規程」では取り上げられていない。

当時としては，明治政府の命を受けて創設した幼稚園において，外国の翻訳本を手本に形だけでも模倣して保育を展開していたが，一方で，創設した幼稚園に対する理解も得られず，幼稚園の効果を結果として見える形で示さざるを得ない厳しい状況にあったといえる。その状況を打破するために，言葉の獲得というわかりやすい教育の成果を示すことで理解を得ようとしたのである。

2．「模倣的様式」の背景

創設当初の保育が海外の保育の模倣，とりわけ形真似から始まったとして論を進めてきたが，興味深いことは海外の形真似で始めた保育において，子どもたちにも同様に形真似を強いる保育（模倣的様式）を行っていたということである。教え込むことが先にあり，言葉の指導においても切り取った「言葉」を掛図に記して形真似させ，保育時間表にしたがって保育が展開された。そこでは，子どもたちが試行錯誤して生活の中で言葉を獲得する機会に価値をおかず，子どもの実態や自主性を検討する視座をもたなかった。その背景について，以下の 3 点をあげることができよう。

（1） 早急な近代化を図った政府による幼稚園創設

　当時の明治政府は，江戸時代の鎖国を経て海外の文化を積極的に取り入れ近代化を図ろうとしていたため，東京女子師範学校附属幼稚園の創設は明治政府の命によるものであった。1872（明治5）年には「学制」頒布の流れの中，幼稚園の創設も構想された。当時，ドイツにおけるフレーベルのキンダーガルテンが欧米にも影響を及ぼし，米国においてはドイツ移民のためのドイツ人によるキンダーガルテンに端を発し，1874年には米国シカゴ市に公立幼稚園が設立されている。東京女子師範学校附属幼稚園初代監事（園長）であった関信三は，渡米して幼稚園教育の実情を海外から学んできており，翻訳本も出版している。しかし，この理論中心の翻訳本はかなり難解であったということは想像に難くない。

　明治政府の早急な近代化への取り組みの一環として進められた幼稚園の創設は，当時の人々の幼稚園への理解や必要性とはかかわりなく進められたといえる。このように，政府からは早急に進めるよう働きかけがある一方，受け入れが困難な世間に対して幼稚園の意義を示していかざるを得ない状況にあった。つまり，時間をかけて，じっくり幼稚園教育を構築していくというより，性急に形を整えて成果を示していく必要があった。そこで，海外の幼稚園を理論から理解してというより，むしろ，その実際のありようを形真似し，世間に問われる幼稚園の意義を成果として性急に示そうとしたのではないかと考えられる。このことは，1881（明治14）年の保育科目改正の時に幼稚園の意義を問われて，読み・書き・計算を保育内容に新たに加えた取り組みとつながる。幼稚園の意義を性急に示そうとし，小学校教育の先取りをして，「読めるように，書けるように，計算できるように」学校的な形を整えて成果を示したのである。ここでは，幼稚園教育の意義を求められ，海外や小学校教育の形真似でその成果を示そうとしたといえる。この背景に，当時の幼稚園がおかれた状況の厳しさと，保育における専門性の希薄さを読み取ることができる。

(2) 欧米の文化に価値を置いた当時の状況，保護者

鎖国から開国を経た激変の状況は，すべての分野にわたり，ともすると従来構築してきた日本の文化にとりあえず封印をして，欧米の文化に見習おうとする気風があった。生活様式も，衣食住を欧米化する流れは勢いよく，それまでの和装を洋装に，日本建築を鹿鳴館に象徴されるような洋館に建て替えるなど，目に見える形で急速に表面上の欧米化を図ったともいえる。とくに，上流社会の一部インテリにおいては欧米の文化に価値を置き，自らの生活自体を欧米化する傾向にあった。そして，それらの上流社会の子弟が，創設当初の幼稚園に通うことになったのである。このことは，欧米の幼稚園を形真似した保育の展開が，一部支配層には受け入れられる要因となっていた。自らも，欧米の文化に価値を置く生活をしようとする人々に支持され，フレーベルの恩物中心の形真似保育が当時の保護者にも理解されたといえる。そこでは，欧米から輸入された恩物を活用して，大人が系統立てた知識を効率よく子どもに教える保育が，これからの時代を担うように夢見られたのではないかと思われる。

(3) 検討を欠いた子どもの実態

当時の保育は，教え込む内容とねらいが先にあり，子どもの興味関心や自主性への検討がなされないまま展開されていった。主任保母松野クララの指導のもと，フレーベルの保育を形真似することから始めているため，当初は子どもの実態を検討するゆとりがなかったといえよう。また，日々の保育にかかわることなく，早急に近代化を急ぐ明治政府にとっては，子どもの実態を検討する視座をもち得なかったといえる。このような状況の中，「言葉」に関する保育内容が位置づき，「模倣的様式」による教え・指導が展開されていったといえよう。この「模倣的様式」の時代から一気に，再創の時代を迎えるわけではない。それは，世界の新教育運動の流れ，子ども研究への注目と隆盛を背景に子どもの存在に光が当たりはじめたことと大きくかかわることであり，時間がかかることでもあった。

§3 「変容的様式」への移行

1．「談話」にみる「変容的様式」の萌芽

　これまでみてきた時代の中で「変容的様式」は随所にみられたが，それが大きな転換を迎えるのは第2次世界大戦後である．本節では「模倣的様式」の時代に萌芽した「変容的様式」が大きな転換点を迎えるまでの流れを見る．

　1899（明治32）年，わが国で初めて省令として「幼稚園保育及設備規程」が示され，保育内容について明記された．そこでは，保育内容を保育4項目として位置づけ，それまでの保育科目「遊戯」「唱歌」を「遊嬉」「唱歌」とし，「修身ノ話」「庶物ノ話」を「談話」に統合し，保育科目の中心をなしていた恩物にかかわる科目を「手技」として一つに統合している．この保育4項目「遊嬉」「唱歌」「談話」「手技」は1926（大正15）年に見直され，「観察」「等」を加えた保育5項目として「幼稚園令」に位置づいた．これらの変遷を見てみると，幼稚園創設期のフレーベルの恩物中心保育が，少しずつ変化している．ここでは，その具体的な取り組みについて，順に述べていく．

　幼稚園保育及設備規程は，9条から構成され，対象年齢（第1条），保育時間（第2条），保育者1人当たりの幼児数（第3条），1園当たりの園児数（第4条），保育の要旨（第5条），保育内容（第6条），保育環境（第7条）等が，記載されている．

　保育の要旨が示されている第5条では，保育方法にかかわる要旨も含み，以下のように記されている[42]．

　　第五条　保育ノ要旨ハ左ノ如シ
　　一　幼児ヲ保育スルニハ其心身ヲシテ健全ナル発育ヲ遂ケ善良ナル習慣
　　　ヲ得シメ以テ家庭教育ヲ補ハンコトヲ要ス

二　保育ノ方法ハ幼児ノ心身発育ノ度ニ適応セシムヘク其会得シ難キ事物ヲ授ケ或ハ過度ノ業ヲ為サシメ又ハ之ヲ強要シテ就業セシムヘカラス
　三　常ニ幼児ノ心性及行儀ニ注意シテ之ヲ正シクセシメンコトヲ要ス
　四　幼児ハ極メテ模倣ヲ好ムモノナレハ常ニ善良ナル事例ヲ示サンコトニ注意スヘシ

　保育方法に関しては，上記第五条二で，幼児の発達や実態にふさわしくない難しい内容を過度に扱ったり，強要したりすることを戒めている。これは，従来幼児の実態に照らし合わせることなく恩物を幼児に押しつけていた傾向を排すよう指示したものであり[43]，注目に値する。模倣に関しては，第五条四で，幼児が模倣を極めて好む存在であるとし，常に善良な事例を示すことが記されている。保育内容に関しては，第六条に「幼児保育ノ項目ハ遊嬉，唱歌，談話及手技トシ左ノ諸項ニ依ルヘシ」として4項目を示し，最初に「遊嬉」を置いて，幼児教育における遊びの位置を重視している。恩物は「手技」にまとめられ最後に示されたことにより，恩物中心の保育内容からの脱却が少しずつ見られるようになっている。

　次に，言葉に関する保育内容に視点を当てて見てみることにしよう。4項目の中で，現在の領域「言葉」に関する保育内容としては項目「談話」をあげることができよう。「談話」に関しては，第六条三に次のように記されている。

　第六条　三
　　談話ハ有益ニシテ興味アル事実及寓言，通常ノ天然物及人工物等ニ就キテ之ヲナシ徳性ヲ涵養シ観察注意ノ力ヲ養ヒ兼テ発音ヲ正シクシ言語ヲ練習セシム

　この文面からもわかるように，「談話」は保育者が与える有益な話の内容

を示しており，徳性を涵養し，観察注意力を養う教訓的なものであったといえよう。また，発音を正しくするための言葉の練習を位置づけている。保育内容「談話」は，それまでの「修身ノ話」「庶物ノ話」が一つになったものであるが，「修身ノ話」「庶物ノ話」においては教訓的な話や知識を得るための話を聞くことに重点が置かれていた。しかし，4項目の「談話」は，それが示すように会話や対話をすることにも着目するようになっているといえる。小学校教育に目を向けてみると，1872年の学制発布以降，国語は「綴字，習字，単語，会話，読本，書牘（しょとく），文法」に分散しており，その中の会話において，近代国家建設をめざした標準語の浸透が企てられていった。第1部で述べたように，「方言を使いつつも誰でも分かる標準語の心得を教えることとして，1900（明治33）年，普く通ずる口語としての『国語』教科書が誕生し，1903（明治36）年には国定教科書となった」のである。これらの影響が，幼稚園教育にも及んでいると考えられよう。しかし，当時の小学校教育は，科学的教育を主張したヘルバルトの影響があったことから，一斉の形態を基盤に授業を展開していた。口語としての「国語」教科書が誕生したものの，幼稚園への影響としては，たとえ項目名は「談話」であったとしても，日常の文脈の中で会話を楽しませて言葉の指導を行うというより，むしろ，一斉授業のように発音を正すために唱和させる訓練的なものをイメージして文書に記されたのではないか。正しい日本語を固定的に示し，その知識をいかに子どもたちに注入するかという側面に注目していたといえよう。また，「修身ノ話」を引き継いだ「談話」では，「徳性ヲ涵養」するとあるように，談話を通して道徳的な内容を会得させることに腐心していたといえる。北川公美子は，「徳性ヲ涵養」することを目的として「談話」を用いたことと，明治期に一世を風靡した教育思想のヘルバルト派教育学の中で，「品性の陶冶」という教育目的のために『グリム童話』を用いたことに注目している。「徳性の涵養」と「品性の陶冶」には原理的に重複するところが多いとして，当時の幼稚園教育が，小学校教育と同様にヘルバルトの影響を受けたと指摘している[44]。基本的には，欧米からの情報で得たフレーベルの恩物を中心とし

た保育を範としつつ，幼稚園教育の制度化に伴い，小学校教育と同様にヘルバルト派教育学の影響を受けたといえよう。その背景として小学校教諭養成課程を経た保育者の存在を北川公美子は指摘している。

　しかし，それまでの欧米からの直輸入的な形真似保育と比較して見ると大きく変化している。「実際の保育はこの談話を中心にして展開することが多かった。談話は更に自然についても話すことによって，徳性の涵養にとどまらず，幼児の自然に対する興味や観察力を養おうとした。また談話は，正しい言葉の習得ということも考えられている」[45]とあるように，恩物中心保育からの脱却への取り組みをここでもみることができる。

　この項目「談話」は，1926（大正15）年勅令として出された「幼稚園令」施行規則第2条に「幼稚園ノ保育項目ハ遊戯，唱歌，観察，談話，手技等トス」として，引き続き位置づけられている。なお，「幼稚園令」における保育5項目は「観察」「等」が加わり，保育における遊びや生活への着目となっており，恩物中心保育からの脱却となる動きをさらに見せていく。一方，「談話」に関しては，その内容に新しい特徴が見当たらないとする。談話が新しい傾向を見せなかった理由として，以下が挙げられる。

　　「遊戯や唱歌が保育方法と関係を持ち，この面を改良しようとしたのに対して，談話は，方法の面で特別な改良が試みられなかったためである。
　　当時，教育の目的は1890（明治23）年10月に発布された「教育ニ関スル勅語」によって規定されており，教育目的そのものを改良する余地はほとんどない状態であった。したがって，談話の改善を考える場合，談話の方法を改良しようとすれば別であるが，教育目的と関係の深い談話の内容そのもののほうは改良する余地が少なかったと考えられる」[46]。

　上記の考えに加え，筆者は「読み・書き」において，かつて，そのわかりやすい成果を示して幼稚園教育への理解を得ようとした取り組みと同様のも

図表 2-1-3　奈良女子高等師範学校附属幼稚園　「談話の月案の例」

①年少組　談話　大正十年十一・十二月

題目	目的	図形資料	実際
一、猫トかなりや	アハテヌコト	オ伽百話	一、同上
一、正直ナル撫夫	虚言虚行	談話材料	二、兎ト亀
一、花咲爺	慾バラヌコト	同	三、同上
一、子猫ノ仇	アハテヌコト	オ伽白話	四、同上
一、尾ナシ狐	己レノ欲セザル所是ヲ人ニ施スコト勿レ	教訓オ伽噺西洋ノ部	一、同上
一、入営ノ話			
一、半太ト小人ノ話	勤勉	筆記	二、尾ナシ狐
一、文福茶釜	迷信	談話材料	三、花咲爺
一、餅搗奴	季節談話	同	四、同上

②年長組　談話　大正四年六・七月

題目	目的	図形資料	実際
一、金魚ノ話	約束ヲ守レ、実物観察	幼児教育	一、同上
二、蛙ト指輪ノ話（六月）	同前	子供ノ楽園	二、同上　昨年ノ螢ヲ思ヒ起シタリ
三、俵藤太ノ話（いくさ戦）	元気	談話材料	三、同上
四、盲目螢ノ話（でんでん虫／陸海軍玉）	傲慢ヲ戒ム	筆記	四、同上　傘屋ノ爺サンノ話ヲ戦後ナシタリ
五、傘屋ノ爺サンノ話（傘屋ノ爺サン）	自然界ノ現象ヲ知ラシム	筆記、画報、幼年	五、同上
六、いたづら橋（七月）	公徳心ノ養成	筆記、婦人と子ども七巻九号	六、同上
七、泳ぎの太郎（泳ギノ太郎／天人ノ羽衣／百姓ト水）	友情	筆記　婦人と子ども第八巻第四号	七、同上　時ニ時限リノ唱歌合
八、祭（神トも）	季節	作話	八、同上　ナニシタリ極簡単ニ初
九、明治天皇ノ御威徳	尊敬		

日本保育学会『日本幼児保育史　第三巻』フレーベル館，1969，pp.91-92

のを,「聞く・話す」においても示そうとしたのではないかと考える。「聞く・話す」という保育内容「談話」の成果を,「徳性の涵養」に置くことで,幼稚園教育の成果をわかりやすく示そうとしたのではないか。

ちなみに,奈良女子高等師範学校附属幼稚園の 1915(大正 4)年における談話の内容を年少組・年長組の「談話の月案の例」(図表 2-1-3)から見てみることにしよう。

これを見ると,談話の題材(資料)・題目は,翻訳本からわが国の伝承物語や創作(筆記)等,その幅が広がっているにもかかわらず,目的に関しては「教育ニ関スル勅語」によって規定されており,前述したように「教育目的そのものを改良する余地はほとんどなかった」ことをここでも見ることができる。

その後,言葉に関する保育内容は,第2次世界大戦を経て,1948(昭和23)年刊行の『保育要領』において,項目「お話」「ごっこ遊び・劇遊び・人形芝居」へと見直されていく。

2.「お話」「ごっこ遊び・劇遊び・人形芝居」にみる「変容的様式」

第2次世界大戦後の 1948 年,保育要領は幼稚園・保育所・家庭における幼児教育の手引きとして刊行された。構成としては,「まえがき」「幼児期の発達特質」「幼児の生活指導」「幼児の生活環境」「幼児の一日の生活」「幼児の保育内容―楽しい幼児の経験」「家庭と幼稚園」という筋立てで書かれている[47]。

「まえがき」において,「人と協同して住みよい社会をつくろうとする意欲を持ち,自主的な考えや行いをすることができるようになるには,この期においてどんな環境で生活したか,どんな指導・教育を受けたかが大きな影響を持つのであって,こうした幼児期における教育の重要性が,ともすれば今までは見のがされてきたのである」として,保育の意義が記されている。そ

こでは，人と協同して社会をつくろうとする意欲と，自主的な考えや行いをすることに価値をおいている。他者とともに生きるということと同時に，自己の確立・自律を尊重しているのである。また，「幼児の一日の生活」においては，「家庭の一日」という節が設けられ，「家庭の生活は幼稚園や保育所の生活と矛盾があってはならない。　（中略）　家庭であまり無関心で放任されることもいけないし，あまり厳格に規則や時間で束縛することもよくない」とし，幼児に対して関心を示しつつ束縛しすぎないよう配慮することが記されている。このことは，幼児が「人と協同して住みよい社会をつくろうとする意欲を持ち，自主的な考えや行いをすることができるようになる」には，養育者・保育者は関心を向けて子どもを理解し，その理解を基盤に自主性を尊重しつつ指導性を発揮することが重要であると示しているのであろう。単に一方向的に，知識を注入すればよいとしているのではない。同じく「まえがき」の中で述べられている「幼児の心身の成長に即して，幼児自身の中にあるいろいろのよき芽ばえが自然に伸びていくのでなければならない。教師はそうした幼児の活動を誘い促し助け，その成長に適した環境をつくることに努めなければならない。そのためには，教師は幼児期の特性をよくわきまえ，一人びとりの幼児の実情を十分に知っていなければならない。このように幼児期の特性に即した方法で教育の目標を達成していくことが必要で，幼児をとりまく直接の生活環境に順応せしめることが，幼児教育の使命である」という文章からも明らかである。では，このことが具体的な言葉に関する保育内容の項目で，どのように捉えられているのであろう。

「幼児の保育内容―楽しい幼児の経験」に，項目「お話」「ごっこ遊び・劇遊び・人形芝居」として記されている。これらの項目は，前述した「幼稚園保育及設備規程」や「幼稚園令」での項目「談話」とは，かなり違ったものとなっている。まず，項目「お話」では，「幼児は書かれた文字を通してではなく，話される言葉を耳を通して学ぶのである。ことばの抑揚・発音・語数・文法等すべてを耳を通して習得するのであるから，常に正しいことばを聞かせてやることがたいせつである」として，対話の中で耳を通して聞きな

がら言葉を獲得していくという幼児期の発達の特徴をあげている。これは，「幼稚園保育及設備規程」や「幼稚園令」での「保育」4・5項目で，口語としての「談話」としてその名称が定められたにもかかわらず，小学校の一斉授業のように正しい日本語を知識として注入し指導するという教育方法を，基盤から見直すものであった。幼児期の発達の特徴を踏まえた，実態に合わせた教育方法へと変換していったのである。

　また，常に正しい言葉，よい手本を示すことが幼児に対する言語教育であるとしているが，その示し方については，「幼稚園における時間はすべて言語の教育に利用することができるであろう。また，正しいことばという意味をあまり狭く解して，おとなの語をいわゆる標準語と考えてはならない。子供には子供らしいことばがあり，地方にはその地方の方言がある。それらを何歳ごろから訂正するかは実際に即して決めたい」として，その考えを明確にしている。日常生活の文脈の中で，状況に組み込まれた言葉として，対話を通して指導していくことに意義をおくという考えを明記しているといえよう。正しい言葉という意味を狭く考えるのではなく，子どもには子どもの，地方には地方の言葉があるとし，ここでも文脈や言葉の使い手である人との関係の中で言葉がそのつど意味を成していくことを記している。子どもが使う言葉は，その時々の発達にとって意味ある言葉であることを保育の立場から明示していると言えよう。

　項目の「ごっこ遊び」では，幼児たちは自由に社会や家庭の模倣遊びをして社会性を獲得していくとし，模倣の意義を認めている。指導については，「ごっこ遊びはできるだけ幼児の自発活動を尊重して干渉しない方がよいが，まったく放任して悪質の模倣をするようなことがあってはいけないから，正しい誘導を忘れてはならない」としている。このことは，前述したように「幼児の一日の生活」における「家庭の一日」のところで無関心の放任と束縛について述べられていた内容とつながる。あくまでも，子どもに関心を寄せながら理解し，指導していくという方法である。

　「劇遊び（お話遊び）」については，「幼児自身の生活となって楽しめるお

話遊びなども大いに取り入れられなければならない。幼児は童話を聞くとそれを遊びにしてみたいと考えるものである」としている。さらに「ちょっとした指導によって，少しのヒントをあたえてやると，おもしろい劇化されたお話の遊びができるものである」として，子ども理解を基盤にちょっとした指導と少しのヒントという指導のあり方をここでは絶妙な表現で示している。模倣を好む幼児が，保育者の読み聞かせ等によって聞いたお話をもとに，自らお話を再構築していく過程を理解したうえで，ちょっとした指導と少しのヒントという相互作用的な指導のあり方を記しているのであろう。耳から聞いた言葉の世界を，保育者のちょっとした指導とヒントで，子ども自身が面白い劇化されたお話の遊びを展開（再構築）するとしているのである。子どもたちが，このように模倣し再構築していく過程に確かな言葉の獲得や学びがあるとしているのである。また，そのために童話・おとぎ話・詩等を聞かせること，そして，それらを「人形芝居」で演じて見せること・遊ぶことに意義をおいているのである。

3．「変容的様式」への移行の背景

保育内容「談話」から「お話」「ごっこ遊び・劇遊び・人形劇」へと見直される中で，「教える」の様式が「変容的様式」へと移行していることが明らかとなった。ここでは，「変容的様式」への萌芽から移行へ至る背景について，以下の3点をあげることができよう。

（1）　子どもへの関心と保育理論の構築

創設当初の保育において，恩物中心の形真似の保育をせざるを得ない状況にあったことはすでに述べたとおりである。当時，主任保母松野クララの保育を手本に，日本人保母も保育をしていたが，そこでは様々な苦労を伴うと同時に様々な工夫も行っていた。日本人保母第1号の豊田芙雄は，当時の難解な漢訳の唱歌を和訳にしたり，新作の歌詞をつくったりして少しでも子

もにふさわしい保育を工夫していた。豊田芙雄が当時の幼稚園の実際の手引きとして記した手記『保育の栞』には,「唱歌はなるたけ歌詞の解し易く,抑揚簡易なるを歌はしむべし。大人の面白く歌ふとも,児童は大人の如くならざれば拍子は四つ拍子にて曲節の活発なるものを撰ぶべし」「会話は専ら簡単にして家庭のあり事,幼稚園往復通行途上耳目に触れし事等をすべし……」[48]と記されている。

　保育における子どもとのかかわりの積み重ねが,唱歌の歌詞を漢語文から子どもにわかりやすい和文の歌詞へと変え,恩物中心の保育内容を見直し,実践の場から新たな提案をしていった。このように,子どもの実態に合わせて保育内容の柔軟な検討をする保育者がいる一方で,形真似に染まった保母たちによるかたくなな保育への姿勢も貫かれていった。明治中期のころには幼稚園無用論や廃止論がそれまで以上にいわれるようになっていた。その後,新教育運動が隆盛になる中,幼稚園教育はその改革のための研究も遅れてしまいレベルの低いものとして位置づく流れにあった。このような中,保育の見直しと保育理論の構築がなされていくのである。

① 東基吉による保育理論の構築

　1900（明治33）年東基吉は,東京女子高等師範学校助教授および同校附属幼稚園批評係として就任し,当時附属幼稚園主事であった中村五六のもとで保育に携わりはじめる。そこで,欧米諸国の保育理論と眼前の子どもの実態とのギャップに違和感をもっていく。たとえば恩物の板並べをするときに,子どもが板を自由に組み立て見立てていく姿を,当時の保育状況の中でていねいに捉え,子どもの側から理解し自主性を保障することが必要だとしている。ここからも,東は理論からだけでなく,実際の子どもの姿に関心を寄せ,その姿から学ぼうとしていることを読み取ることができる。東は,1904（明治37）年『幼稚園保育法』を執筆しているが,そこでは遊戯（遊び）を主体とした保育理論を構築しており,遊戯の教育的意義を「身体の上よりみて」と「精神の上よりみて」というように,身体と精神の両面から発達的に捉えている。「身体の上よりみて」において,身体の発達は衛生と運動によると

している。その運動は，就学前の子どもにおいては，遊びにより手足を動かすことで身体の発達を促すとしており，規律を主とした体操はこの時期の子どもには適さないとしている。また，「精神の上よりみて」において，遊びが精神の発達に及ぼす効果が大きいとして「（い）共同心と同情心とを涵養す」「（ろ）法律制裁に服従する習慣を養成す」「（は）意志の独立を促す」「（に）社会的智識を啓発す」をあげている。とくに，（い）は「己を推して人を思ひ自己一人の自由を制して他人と事を共にする」[49]として，遊びにおいて自己を主張するとともに他者と協同する意義をあげている。

　また，東は，妻の東くめや滝廉太郎とともに，難解な唱歌を子ども向けの易しい歌詞に変えていく実践的な取り組みにも関与している。眼前の子どもの実態を捉え，ふさわしい唱歌がないのであれば，自ら創作していけばよいとしている。以下は，1903（明治36）年1月「京阪神連合保育会雑誌　第9号」に掲載された同氏の『幼稚園学説及現今の保育法』[50]からの抜粋である。

　　　誤れるの甚しきものなり。或は曰く，幼児に適せしめんとする歌曲の簡単明瞭なるを択むべきは何人かしらざらん，たゞ現今に於て此の如き適当の唱歌なきを如何，即ち現在あるものに付きて之を取る赤已（また）むを得ざるなりと。まことに已むを得ずと言はんと欲すれども，これ抑々（そもそも）自家の幼稚園に対する不忠を表白せるものにあらずして何ぞや，適当なるものなしといつて，局外より適当なるものゝ与へらるゝを待つ，はた何の日を以（も）つて，適当のものを得んとするか。

　適当な唱歌がないからといって，そのままにしておくことは幼稚園に対して真心を尽くしていないという思いが，新たな試みを進めていったのである。今でも子どもたちに親しまれ歌われている「お正月」や「水あそび」「鳩ぽっぽ」などは，1901（明治34）年『幼稚園唱歌』（東くめ・巌谷小波作詞，滝廉太郎・鈴木毅一作曲）に掲載され，伝承されている[51]。ここでは，同氏の妻であり附属幼稚園の保母であった東くめの影響も大きいといえよう。

また、言葉に関しては、「談話」において子どもに即さない内容のものが取り扱われていることを 1903（明治 36）年に指摘している。[52]

　　其材料の選択甚だ当を失せるものありてこゝ七八年前の小学校修身書にありける修身談を其儘持ち来りて、談話の材料とせるもの少からず。

口語としての「談話」であったにもかかわらず、小学校修身書からの説教話を取り上げることへの批判である。「修身ノ話」「庶物ノ話」が「談話」になったからといって、説教話を取り上げることは、子どもの実態に即していないという主張であろう。東は、「子供に聞かせる話につきて」[53]の中で「寓言や童話を子供に聞かせるのに反対を唱へる人があります」とし、さらに、次のように述べている。「寓言や童話はなる程造り話です、或意味の虚偽です。併し之は彼の想像的偽り或は文学的偽りである以上は、ただ其点丈けで排斥し去ることは決して出来ない。寓言童話は即、児童文学である、幼年文学である。大人に文学の必要ある如く幼児にも亦必要があるのです」[54]として、想像力を豊かにする童話を子どもに聞かせたいとしているのである。また、幼児に向かって談話を試みようとする時の配慮として「幼稚園保育法　第九章　談話」には、次の 4 点を挙げている[55]。

　　第九章　談話
　　・言語は明瞭にして理解し易く且つ緩急抑揚の変化あるべきこと。
　　・談話は順序正しくすべきこと。
　　・適当なる問答法を用ゐ幼児に想像思考の余地を与ふべきこと。
　　・幼児の経験に存する事実は必ず幼児をして自ら語らしめ以て其活動性を満足せしめ且つ言語の練習に供すべきこと。

上記のように、東基吉によるわが国初の体系的保育理論『幼稚園保育法』が構築されることで、海外の保育理論を基盤としながらも独自性のある保育

理論が再創されたのである。そこでは，幼児の言葉の獲得についても，子どもの実態に目を向け，そこから何を援助していけばよいかを常に発信していたといえよう。その後，1908（明治41）年に中村五六・和田実が『幼児教育法』を著し，それらに影響を受けながら倉橋惣三による保育理論が構築され，我が国の保育の基盤が築かれていく。

② 倉橋惣三による保育理論の構築

倉橋惣三は，1882（明治15）年静岡市に生まれ，1908年には東京女子高等師範学校講師となっている。このころは，米国において長年続いていた幼稚園の論争「フレーベル主義対進歩派」の最終報告がなされ，進歩派の勝利が1912（明治45）年報告されている。その後，1917（大正6）年東京女子高等師範学校教授となるとともに附属幼稚園主事（園長）として就任している。

倉橋の子どもとのかかわりは，旧制第一高等学校の時代から始まっており，そのころから附属幼稚園に足繁く通って子どもの生活になじんでいた。また，東京帝国大学で心理学を学ぶようになってからも，附属幼稚園通いは続き，当時主流であった実験心理学における実験室での子ども理解を傍目に，生活の中での子ども理解を常としていく。

このような子どもとの生活の中でのかかわりと理解の様子は，著書『子供讃歌』の中で「白線帽の青年」「角帽生の子ども遍歴」「子ども道楽」として記されている。その後，文部省より教育学および心理学研究のため欧米留学を命じられ，1919（大正8）年から2年間で欧米の理論と実情を学んでくるが，留学経験後も子どもへの関心からそのかかわりを重視し，そこから子ども理解を深める姿勢に変わりはない。1936（昭和11）年に出版された『育ての心』にも，そのことが記されている。[56]

「子どもの心もち」

　心理学は児童の心理を分析して教えてくれる。それが，教育の正しき方法を知る為に，極めて必要な知識であることは言を俟たない。すなわち，児童に関する精（くわ）しい理解である。しかし，それだけで，児童のすべ

てが知れたのではない。それを理解するほかに、味わい触れてやるという、大切な要件が残されている。―（中略）―太郎の喧嘩を、心理的に正しくさばくだけは裁判官である。花子の人形あそびを精しく説明するだけは研究者である。それだけでは、太郎にも花子にも少しも触れない。子どもの心もちに切実に触れ得ないものは、児童のための教育者であり得ない。

　倉橋は、附属幼稚園主事を務めながら子ども理解を深め、同時に全国の保育者との交流を図り、実践と循環させながら時間をかけて保育理論を構築していった。倉橋の体系的保育理論としては、1934（昭和9）年東洋図書より出版された『幼稚園保育法真諦』をあげることができる。序において「フレーベルの精神を忘れて、その方法の末のみを伝統化した幼稚園を疑う。―（中略）―つまりは、幼児を教育すると称して幼児を先ず生活させることをしない幼稚園に反対する。―しかも之れ皆、他に対してのみいう言葉ではない。そこで、私は思い切って従来の幼稚園型を破ってみた、古い殻を破ったら、その中から見つけられたものが、此の真諦である」として、倉橋の名言「生活を生活で生活へ」を軸に保育法をまとめたものといえる。内容は、「幼稚園保育法の真諦」、「保育案の実際」、「保育過程の実際」、「誘導保育についての実践記録」の4部構成となっている。「生活を生活で生活へ」については、「教育へ生活を持って来るのはラクなことであります。それには然るべき教育の仕組を拵えておいて、それへと子供を入れれば宜しいのであります。併し子供が真にそのさながらで生きて動いているところの生活をそのままに置いてそれへ幼稚園を順応させて行こうということはなかなか容易なことでありません。しかしそれが是非大切なのです。それでなければ本とうの幼稚園保育法ではありません。少なくとも幼稚園保育法真諦はそこへ行かない限り考えられないものであると私は信じて居ります」[57]として、第1編「幼稚園保育法の真諦」を示している。第2編「保育案の実際」では、第1編で述べられていた「幼児生活の自己充実、充実指導、誘導、陶冶」を受けて、保育

案の実際について述べている。第3編「保育過程の実際」では，生活に注目した倉橋が，1日の保育がどのように動いていくかという実際の過程について述べている。なお，この『幼稚園保育法真諦』は，1953（昭和28）年に加筆・訂正・削除等を加え，『幼稚園真諦』と改題してフレーベル館から再刊されている。タイトルの「保育法」を削除した理由として，森上史朗は「広い意味での保育方法について述べてはいるが，そのような言葉にしたくないほど，自然の生活の仕方をつきつめたいという思いが，『保育法』という言葉を削除させたのではないだろうか」[58]と推論している。また，誘導保育の実践記録をすべて削除したことについて，森上は「当時は保育項目をそのまま子どもに与えるような保育がほとんどであって，誘導保育をいかにわかり易く説明しても多くの保育者には理解が困難なところがある。それで具体的な実践記録をつけることで，誘導保育ということへのイメージがもちやすく，また理解を助けるというねらいがあったのではないか。それが，戦後は誘導保育的な実践がかなり普及して，特に実践記録をつけなくても，誘導保育についてのイメージがもてるようになったからではないかと推察される」「自然な生活形態を徹底していった場合，旧版に掲載されているような実践は，必ずしも彼が理想とする保育と一致しなくなったということがあるのではないだろうか。このことは，彼がアメリカのコンダクト・カリキュラムやプロジェクト法などに必ずしも賛意を示していないことからも推察できることである」[59]としている。

　いずれにしても，倉橋の『幼稚園保育法真諦』は，1948（昭和23）年に刊行された『保育要領』の理論的基盤となり，その後，1989年に告示され現在も引き継がれている『幼稚園教育要領』へ大きく影響を及ぼしていく。

　以上，模倣的様式（形臭似）の保育が見直され，変容的様式へと再創されていった背景として，東基吉，倉橋惣三による子どもへの関心と，それに基づく保育の見直しを目指した保育理論の構築について述べた。そこでは，両者とも実践と理論を循環する営みがあったといえる。「言葉」に関する保育内容についても同様に，子どもへの関心から，子どもが発している言葉に耳

を傾け，日々の生活の中で獲得している実態をまずは捉えたということであろう。そこから，実践と理論の循環を巡らせ，「変容的様式」に立脚した言葉の指導を考えていくことになったといえよう。

(2) 「保育過程」への注目と実践

　形真似からはじまった，我が国の保育が再創（模倣的様式から変容的様式への移行）されていく背景として，次に，「保育過程」への注目をあげることができる。明治初期における創設期の幼稚園においては，短期間の中で西欧の幼稚園というものを形だけでも模倣せざるを得ない状況があった。しかし，時間を経ていく中で子どもたちが園で生活する日々の保育過程に注目するようになっていく。これは，保育の成果への注目から，子ども理解を基盤に展開する保育のプロセスとそこでの相互作用に注目するようになったということであり，筆者は大変重要なポイントだと考える。

　これに関して，わが国の保育の基盤を築いた倉橋惣三は，『幼稚園保育法真諦』（1934年）において「保育過程の実際」として論じている。

　倉橋は，第22回京阪神3市連合保育会において「幼児教育の特色」という講演を行い，4つの特色をあげている。その中で，保育過程に関連する内容として2つの特色を述べている。1つは「幼児の生活をなるべく渾然として分割しないようにしなければならない」という幼児理解の方法である。人間を複雑でありながら統一がとれている渾然とした存在として捉え，分割した断片で捉えるのではないとしている。このことは，その後の『幼稚園保育法真諦』における「保育過程の実際」でも，生活の流れの中で子ども理解をするという主張につながっていると思われる。2つは，「幼児の自発的生活の内容を尊重し，これを十分発揮せしむるためには，幼児をして充分相互的生活をさせるのが，最も適当」として子ども同士の相互的生活を保障していくことが，一人ひとりの個性を発揮させることになるとしている。当時主流であった保育者中心の保育より，むしろ子ども同士の相互作用の生活の中で子どもは育っていくとしているのである。このことは，倉橋が，幼稚園令に

おいて保育項目「観察」「等」が加えられた際の講演内容「観察に就いて」とつながる。そこでは「我々の観察態度は対象から離れる。即ち客観ということが，必要条件となりますが幼児はそうでない。対象と交渉してしまう。実物を直観するのは大人のことでありますが，幼児では経験の中に実物を入れてくる。詰（つま）り，経験観察であります。若し吾々にこの点が徹底すれば，幼児の観察が理科教授とは当然違ってきます」[60]とし，だからこそ，幼児と対象との交渉をじっくりみつめ理解することが大切だとしているのである。このことは，保育実践の場でも注目されていく。たとえば，倉橋もその編集にかかわった「幼児の教育」において，幼稚園令で「観察」「等」が加わった際に，「観察の地方色・広くご寄稿を乞ふ」[61]として実践記録を募集しているが，その記録[62]を見ても対象との交渉が注目されていることが伺える。

　名古屋松若幼稚園「観察の一日」
＊松坂屋百貨店の子ども遊園地において，葉のついたままの蕪を食べている猿のところで
　幼児達は，かぶらを食べてゐる，かぶらをたべてゐる，などと大よろこび，1ツ2ツ3ツと猿を数へだした。
　幼児，先生あれ猿の大将でせう，といふ，よく見れば成程大将と幼児がいふ位の威厳をもつたお猿である，ほんとに大将でせうねといふ。
　問　答
保母　　お猿は犬や猫の様であつて，又人によく似ていますね，どこが似ているでせう。
幼児甲　お顔です。
　　乙　お手手も足も。
保母　　さうですね，お顔もよく似てるけど，お手手がよく似て人の様に何でも攫（つか）むことが出来るのですよ。
　と獣類として，人に似た特徴を知らす（後略）

上記のように，名古屋の市街地にある幼稚園ならではの松坂屋百貨店に行くという観察風景を記録記載している。そこでは，幼児が蕪を食べる猿に関心を向け，いかにも大将と見受けられる猿を「猿の大将でせう」と言っている。それに対して，保育者も「よく見れば成程大将と幼児がいふ位の威厳をもつたお猿である，ほんとに大将でせうねといふ」というように，幼児が興味をもって猿を観察していることをともに見て感心し，発している言葉に耳を傾け会話しているのである。ここでも対象との相互交渉が成立しているといえよう。「幼児の教育」では，各地の実践がその地域ならではの事例として記載されている。これらの記録からは，「各地方の特色ある環境・その時々の保育状況」と「子ども」との相互交渉（身体を通した対話）の中で実践が展開されたことを知ることができる。そこに，「観察の地方色：広くご寄稿を乞ふ」として保育過程が地域の状況により異なることをメッセージとして伝えようとした編集の意図を読み取ることができる。また，興味深いことに，保育項目「観察」について述べているが，幼児の発している言葉が実に生き生きと記録されている。子どもが何を観察し感じたか，それを言葉としてどのように表現しているかを，相互交渉の過程を示しながら事例として示しているのである。

　その後，倉橋は『幼稚園保育法真諦』を著し，「保育過程の実際」では1日の保育がどのように動いていくかという実際の保育過程について論じている。そこでは，たとえ保育法の真諦にもとづいて保育案を立案したとしても，日々の幼稚園が本当に生きた働きを表していくのは保育過程だとしているのである。保育過程とは，1日の保育がどのように動いていくかという実際の過程であるとしている。そのモデルを示すことは難しく，また，モデルを示すことで「斯う云ふ風に保育していくべきだと云う型を示す」[63]ことで，幼稚園を窮屈なものにしてしまうとし，日々の保育状況や保育者の趣味や人柄などにより，その保育過程は変化するとしている。まさにこのことは，先の「観察の地方色」における編集意図とつながることで，一般的なモデルを示すことの危うさを指摘しているのである。一方倉橋は，保育過程で一般的に

留意すべき点として，個々の子どもの内面を理解してどのような配慮をすればよいかについて，生活の流れや子どもの意識にそった1日の流れを重視して保育をつくっていくことを提唱している。また，同著では「幼児生活の自己充実，充実指導，誘導，陶冶」の主張を受けて保育案の実際について述べており，それが，倉橋がその編集にかかわった「幼児の教育」の「系統的保育案の実際」に具体例として記されていくようになる。しかし，保育過程を計画案として示すことで，その過程自体がモデルとなってしまう危うさや，状況により浮上してくる重要な相互交渉（身体を通した対話）の過程が見えなくなってしまう危うさを伴ったことも事実である。これらのことは，モンテッソーリ教具の提示や恩物の扱い方の過程，掛図を用いた言葉の指導の過程を示したことから，その通りに固定的に指導することが定着した経緯においても同様に見られた。このように，保育過程への注目は子どもの実態を捉える視点として価値があったにもかかわらず，その過程をいったん示すとそれが固定的に捉えられるという危うさを伴うということである。倉橋が主張した，相互交渉過程をどのように重視しつつ保育過程を捉えていくかが今もなお課題として残されているといえよう。

(3) 「模倣」への批判と関心

形真似から始まったわが国の保育であるが，それを見直し，子どもの実態を踏まえて再創していく背景に，模倣に対する批判や抵抗，そして関心の萌芽があったと考えられる。

たとえば，保育理論を構築した東基吉は，その著『幼稚園保育法』[64]において，従来の恩物の使用法における「保育者の模範の模倣」を批判し，「恩物を与へて全く随意に作業せしむること」「一定の題目を与へて其方法を各幼児に一任すること」としている。そのうえで，「勿論幼児自身の創作に出るものは大人の眼より見る時は往々極めて不完全なるものあるを免れずといへども然も幼児自身に取りては彼の単に機械的に保育者の模範を模倣せしめらるゝに比しては遥かに愉快と満足とを感ずるものにして大人の見て以て不

完全となす所のものも其完全なるものよりは寧ろ反(かえ)つて幼稚なる彼等の心意に適合せるものあるなり」として，保育者の示範を機械的に模倣させることに批判的である。これに関して，当時の小学校図画（美術）教育においても，模倣をめぐって「模倣と創造」との関係に注目しはじめていた。

　保育においては，小学校教育で台頭してきた自由教育運動（新教育運動）や欧米で起こった児童中心主義・生活主義の影響を受けながら，大正期には自由保育・生活保育などの新たな取り組みがみられるようになる。ちなみに，製作活動をみてみると，「粘土細工などの手工において模擬的工作から次第に自由製作が行われるようになった」[65]とあり，保育者の模範を模倣させる活動から，子どもの自発性を重視した自由製作を重視する流れも生じていく。

　先にあげた，東基吉の主張にみられた保育者の示範を模倣させることに対する批判は，創設期の保育に多くみられた教示伝達的模倣への批判といえよう。これに対し，これから述べる和田実は，遊びにおける模倣，模倣遊びに関心を示している。和田は，保育内容の保育4項目が学校教育の教科目のようにみなされているとして，子どもの遊戯を4項目に限ってしまうのではなく，遊戯を幼児教育として理論的に体系づけようとする。『幼児教育法』（1908年）を著すと，遊戯を重視して，その中で幼児を誘導するという主張をしていくが，そこでは，遊戯の分類を「経験的遊戯」「模倣的遊戯」「練習的遊戯」として，遊戯における模倣に注目している。同書では，子ども自らが事物を模倣したり，子ども同士が模倣し合ったりして遊ぶことについて，以下のように論じている[66]。

> 「幼児に模倣の興味があると云ふこと及び夫れが幼児の遊戯に盛んに表はれると云ふことは誰れも能く知つていることで今更云ふ迄もないでせう。夫れで従来児童の間に行はれて居る此種の遊戯には何んなものがあるかと云ふと最も普通なものは種々の真似遊びで，まゝ事，軍(いくさ)ごつこ，学校ごつこ，電車ごつこ，兵隊ごつこ，などが主なものである。其他世間の事物を模倣して喜んで居る有様を一々数へ立てると数限りなく種類

の多いものである。」

　上記のように，和田は，子どもは自ら模倣する存在とし，遊びの中での模倣や模倣遊びとしてのごっこに注目し遊戯論として論じている。同著における「子ども主体の模倣」「模倣遊びとしてのごっこ」への注目の意義は評価されるものの，「模倣」の論述は少なく，また子ども同士の模倣遊びの具体的姿や実態は詳細に論じられていない。その後これに関して，時事新報の文芸週報において，同社記者による『幼児教育法』批評が記載される[67]。

　　「遊戯の実質は，自発的の力にして，其形式は模倣なり，これだけにて，幼稚園教育は十分に組織することを得べしと思ふ。尚ほ之と連貫したる問題なるが，幼児は大人より教へんと欲して中々覚ゆるものにあらず，然るに同輩間に於ける感化は頗る大なり，所謂交遊的性質を有す，其原理は，同輩間には模倣し易きにあり。故に幼稚園教育の，少くも大なる職能の一は好き交遊を保たしむるにあらざるべからず。
　　本書には全く此方面の論述を欠く，少くも別に一編，或に一章を設けて，詳論する必要あるにあらずや，評者は之が研究を，熱心なる研究家，実際家たる両氏に切望せんとす。」

　このように，遊びにおける模倣に注目しているにもかかわらず，その詳細が論じられていないことを批判している。これに対して，和田は記者があげた問題を掘り下げようとはしない。和田は，『幼児教育法』において，「幼児のまゝ事をさせる時には如何なる注意を要するか，兵隊ごつこ，軍ごつこ，電車ごつこ，等に就いては如何等実際誘導上に於ける種々の注意条項を見出すことは六ケ敷ない筈であるが著者の浅き経験は未だ充分の材料を持つて居らず従つて茲に充分なる説明を与ふることの出来ないのは遺憾である」[68]としていることからも明らかである。森上が「和田の仕事として評価される点は，東基吉らが，目の前の子どもの姿から，幼児教育に関する様々な問題を

指摘し掘り起こし，耕したそのものをふるいにかけて整理し，教育理論という枠組みの中にとらえ直そうとした点であろう」[69]と述べているが，遊びにおける模倣を理論的枠組みに入れ込むことはしたものの，模倣様式についてはそれ以上，踏み込むことはしなかったといえる。

　その後，1911（明治44）年の「婦人と子ども」において，倉橋惣三の「児童の模倣に就いて」[70]という論文が掲載される。そこでは，「模倣の種類」と「模倣に対する教育上の注意」をあげている。「模倣の種類」としては，意志の有無，模倣活動の反復の有無，発達の順序による分け方があるとしている。これらはいずれが正しいというものではないとしながら，発達の順序による分け方について反射的模倣，自発的模倣，戯曲的模倣，有目的模倣をあげ，詳しく論じている。有目的模倣においては，ただ手本を写すということとは違ってくるとし，意志をもって選択し模倣するとしている。この模倣の選択性は，有目的模倣において著しく行われるとしつつ，初期の段階の自発的模倣においても模倣の選択性は存在するとしている。これらのことから，子どもは何でも模倣するように見えても，実は幼い時期からそれぞれがその子なりの模倣をしていると指摘している。

　「模倣に対する教育上の注意」では，子どもは模倣性に富んだものであるとし，ゆえに，悪い模倣をさせないよう環境に注意しなければならないということはあまりにも知れわたったことであるとしている。しかし，このことは，なかなか困難を伴い，良い環境を整えることが難しいことから，実際には模倣を禁止することに転ずるとしている。これは，実践の中ではある程度やむを得ないことであるとしつつ，そのことが理論にまで及ぶことに対して危惧するとしているのである。子どもの豊かな模倣性について，単に警戒するのではなく，その真価が果たしてどこにあるかを研究する必要があるとしているのである。

　また，模倣性の教育的注意としては，「手本に関する取扱い」「模倣そのものに関する注意」をあげている。「手本に関する取扱い」では，子どもに何を模倣させるべきかに関する注意であるとし，これは重要であるとしつつ，

この種の論は模倣の結果にのみ重きを置きすぎるという鋭い指摘をして，以下の三つの注意点をあげている。

①模倣の真価を問うべき

模倣の真価とは，単に模倣の結果の善悪にあらず，その活動それ自身にあるとし，子どもが繰り返す模倣の過程で熱心な工夫や努力が行われている。

②模倣と独創力との関係

模倣に価値を置く人でも，模倣性の発達が独創力を害すと指摘することが多いが，模倣の結果のみならず，その過程に着眼するのであれば，かえって模倣作用の過程において独創力の育ちがあるのではないか。模倣は個々に環境を選択し取り入れていく活動なのだとしたうえで，その模倣過程に注目すると，模倣と独創力の発達が何ら矛盾しないことになる。この主張は，前述した東基吉の論や美術教育における模倣と創造の議論に対する一つの答えを示しているともいえよう。

③戯曲模倣の利用

これは必ずしも子どもに芝居をさせることではないとし，模倣していく過程に意義を置いている。そして，「模倣そのものに関する注意」はかぎりなく多いとしたうえで，さらなる模倣研究を探求すべきだとして我々に課題を残している。ここでも，再度，模倣させる環境を取り締まるのではないことを主張し，子どもが内的活動としてどのように模倣していくのか，その過程について明らかにする研究を期待し，それをもとに教育として模倣を考慮する必要を指摘している。この倉橋の指摘は，形真似から始まったわが国の，「模倣させる（模倣的様式）」保育を見直す重要な視点であったといえる。換言すると，子どもへの関心を常に示した倉橋は，子どもの存在を，それまでの「模倣させる存在」としてではなく，あくまでも「模倣する存在」として捉えたといえよう。

このことは，現在，「言葉の獲得」の研究において，子ども自ら他者の言葉を模倣しつつ獲得していくということが明らかになっているが，そのことへの着目であったともいえよう。

§4 再創の時代

1. 国語の基礎とする「言語」

　創設期の東京女子師範学校附属幼稚園において，その保育内容は恩物を中心とした保育科目に示されていた。その後，保育内容は政府によって保育4項目，5項目，12項目へと位置づけられ，海外の保育の形真似から始まった恩物中心の保育は，子どもの実態に目を向け，かつて江戸時代にみられた育児観とつながる「生活の中で遊びを通した学び」を中心に検討されていった。しかし，その刊行に倉橋惣三もかかわった『保育要領』における保育12項目は，敗戦後米国の影響を強く受ける中，8年間で見直される。

　1956（昭和31）年『幼稚園教育要領』が刊行され，保育内容は6領域として位置づけられ，小学校教育との一貫性が強調された。つまり，保育内容の領域は教科ではないものの，「望ましい経験」を6領域「健康」「社会」「自然」「言語」「絵画制作」「音楽リズム」に分類したため，実践の場には小学校の教科内容と直につながるかのように伝わった。そこで，1964（昭和39）年，幼児の具体的・総合的な「経験や活動」を通して「望ましいねらい」が達成されると改訂されている。

　1956（昭和31）年の『幼稚園教育要領』第Ⅰ章では「幼稚園教育の目標」を掲げ，第Ⅱ章「幼稚園教育の内容」では「第Ⅰ章で述べた目標を達成するために有効適切な経験でなければならないことはいうまでもない。そのためには，幼児の発達上の特質を考え，目標に照らして，適切な経験を選ぶ必要がある」として，領域ごとに「幼児の発達上の特質」「望ましい経験」が記されている。ここでは，領域「言語」に関する記述を，第Ⅱ章「幼児教育の内容　4．言語」から具体的に見ていくことにしよう。

第Ⅱ章　幼稚園教育の内容
4．言語
（1）幼児の発達上の特質
　　○発声諸器官の発達はじゅうぶんでない。
　　○幼児語やかたことがとりきれない。
　　○場に応じての話し声の大きさの調整ができにくい。
　　○俗語や品の悪いことばと，普通のことばとの良否の区別ができにくい。
　　○知っている人や友だちとはよく話しても，未知の人がいるとだまりこむことが多い。
　　○自分がしたこと，友だちがしたことなど，自分の見たり聞いたりした直接的な経験や行動について発表することを好む。
　　○話すことばの省略が多く，そぼくな身振や表情によって，ことばを補う不完全な表現をする。
　　○1000語ないし3000語程度の日常語の意味が聞いてわかる。
　　○聞く能力の発達程度はまだ低いから，むずかしいことば，長い話，興味のない話，自分に関係のうすい話は聞こうとしない。
　　○大ぜいといっしょに話を聞くことはむずかしい。
　　○ひとの話を終りまで聞こうとしないことが多い。
　　○絵本を見ようとする興味が出てくる。
　　○童話や劇などを見たり聞いたりすることを喜ぶようになる。

　（1）「幼児の発達上の特質」では，「……じゅうぶんでない」「……とりきれない」「……できにくい」「……不完全な表現をする」「……聞こうとしない」「……聞くことはむずかしい」等という文末表現で幼児の特性が記述され，発達途上の存在である幼児に以下の（2）「望ましい経験」を与えていくことが教育であるとしたのである。

（2）望ましい経験
1　話をする。
　○名まえを呼ばれたり，仕事を言いつけられたとき，返事をする。
　○簡単な問に答える。
　○自分の名まえや住所，学級の名，教師の名などをいう。
　○簡単な日常のあいさつ用語を使う。
　○きのうあったことや，登園の途中で見たことなどを，みんなの前で話す。
　○友だちの名を正しく呼ぶ。
　○友だちといっしょに話し合う。
　○相手の顔を見ながら話す。
　○ひとの話が終わってから話す。
　○ひとから聞いた話を，ほかのひとに話して聞かせる。
　○ことば遊びをする。
　○疑問や興味をもつものについて，活発に質問する。
　○教師の指導（表現意欲を害しない程度）に従い，正しいことばや語調で話す。
2　話を聞く。
　○教師や友だちの話を聞いたり，友だちどうしの話合いを聞く。
　○ラジオや教師の童話などを喜んで聞く。
　○多くの友だちといっしょに聞こうとする。
　○話をする人のほうへ向いて聞く。
　○いたずらや私語をしないで，静かに聞く。
　○幼児語・方言・なまりや下品なことばと正常なことばとの区別をだんだんに聞き分ける。
3　絵本・紙しばい・劇・幻燈・映画などを楽しむ。
　○絵本を喜んで見る。
　○絵本について，教師や友だちと話し合う。

○紙しばいや人形しばいをしたり，見たりする。
○劇や幻燈・映画などを見る。
○劇遊びをして，自分の受け持つせりふをいう。
○多くの友だちといっしょに，劇や映画を静かに見る。
○紙しばい・人形しばい・劇・幻燈・映画などを見たあとで，感じたことを発表する。

4　数量や形，位置や速度などの概要を表わす簡単な日常用語を使う。
○グループの友だちの人数を数える。
○ひとつ・ふたつと，一番目・二番目を使い分ける。
○日常経験する事物について，数・長さ・広さ・高さ・重さ・形などを表わす簡単な日常用語を使って話す。（いくつ・なんにん・なんびき・ながい・みじかい・ひろい・せまい・たかい・ひくい・おもい・かるい・まるい・しかくなど）
○遠近・方向・位置・速度などを表わす簡単な日常用語を使って話す。（とおい・ちかい・むこうへ・こちらへ・うえに・したに・まんなかに・まえに・あとに・はやい・おそいなど）

（2）「望ましい経験」では，修了までの言葉の獲得を示し，教育の成果を求めているといえよう。「保育要領」が「言葉の獲得過程」に立脚点をおくとすれば，「言葉の獲得成果」に注目が移ったといえる。

1948（昭和23）年刊行の『保育要領』では，「幼児の保育内容―楽しい幼児の経験―」として12項目を掲げ，言葉に関する項目としては「6　お話」「10　ごっこ遊び・劇遊び・人形芝居」を示していた。項目「6　お話」では，「正しいことばという意味をあまり狭く解して，おとなの語をいわゆる標準語と考えてはならない。子供には子供らしいことばがあり，地方にはその地方の方言がある」「はっきりした声，あまり高くない調子，自然的な抑揚で話してやることがたいせつである」として，幼児期の言葉はその時々に意味があることを踏まえ，対話する保育者の環境を捉えていたといえる。

しかし，敗戦からわずか8年，経済成長を視野に人材としての教育が問われる中，幼稚園教育においても，子ども観が大きく変換し，1956（昭和31）年の『幼稚園教育要領』が刊行されたといえよう。そこでの，言葉の指導は，創設期の幼稚園に見られた「模倣的様式」が『保育要領』においてようやく「変容的様式」に変換したものの，わずか数年で，再度「模倣的様式」に逆戻りしたのである。

2．「言葉」の本質への探求

前述したように，1956（昭和31）年刊行，1964（昭和39）年告示の『幼稚園教育要領』は共に保育内容を6領域としており，その指導のあり方としての「教える」の様式は「模倣的様式」であったといえよう。4半世紀後，『幼稚園教育要領』(1989年)は改訂告示され，保育内容も見直されて5領域「健康」「人間関係」「環境」「言葉」「表現」となり，1998（平成10）年，2008（平成20）年告示内容に引き継がれ，現在に至っている。それは保育指針にも反映され，就学前教育としての方向が共有されていくことになる。

6領域から5領域への組みかえは，「模倣的様式」から「変容的様式」への激変であったといえる。1986（昭和61）年，文部省は「幼稚園教育の在り方について（概要）」(幼稚園教育要領に関する調査研究協力者会議)において，「幼稚園教育の基本となる次のような事柄について，共通理解が得られるよう具体的手がかりを示す必要がある」として，以下の4点を挙げている。

①幼児の主体的な生活を中心に展開するものであること
②環境による教育であること
③幼児一人一人の発達の特徴及び個人差に応じるものであること
④遊びを通した総合的な指導によるものであること

この主旨は，かつての『保育要領』とつながるものであり，再度子どもの

生活に注目し，遊びを中心とした生活・環境という方法による保育を主張したものである。そして，小学校教科と結びつきかねないような領域のあり方を根本から考え直している。6領域時代の領域「言語」に対して，「なお，文字，数量については，生活や遊びを豊かに展開することにより，生活体験として自然な形で興味・関心が培われるようにすべきである。これに関連して，言語の発達の観点からみると，生活や遊びの中で，話したり聞いたりすることの内容を豊かにすることが大切である」とあり，単に，言語の獲得を成果として教育に求めるものではないとしている。当時，園児獲得のために，「本園では，読み書きを教えています」「小学校入学前に，漢字も書けるようになります」等という教育の成果を売りにしていた幼稚園があったことも背景にある。こういった流れの中，1989年『幼稚園教育要領』の改訂がなされていった。

　1989（平成元）年の『幼稚園教育要領』は，「第1章　総則」，「第2章　ねらい及び内容」，「第3章　指導計画作成上の留意事項」となっている。第1章では，「1　幼稚園教育の基本」として「幼稚園教育は，幼児期の特性を踏まえ環境を通して行うものであることを基本とする。このため，教師は幼児との信頼関係を十分に築き，幼児と共によりよい教育環境を創造するように努めるものとする」とし，幼稚園教育は教師との信頼関係を基盤に環境を通して行うことや，幼児の自発的な遊びを通して指導を行うことが記されている。第2章では，「この章に示すねらいは幼稚園修了までに育つことが期待される心情，意欲，態度などであり，内容はねらいを達成するために指導する事項である。これらを幼児の発達の側面から，心身の健康に関する領域『健康』，人とのかかわりに関する領域『人間関係』，身近な環境とのかかわりに関する領域『環境』，言葉の獲得に関する領域『言葉』及び感性と表現に関する領域『表現』としてまとめ，示したものである」としている。領域「言葉」に関しては，以下のように記されている。

第2章　ねらい及び内容
言葉

　この領域は，経験したことや考えたことなどを話し言葉を使って表現し，相手の話す言葉を聞こうとする意欲や態度を育て，言葉に対する感覚を養う観点から示したものである。

1　ねらい
　（1）自分の気持ちを言葉で表現し，伝え合う喜びを味わう。
　（2）人の言葉や話などをよく聞き，自分の経験したことや考えたことを話そうとする。
　（3）日常生活に必要な言葉が分かるようになるとともに，絵本や物語などに親しみ，想像力を豊かにする。

2　内容
　（1）先生や友達の言葉や話に興味や関心をもち，親しみをもって聞いたり話したりする。
　（2）したこと，見たこと，聞いたこと，感じたことなどを自分なりに言葉で表現する。
　（3）したいこと，してほしいことを言葉で表現したり，分からないことを尋ねたりする。
　（4）人の話を注意して聞き，相手に分かるように話す。
　（5）生活の中で必要な言葉が分かり使う。
　（6）親しみをもって日常のあいさつをする。
　（7）生活の中で言葉の楽しさや美しさに気付く。
　（8）いろいろな体験を通じてイメージや言葉を豊かにする。
　（9）絵本や物語などに親しみ，興味をもって聞き想像する楽しさを味わう。
　（10）日常生活に必要な簡単な標識や文字などに関心をもつ。

3　留意事項
　上記の取扱いに当たっては，次の事項に留意する必要がある。

（1）教師や他の幼児とのかかわりの中で互いに自分の感情や考えを伝え合う喜びを十分に味わうとともに，日常生活の中での出来事，絵本や物語などに数多く出会い豊かなイメージをもつことができるようにすること。この場合，教師の使う言葉の影響が大きいことに留意すること。
（2）文字に関する系統的な指導は小学校から行われるものであるので，幼稚園においては直接取り上げて指導するのではなく個々の幼児の文字に対する興味や関心，感覚が無理なく養われるようにすること。

　これらをみると，6領域時代の「言語」で示されていた内容と，大きく方向性を異にしていることがわかる。5領域の「言葉」では，「表現し，伝え合う喜びを味わう」「自分の経験したことや考えたことを話そうとする」「親しみ，想像力を豊かにする」とあり，心情・意欲・態度を重視して，言葉の獲得過程を支えていこうとする方向性を示している。だからこそ，指導のあり方に関しても，日常生活経験を重視し，幼児の言葉の獲得過程（変容過程）に見合った指導に注目しているのである。

3．再創の背景と課題

　戦後の言葉の指導に関する変遷は，「変容的様式」から「模倣的様式」，そして再度「変容的様式」へと見直されており，1989（平成元）年改訂の「教育要領」からも現在20数年を経ているといえる。今後も，教育を取り巻く社会の変動の中で，子どもたちに「教える」の様式は，歴史に見るように変遷していくのだろうか。それとも，どんなに時代が変化し，新しいことが求められようとも，「教える」の様式に関しては，教育の「真」なる不易のものとして位置づけることができるのだろうか。
　筆者は，あくまでも，子どもは意思をもった主体的な存在であるという子

ども観を基盤に,「教える」の様式に関しては,「真」として貫きたいと願う。そのためにも,我々は,保育の歴史と新たな動向・理論から学ぶ必要があろう。ここでは,再創の背景と課題について,以下の3点をあげ展望する。

(1) 小学校との連携の中で求められた「保育の成果」

第2次世界大戦後,子どもの生活に注目した『保育要領』を制定するものの,戦後の経済復興に向けて米国の影響を受け,小学校教育との連携を図る保育内容の見直しがなされた。背景として,当時の小学校教育において,独自性豊かな各校のカリキュラムを掲げたものの「這い回る実践」と批判され,学習指導要領が見直された経緯がある。それに伴い,幼稚園教育・保育所保育が見直され,表面上はあたかも小学校の教科と連携するかのような保育内容6領域を制定していった。当時の激変する社会状況の中で,保育における「遊びを中心とした指導」と小学校における「教科を中心とした指導」という違いを踏まえつつも,何とか連携させる手だてとして,保育内容・教育内容を接続させるという考えを示したといえる。しかし,この苦肉の策は,経済成長を図る社会の流れに後押しされ,保育においても小学校の教科指導のような領域別指導を展開したり,望ましい経験や活動の配列を系統的に行ったり,領域別系統的指導の研究を盛んに行ったりという流れを生みだしていった。また,幼稚園の普及に伴い幼稚園数が増加したことから,園児獲得に向けた早期教育を行う園も増加していく。効果の見える保育が求められ,結果を見せる保育が競争原理の中で浮上していくのである。形だけでも連携するかのごとく,苦肉の策として教科に結びつくような保育内容を考えたとき,保育における本質までも危うくなっていくという皮肉な結果を招いたといえよう。

しかし,その後,高度経済成長,バブル期を迎え,社会の急激な変化における教育現場の問題が「学級崩壊」「不登校児の増加」「小1プロブレム」等としてクローズアップされるようになり,1987(昭和62)年には臨時教育審議会「教育改革に関する第4次答申(最終答申)」が示される。そこでは,「◎

欧米先進工業国に『追いつくことに』成功,自由世界第 2 位の国民総生産を達成　◎高等学校進学率,大学進学率の米国に継ぐ国際水準の維持　◎教育機会の均等の確保,「教育ある社会」の実現に成功　◎教育を重視する国民性や国民の所得水準の向上」をあげ,敗戦からの我が国の成長に対する一定の評価をしているものの,次のような課題をあげている[71]。

　　○人格の完成や個性の尊重,自由の理念などが不十分
　　○教育の画一的,極端な形式的平等の傾向
　　○各人の個性・能力・適性の発見,開発,伸長が欠如
　　○受験戦争の過熱化,偏差値偏重,知識偏重
　　○画一的,硬直的,閉鎖的な学校教育の体質
　　○教育行政の画一化,硬直化

　そして,学校教育全体を見直し「ゆとり教育」が提唱されるようになる。保育においても,幼稚園教育要領・保育所保育指針の見直しがなされ,保育者の専門性の第 1 を「子ども(幼児)理解」とし,記録・省察を重ねることで,その専門性の向上を図ろうとする。この流れの中で,倉橋理論が再度見直され,世界の動向に目を向け,保育の再創を試みていったといえよう。
　一方,教育界においてはその後,「ゆとり教育の批判」や PISA(Programme for International Student Assessment ; OECD 生徒の学習到達度調査)の学力問題等が学校教育の再見直しにつながり,小学校教育学習指導要領は方向変換する動きとなっている。保育においても,保幼小の連携が求められる中,ともすると,保育の成果をどのように小学校教育につなげていくかが求められている。その際,保育の成果を小学校の学習内容に安易に結びつけるような表面上の連携となる危うさも孕んでいるということである。この表面上の連携は,小学校教育の生活のあり方やルールに,外から見るとスムーズに馴染んでいくよう見せたり,学習内容も直につながっているかのごとく見せたりする連携である。極端な言い方をすれば,小学校教育の先取り,形真似といっ

てもよいかもしれない。保育の素人にとっては，非常にわかりやすい提示といえよう。

2010（平成22）年11月，文部科学省から示された「幼児期の教育と小学校教育の円滑な接続のあり方について（報告）」を見ると，「連続性・一貫性」で捉える考え方が「3層構造」（教育の目的・目標⇒教育課程⇒教育活動）として示されている。「教育活動」において，幼児期・児童期両者の特性に応じた「人とのかかわり」や「物とのかかわり」という直接的・具体的な対象とのかかわりを示したことには一定の評価をすることができると考える。一方，その展開を「教育活動のつながりを見通して円滑な移行を図ることが必要」とすることには，危うさを感じる。かつて，6領域時代に望ましい活動の配列に腐心した経緯があるからだ。

世界に目を向けると，保幼小の連携が求められる中，同調と抵抗をもって保育の意義をテ・ファリキというナショナルカリキュラムに盛り込んだニュージーランドの例や，保護者を巻き込みながら取り組んだイタリアのレッジョ・エミリア市の取り組み等がある。これらを参考にしつつ，歴史を振り返り，子どもの実態を踏まえてわが国の保育内容・方法を熟考し，常に再創していくことが，求められている。

（2） 注目される保育過程の質

敗戦後のわが国は，国の復興をかけて経済成長に取り組み，短期間で高度成長を成し遂げてきた。その間，急激な社会の変化に即して保育にも新たな対応が求められてきた。経済の急成長は，幼稚園教育の普及をもたらすと同時に，保育にも目に見える成果を求めた。先にあげた，小学校との連携や早期教育の例が端的に示している。その流れが，保育内容に影響を与えたことは否めない。そして，現在は幼稚園の普及を経て保育所の待機児対策，子育て支援対策，保育産業としての保育への期待等々，めまぐるしい変化の到来である。また，グローバル社会を迎え，保育においても世界に目を向けた対応が求められ，経済効果としての保育に注目するようになっている。ノーベ

ル賞を受賞した米国の経済学者ジェームズ・ヘックマン教授は質の高い保育を受けることは就学後の教育効果を高める，やる気を育てるとして，その経済効果を論じた。従来示しづらかった保育の成果を，長期の縦断調査から見えるもの（経済効果）として提示すると同時に，保育への関心を広く社会に向けさせることとなる。ここでは，人の育ちや保育の成果を示すには，時間を要することも示せたといえよう。この流れの中，OECD報告書"Stating Strong""Stating Strong Ⅱ ""Stating Strong Ⅲ "（2001，2006，2012）はECEC（early childhood education and care）を用い，ユネスコは報告書「強固な基盤，乳幼児保育・教育」（Strong Foundations 2006）において，ECCE（early childhood care and education）を用いた。ここで，注目すべきことは，わが国が従来使用してきた「保育」（early childfood care and education）という概念と近似する言葉を使用していることである。太田素子は，「幼児教育施設と養護に力点を置く乳児保育施設を一元的に展開するにあたって，養護と教育の機能を一体的に捉える事が大切だと考えられるようになってきたからである」とし，日本では1963年に幼稚園と保育所の保育内容の統一が通知され[72]，「幼児教育機能と養護機能をあわせ持つ意味合いで，『保育』を使うことが一般的になった」[73]と歴史を振り返ると同時に，「保育」という概念について「積極的な意義を検討してみる価値はある」[74]と指摘する。筆者なりに，その価値を検討するならば，ジェームズ・ヘックマンの研究から人の育ちや保育の成果を示すには時間を要するということが世界的にも了解され，同時に，ネル・ノディングズの「ケアリングの教育」[75]や秋田喜代美の「ケアを教育の中心に位置付ける」[76]主張等が，わが国江戸時代の子育て観が反映される「保育」とつながったのではないか。また人の育ちを支えるには，「教育・養護」の概念が必要であるとし，その育ちの過程に注目するようになったのではないか。生涯にわたる人の育ちは紆余曲折がある。言葉の獲得に関しても個々の獲得過程は紆余曲折がある。だからこそ，その過程（長期・短期）を理解し支えることが重要であり，教育に加え養護（ケア）の概念に注目するようになったのではないかと考え，そこに積極的な意義を見いだす。補足すると，

この概念が社会一般に浸透することで,わが国が従来「保育」「教育」と使い分けていた言葉を,新たに養護の概念を含む「教育」という言葉で,生涯の人の育ちを支える営みとして表すことができるのではないかと筆者は期待する。

OECD教育問題委員会においても,質の高い保育を用意することは生涯学習の基盤を形成することであるとしている。それに伴い,その効果を検討し評価することが求められるようになり,検討する保育の質として「保育過程の質」「方向性の質」「成果の質」「構造(条件)の質」「操作性の質(柔軟な園運営)」が問われるようになる。中でも最近は,「保育過程の質」に注目するようになっており,成果からそこにいたるプロセスに注目する流れがある。これらの保育の質評価を,専門家のみならず保護者も加わることから,レイマン(素人)評価の時代が到来したといえる。レイマン評価の時代に,外から見て一目瞭然その成果が見える保育の効果を単に示すのではなく,個々の育ちとその援助のプロセスをいかに保育過程の質として示すことができるかが問われている。

わが国の保育理論と実践の継承の基盤を築いた倉橋惣三は,社会の変化に即して求められる保育の対応を「新」とし,一方,変わることのない保育の原則を「真」として,「保育の新と真」が常に必要であるとした。明治期の保育の創設期から現在に至るまでを振り返ってみても,そのことは一貫して求められていたことであり,今後も同様に求められることである。歴史を重ねるということは,情報に流され形真似に終わることなく「新」への対応を行い,同時に,常に「真」を問い求め続け,保育の本質に迫る営みにほかならない。この営みを,今後も粘り強く続けていくことが重要である。

(3) 模倣研究への期待

2008(平成20)年の保育学研究「展望」において佐伯胖は「模倣の発達とその意味」[77]を論じている。そこでは,子どもは「発達の過程で他者のどういう側面を"模倣"に取り入れていくのか,また,そのような模倣の発達は,

人間発達にとってどのような意味があるか」を探っている。まず，新生児模倣の最新研究を取り上げ，模倣と意図理解の関連について述べている。また，新生児模倣からはじまって，「模倣が次第に他者の行為意図の理解を伴ってくること，その行為意図の理解が"他者になる"という共感的知覚（身体化シミュレーション）をベースとしたものであること」，さらに「"真似られる"ことから"模倣すること"がそれ自体，独自の"行為"であり，その"行為の遂行"（"真似"をすること）ないしは非遂行（"真似"をしないこと）が，複雑なコミュニケーションの手段として利用されるようになっていくこと」を論じ，模倣の発達が人間の社会性の発達と深くかかわっていることを指摘している。同時に，背後の意図を把握しての模倣こそが文化学習の基盤であるとするトマセロの論を取り上げつつ，メルツォフ，ジャージリ等の論から「目的や理由がその時点で"不透明"であったとしても，何か背後にわけがあるはずだとの信頼と期待の中で，一生懸命真似ることで文化的適応をしようとしている」という子どもの側面を取り上げている。相手に教えようとする教示伝達的顕示の意図を読み取った場合には，とりあえずそっくり真似るという方略で，できるだけ速やかに私たちの文化に適応しようとする危うさもあるということである。そして，子どもが，大人や仲間の教示的そぶりに，いかにもろく，ほとんど意味もわからないまま言われた通りそっくり真似てしまうという模倣性の高さは，「模倣性のこわさ」でもあるとしている。このことを踏まえて子どもの「模倣性をたんにおもしろがったり，それを押しつけて，大人の都合に"合わせる"ようなことはしないようにしていきたいものである」とし，子どもの模倣性が高いからといって，安易に形真似を強いる保育をしてはならないことを指摘している。

　以上，佐伯の論は倉橋が後世に託した模倣研究を引き継いだものとして注目すべきといえる。これを受け，保育場面における子どもの模倣の実態をていねいに捉え，さらなる模倣研究の探求を引き継ぐ必要があると考える。言葉に視点を当てるとすると，子どもが自ら，どのように言葉を模倣し獲得しているかを研究していくことが求められるといえよう。ここで，重要なこと

は，大人が良いとする言葉を模倣（形真似）させて保育の成果を示すことに意義をおくのではなく，あくまでも子どもの意思でどのように模倣しているのか，あるいは模倣していないのか，その意味生成のプロセスに注目し意義を探ることにある。このことは，とりもなおさず保育の質で注目されている「保育過程の質」を問うことにつながると考えている。

第2章

状況に身を置き獲得する言葉

　第1章では，幼稚園教育に視点をあて，そこでの保育内容「言葉」の位置づけとその背景について歴史を振り返った。「教える」様式という視点で見ると，言葉の指導は「模倣的様式」に始まり，「変容的様式」「模倣的様式」への変換，そして再度「変容的様式（Ⅱ）」に定着して現在に至っているといえよう。教育における指導の方針は，国の経済状況や社会状況により左右される危うさを常に孕んでおり，子どもの存在をどのように捉えるか，それを基盤に人が育つということをどのように保障していくのかが問われる。
　第2章では，第1章をふまえ，「模倣」「教えるの様式」「学び」「知識」「他者の意図」等を引き続きキーワードとしながら，子どもの側からの「言葉の獲得」について探究する。

§1　状況と言葉

1．実感を伴わない状況を生きる子ども

　チンパンジーの母親は，物を介して乳児とかかわることはほとんどないとされ，チンパンジーの乳児は物の使用を独自に試行錯誤し，それを繰り返していく。それに対してヒトの母親は，物を取り入れて，鏡のようにふるまい，

乳児とコミュニケーションする。したがって，ヒトは物を扱っている他者の動きそのものから，その背後に潜む心の状態を察しはじめる。このように，ヒトは進化の過程で，物を介しながら相手の心を察し，意図を読み取る存在として位置してきた。それに伴い，言葉を獲得してきたわれわれは，言葉を使うことによって他者との共存を可能にしてきた。

しかし，変化する環境とのかかわりの中でヒトの存在自体も進化し続けている。そこで，現代の子どもがおかれている環境のありようと，言葉の獲得と活用に関する現状および課題について考えていく。

（1） 対面しない他者

核家族化し，地域の子育て機能が希薄化した現代社会において，子育てに困難を感じる親が急増した。たとえば，密室の孤独な子育て状況では，保護者自身が不安になることから，他者とのつながりを頻繁に携帯電話やEメールに求め，それらのメディアに依存しがちな状況にある。その状況は，保護者と子どもとのコミュニケーションを希薄化させてしまう危うさがある。かつて，江戸時代においては浮世絵に描かれたように，子どもとともに世界を見て（共同注意），楽しさを共有するという情景があった。子どもが見ている世界をともに楽しむには保護者自身も他者に開かれ，豊かなコミュニケーションの場に居ることが求められる。

現在の日常生活に目を向けてみると，対面で他者とかかわる機会が少なくなっている。たとえば，スーパーやコンビニで商品を購入する際には，陳列された商品を手に取り簡単に購入することができる。この過程においては，他者とのごく自然な対話の機会が削がれており，だからこそコンビニエンス（convenience：便利）というのだろう。あるいは，映像メディアの浸透はメディア上の他者からの一方向的に溢れる情報の提供であり，そこに，対話の難しさがある。また，映像メディアに登場する他者は映像を通した他者であり，その存在自体が虚構性を含んでいたり，人工的他者であったりすることから，相手の表情や身体性を感じ取りながらの対話の機会が希薄化し，子どもが言

葉を獲得する環境の危うさを指摘することができよう。このように，親子が置かれている生活環境が，多声的な住環境や多様な他者との双方向的対話の機会を削いでいる状況にある。

(2) 仕組みの見えない物

われわれは現在，溢れる物に囲まれて生活している。これらの物は，高度の科学技術によって開発され，便利な生活を保障してきた。たとえば，時計一つを見ても，かつてのように手動でネジを巻かなくても自動で時刻を合わせ，タイマーで様々な予約と実行を行ってくれる。しかし，いざ，故障してしまうと，その仕組みは難解であり理解しづらく，専門家任せにしたり，使い捨てにしたりしてしまう。つまり，複雑な物に囲まれる中，それらの物との対話が希薄化している状況にあるといえよう。物との対話の希薄化は，その物を作ったヒトの意図を読み取り，対話するという日常の貴重な学びの機会を削いでいることでもある。その結果，子どもとのやり取りにおいて，従来のように「ヒトは物を取り入れて鏡のようにふるまい，コミュニケーションしていく」ということを，簡単にはできない状況が起こってきている。かつては，毎朝，時計のネジを巻きながら「ほら，こうやって，ネジを巻いて，今日も1日が始まるね！」と子どもに語りかけながら，物と対話し可視化した時間の意味を伝えてきたのである。便利になるということは，それらの物の仕組みを見えなくするとともに，親子のコミュニケーションの機会を削いでいくということである。同時に，これまで，ヒトが築いてきた文化としての物の価値や創造の意図を次世代に伝承し，世代間コミュニケーションの貴重な機会を失っていくということでもある。

豊かな物に溢れる現在，我々は，コミュニケーションという視点からも，どのような物を作ればよいのか，どのような物を保育環境として用意すればよいのかをもう1度見直す必要があるのではないか。

中央教育審議会は上記のような子どもを取り巻く環境の変化を踏まえ，2005（平成17）年に危惧される子どもの育ちとして，「基本的生活習慣の欠如」

「コミュニケーション能力の不足」「自制心や規範意識の不足」「運動能力の低下」「小学校生活への不適応」「学びに対する意欲・関心の低下」の6項目の課題をまとめて答申し[1]，様々な模索がなされているが，これらはまさにコミュニケーションが成立する土壌の危うさを示していることになる。このような状況に生きる現代の子どもが状況に参画して使いこなすことができる言葉を獲得していくためには，何が必要なのだろう。これを諸学問的に照らしながら実際の子どもの姿と関連させて明らかにすることが課題である。

2. 言葉の獲得理論の流れ

本節では，上記の課題を受け，言葉の獲得理論の流れを現代に視点をあててみていくことにする。行動主義アプローチのスキナーは，人間の行動を研究対象とし，表面的に観察可能な「言語行動」を解明する。そこでは，人間の行動は外界からの刺激に対して，ある反応を繰り返すうちに連合が形成され，その連鎖から行動が形成されるとする。語彙の獲得でいえば，音声と生体の反応が繰り返し同時に起こることにより連合が生じ，意味を付与するようになる。言葉の産出は，大人の模倣である言語行動が，大人から褒められ強化されることで成されていく。文法においても同様に，大人の言葉を観察し，模倣することで獲得していくとしている。この行動主義アプローチについてチョムスキーは，行動主義の子ども観は刺激と反応の連鎖を形成する受動的な存在として子どもを捉えていると批判する。

行動主義アプローチを批判したチョムスキーは，子どもは脳の中に言語のルールをもっており，外界からの情報に基づいてそのルールを変更，完成していくという能動的な子ども観に立脚した生得的アプローチを主張する。そのルールの証拠として，子どもは単純に正しい文法を獲得していくのではなく，一時期誤用することをあげている。前述した行動主義アプローチでは，語と語の連結は過去の生起率により決定されるとしたが，それに対して，生得的アプローチでは意味はおかしいが文としてはありえると感じられる文法

的直感による誤用の説明を可能にしている。また，生得的アプローチでは，大人は一般的に不完全な話し方をするにもかかわらず，子どもは5～6歳ころまでには基本的な文法を獲得していくことから，文法は生まれつき子どもに備わっていると主張する。この文法は，日本語や英語等の個別言語に備わっている個別文法ではなく，あらゆる言語に備わっている普遍文法であるとする。この普遍文法が生得的に備わっているため，たとえ不完全な話し方であったとしても，大人からの言語入力に触れることで，トリガー（trigger, 引き金を引く）されるとする。

同じく，この生得的アプローチの立場に立つピンカーは，言語は進化の過程で生じ，人間という種に固有の高度に進化を遂げた心的器官であり，とくに教えられることなく獲得することができると主張する。このように，言語獲得研究の歴史は環境からの入力の方が重要か，それとも生得性の方が重要かの論争が，活発になされるようになった。

これに対して，認知心理学的立場に立つトマセロは，進化の過程で他者の意図を理解する能力を得たことが，人間に言語能力をもたらすことになったと主張する。協同作業を円滑に行うとともに，競合的場面で他者の立場に立って考えたり，時には他者の信念を意図的にコントロールしたりすることが生物的な適応行動となり，言語を獲得したとする。ここでは，1990年代以降，社会的相互作用を重視するアプローチの中で，子ども自身が養育者など他者と積極的に共同注意を成立させ，その結果，言語獲得が成されるという，子どもの有能性に注目している。しかし，トマセロは子どもの生得的な有能性にのみ注目しているわけではない。二重継承理論を論じ，ヒトは生物学的な継承（遺伝）に基づいた個体的な発達と，文化学習による継承に基づいた発達という2つの発達系列に従って生きる存在であるとし，生得性と環境からの入力の両者を重視して先の論争に新たな視点を投じている。

ここで注目すべき点は，ヒトのコミュニケーションは，話し手と聞き手の間に語や発話の背後にある特定の発話意図を理解するための状況を定めてくれる何らかの「共通基盤（共同注意フレーム）」がある場合に成立するとして

いることである．相手の意図を読み取り，共有された状況は，話し手の伝達意図の解釈を制限してくれるとする．

　トマセロは，子どもが他者の意図を読み取る時期と，言葉の獲得の時期が重なることで，「他者の意図を読み取る」に注目して言葉の獲得を説明した．子どもが言葉を獲得するとは，ある状況下での大人のコミュニケーションの意図を推測し，その意図と言葉を結びつける過程にほかならないのである．このようにして獲得したヒトの言葉は，多様な他者との共存を可能にしてきた．また，多様な他者の視点に立って，多様な状況を言葉で描いて物語を創造し，場や時を超えて，それを伝承していくことを可能にしてきた．それは同時に，思想や文化の伝達を可能にしてきたといえよう．

3．相手の意図を読み取り獲得する言葉

　他者を，自分と同じように「意図的主体」として理解することは，他者の心を推察し，共有することでもある．トマセロの論点は，ヒトのコミュニケーションは，話し手と聞き手の間に語や発話の背後にある特定の発話意図を理解するための状況を定めてくれる何らかの「共通基盤」（共同注意フレーム）がある場合に成立するとしていることである．相手の意図を読み取り，共有された状況は，話し手の伝達意図の解釈を制限してくれる．子どもが言葉を獲得するとは，ある状況下での大人のコミュニケーションの意図を推測し，その意図と言葉を結びつける過程にほかならない．だからこそ，日常の会話や子どもの遊び場面における相手の意図の推測と了解の積み重ねが，子どもの言葉の獲得に欠かせない貴重な経験となるとしたのである．ここに日本の保育内容「言葉」の変遷にみられた，生活や遊びの重要性を再確認することができよう．とくに，複数の子どもが参加する，ふり遊びとしての「ごっこ」においては，メンバーとの意図確認を行いながらの役割交代や場面設定やプラン了解等において，状況を自らつくりながら仲間と共有し，遊びを創造的に展開していく．ここに，言葉の獲得に欠かせない状況とからめた学びの経

験をとらえることができる。それを，具体的に見ていくことにしよう。

【事例：5歳児　10月】
　S児は登園後，K児，N児とともに廊下に行くと，積み木で家を構成し，トランポリンをベッドとする。お母さん役のK児が食事を作る場所，妹役のN児が遊ぶ部屋，お姉さん役のS児が寝る部屋を作っている。食事を作る場所からは階段で姉妹の部屋に上がることにして，積み木で階段を作り，その近くにスカートを入れる場所も作っている。でき上がると，S児とN児は姉妹で散歩に行ったり，K児の料理を食べたりしている。その時，近くの場でままごとをしていたA児が来て，K児が身につけているスカート（K児は，この人気のスカートを連日，身につけている）を譲ってほしいという。譲りたくないK児は，じゃんけんで決めようと提案する。しかし，じゃんけんに負けてスカートを持っていかれてしまい，涙を流している。
　その様子をずっと見ていたS児は，K児の表情を見ながら「スカートのこと忘れてもっとワクワクして遊ぼう！」「明日は，お母様の誕生日なのね！」と言う。それを聞いたK児は，「お母様の誕生日」に興味を示し「うっかり忘れていたのね」と明るい表情になって言う。S児とN児は，「明日は，お母様の誕生日！」と言って，2人でベッドに寝る。ベッドに寝ると，S児は，妹役のN児に小さな声で「明日は，お母様の誕生日。プレゼントを買いに行くのね。内緒にしておくのよ」と言い，その後，プレゼントを買いに行っている。その間，K児は誕生会の食事作りをしている。
　考察：本事例では，おうちごっこを始めたS児が，仲間であるK児の悲しむ様子からその意図を読み取っている。そこでは，悲しむK児の気持ちを受け止めつつ，気分を変えるように「スカートのこと忘れてもっとワクワクして遊ぼう！」と言葉かけをしている。また，さらに，「明日は，お母様の誕生日なのね！」と声をかけ，K児が中心となるごっこ

のプランを提示している。一方，K児も，自分を中心としたプランであることから，それを「うっかり忘れていたのね」と言って受け入れ，返答している。

このように遊び（ごっこ）の過程において，他者の意図を推察し，気持ちを尊重した状況づくりを行い，遊びの流れ（ストーリー）を生みだしている。そこでは，幼児なりに了解をつくる呼びかけの言葉や気分を変える状況変換の言葉，プラン提示の言葉等を交わし，コミュニケーションを通して，他者との共存の喜びを実感しているといえよう。保育内容「言葉」における日常会話における対話の重視，遊びの重要性はここにある。一方，保育内容の変遷でたどった一斉授業形態での固定した状況における言葉の一方向的教え込みは，社会的存在者であるヒトの言葉の意義を十分に理解していない指導であったと省みる必要があろう。また，言葉の獲得の成果を目標にあげる保育内容は，ヒトの言葉は状況に依存していること，その状況は他者の意図とからんでいるという重要な意味への配慮に欠けていたと省みる必要があろう。

私たちが獲得してきた言葉は，多様な他者との共存を可能にしてきた。否，むしろ，他者との豊かな共存のために言葉を獲得してきたともいえよう。このことは，多様な他者の視点に立って，多様な状況を言葉で描いて物語を創造し，場や時を超えて伝えていくことをも可能にしてきた。それは同時に，思想や文化を伝承してきたといえよう。思想や文化の伝承は，過去と未来の他者との対話である。保育において，絵本や童話，紙芝居等の読み聞かせが保育内容に位置づけられ，物語が語り継がれてきたことの意義は，過去と未来の他者との対話にもあるということである。

実感を伴いづらい状況を生きる現代の子どもにとって，身体を通した他者との遊びの経験，目前の他者や，過去と未来の他者との対話が，言葉の獲得という視点からも求められる。

§2　模倣と言葉

1．模倣と言葉の獲得

　トマセロの，他者の意図を推測する模倣能力・同調能力に対して，明和政子は，身体を使った模倣に注目している。他者の心を読む能力の発達を支える基盤は，身体を使った模倣にあるとする。身体を使った模倣をすることで他者と同じ経験をし，自分の心を他者の心と重ね合わせることができるようになり，他者が何を考えているのかを読み取ることにつながるとするのである。しかし，この身体を使った模倣は，情報を処理するという観点からすると，実は非常に難しいものであるとも指摘する。なぜならば，「模倣するためには他者の行為から得た視覚情報を瞬時に処理し，さらにはその情報にもとづいて，自分自身の運動として計画したり実行する必要がある」[2]からである。つまり，視覚情報を運動情報へと，異なる感覚様相を越えて処理するという複雑な過程を必要とするからである。この難しい身体を使った模倣を，ヒトは生後すぐからはじめていく。他者の音声や手指の動きを「サルまね」することに重要な意味がある。一見，独創性に欠ける「サルまね」にこそ身体に言葉を確定していく基盤があると主張するのである。

　そして，この身体を伴う模倣を経て言葉を獲得し，その言葉を駆使しながら相手の立場に立ったつもりで意図を推察し，自らの考えを相手に伝えて豊かなコミュニケーションを展開するようになる。時には，相手が眼前に存在しなくとも，相手の立場に立ったつもりで，内なる他者と場や時を超えて言葉を用いて対話することが可能となる。その基盤に，乳幼児期の身体を伴う模倣経験の実感があるといえよう。

2．言葉の獲得過程

　言葉の獲得過程を研究した研究者は，わが子の事例をあげていることが多く，興味深い。愛情をもって，わが子の言葉の獲得過程を見ているからこそ，その獲得過程の意義を読み取れるのではないか。本著でも度々登場している研究者トマセロや岡本夏木も，わが子の言葉の獲得過程を追跡し，その意義を論じている。そこで，日本語の言葉の獲得過程を，トマセロのいう模倣・同調，明和のいう身体に，「志向性」の視座を提言する岡本の論を重ね，事例を中心に考えてみる。

(1) 一般的な言葉の獲得過程

　岡本夏木は，個人差は大きいものの，一般的な言葉の獲得過程について，①ことば以前―ことばの胚胎（生後1年半ごろまで）　②ことばの誕生期―話し始め（生後1年前後～）　③1次的ことば期―ことばの生活化（幼児期～小学校低学年期）　④2次的ことばの使用期―ことばのことば化（学童期～）とし，以下のようにその概要を述べている[3]。

　　「満一歳の誕生日を迎える前後から，ことばらしいものが出はじめ，一歳半から二歳前後にかけて，急激に―ある人の表現をかりると『爆発的に』―おしゃべりをはじめる。そして三歳ともなると立派に言語の国の市民権を獲得するし，四歳の子どもは，頭の硬化してしまった私たちおとなより，はるかに生き生きした言語表現を用いたり，ときには見事なシャレを言ってのけたりもするのである。」

　岡本は子どもの言葉の獲得の根底には，「人は意図をもつ存在である」と捉え，「乳児期での対人的相互交渉の発達とは，子どもが自分の意図を相手に伝えようとしていく過程と相手の行動の背後にある意図をくみとろうとす

る両方向的な過程がどう形成されていくかにかかっている。コミュニケーションは，両者間の意図のやりとり，あるいは意図にもとづく行動系列の交換を意味するのである」[4]とする。また，このような対人的相互交渉であるコミュニケーションにおいて，自他の同型的行動（自分と同じような姿をした他者が，自分と同じような言動をとる）である模倣との関連にも注目している。早期の模倣とも言われる「共鳴動作」に始まり，生後8ヶ月ごろになると自分のもち合わせていないような新しい動作や音声を積極的に模倣する「選択意図的な模倣」が盛んになり，模倣によって子どもの新しい動作や音声（模倣的発声）のレパートリーは急激に増大するという。1歳台前半ごろになると，相手の動作をその場で再現する即時模倣だけでなく，時間を経てからの再現である遅延模倣も可能になるとしている。そして，その模倣はシンボルとしての言葉獲得に大きな役割を果たしていくとしている。これはトマセロの模倣・同調，明和の身体と共通するところである。

　トマセロは，ヒト特有の模倣行動を介した他者とのコミュニケーションが言語習得の下地にあるとした上で，子どもが他者の意図を読み取る時期と言葉の獲得の時期が重なることで，「他者の意図を読み取る」に注目して言葉の獲得を説明した。したがって，トマセロは「他者とコミュニケーションをとりたい」「他者と同じようにありたい（模倣）」という欲求を基盤として，伝達意図を理解するための共通の場を築く「共同注意フレーム」，他者の伝達意図理解と自分の意図状態に対する他者の意図理解という「伝達意図の理解」，意図をもつ他者理解との「役割交代を伴う模倣」という文化学習を，言語習得にとってもっとも重要なものとしてあげている。子どもが言葉（語）を獲得するとは，ある状況下での大人のコミュニケーションの意図を推測し，その意図と言葉を結びつける過程にはかならないとしたのである。このようにヒトの言葉は，多様な他者との共存を可能にし，思想や文化の伝達を可能にしてきたとし，その獲得過程において模倣が大きくかかわっていることを論じているのである。したがって，筆者は，「模倣する存在」としての子どもがどのように周囲とかかわり自ら模倣しつつ言葉を獲得していくかを，理

図表2-2-1 「ニャンニャン」の記号化過程

段階	月齢	N児の〔発声〕と（対象または状況）
1	7か月	〔ニャーン〕（快適状態での喃語）
2	8か月	〔ニャンニャン〕〔ニャーン〕〔ナンナン〕（珍しいもの・やさしいものを見つけてよろこんで）〔種々の対象に対して〕
3	9か月	〔ニャンニャン〕（桃太郎絵本の白犬）→（動物のスピッツ）→（白毛の玩具のスピッツ）→（ひものふさ（黒））〔確実に模倣〕
4	10か月	〔ニャンニャン〕（犬一般）←→（白毛のパフ）←→（白い毛糸・毛布）→（白い壁）
4	11か月	（猫）←→（犬一般）
5	12か月	〔虎〕（ライオン）／（白熊）／（白毛のついた靴）
5	13か月	〔ナーン〕〔猫〕〔ナンナン〕（犬）
5	14か月	〔モー〕〔牛〕
5	16か月	〔ドン〕（自宅の犬の名ロン）
5	17か月	〔ゾー〕〔象〕
5	18か月	〔バンビンチャン〕（バンビ）〔ウンマ〕〔馬〕〔クンチャン〕〔熊〕
6	19か月	〔クロンニャン〕（黒白ブチの犬）〔ネコ〕〔猫〕〔ワンワン〕〔犬〕〔オーキイニャンニャン〕（大きい白犬）
6	20か月	〔クマニャンニャン〕（ぬいぐるみの熊）〔シュピッツ〕（実物のスピッツ）〔プチ〕（近所のスピッツの名）
7	21か月	〔プチノヤネブチニアゲルワ〕（ブチにやろう──白毛の靴を持って）〔ワンワンデショウ〕（戸外の犬の鳴声を聞いて）〔オーキイワンワンワンワンユウヘンワ〕（大きい犬が鳴かずに通るのを見て）
7	22か月	N児〔ダレガクレタノ？〕母〔しのはらさん〕〔ワンワンイルシノハラサン？〕
7	23か月	N児（隣人よりケーキをもらって）／N児（絵本のろばをさして）〔コレナニウマ？〕母〔ろばさん〕N児〔ロバウマ？〕

岡本夏木『子どもとことば』岩波書店，1982，pp.136-137

解する必要があると考える。また，そのことに着目し，生活をともにするわが子の言葉の獲得をていねいに記録・分析した岡本の貴重な取り組みは，日本語の言葉獲得過程を理解するうえで価値ある研究であると考え，本稿でも取り上げる。

(2) N児における語彙の獲得過程

　子どもの言葉の獲得過程は，個人差が大きく，個性的でもある。岡本夏木は，これに関して「ただ，大勢の子どもの記録を集めて平均的に示すという方法だけでは，そこに抜け落ちてしまうものが少なくない。しかも，その抜け落ちてゆくもののなかにこそ，ことばの本質にかかわるような問題がはらまれていることが実に多いのである」[5]としてあげている。少し長いが，その追跡事例を取り上げ，[6]個々の子どもの言葉獲得過程に注目することの意義を考える。

　岡本は，まず，生後7ヶ月から1歳5ヶ月までの，ほぼ1年間に追跡児N児（女児）が示した自発的発声と模倣的発声の開始時期の発達的関係を手がかりに語の発声をまとめ，大きく3つの時期に分けている。

①喃語(なんご)としての自発的発声として出発したものが，意味化し，模倣が可能になる場合（主として10ヶ月ごろまで）。

②模倣的に発生した語が，自発的使用にいたる場合（10ヶ月ごろ～1歳2ヶ月ごろまで）。

③模倣的発声と自発的発声とが同時形成されることが可能になる場合（1歳2ヶ月ごろ～）。

　また，岡本は，興味深いことにN児が発した「ニャンニャン」という音声についてその消長を追跡している。これによると，「最初は無意味な喃語の一つとして出発したのが，記号化され，象徴的意味を持ちはじめるとともに適用範囲が拡大される一時期を経て，特殊化し，さらに社会的な慣習語がそれにとって変っていく」[7]として図表2-2-1にまとめている。

　この表から，岡本はN児の個性的な言葉の獲得過程を第1段階から第7

段階としてまとめているが，その概要を整理すると以下のようになる。

① 快適な気分でいるときに「ニャンニャン」「ニャーン」が喃語として反復される（7ヶ月〜8ヶ月）。
② いろいろの物に向かって「ニャンニャン」を発するようになる（8ヶ月）。
③ 以前から愛玩していた「白い毛製のスピッツ」のオモチャ，いつも親と一緒に見る「桃太郎絵本の白犬」というように特定の対象を限定して「ニャンニャン」と発するようになる。また，それとともに，その音声模倣が確実になる（9ヶ月〜10ヶ月）。
④ 再び，種々の対象や状況に対して「ニャンニャン」を発するようになる。それは，「四足獣一般が与える印象・白い・ふさふさしている・やわらかい」というような条件のどれか，またはいくつかの複合を満たすような形態や感触の類似性を基調として発している。これらの対象の類似性を見ると，論理分析的に明確な属性条件をあげることはできないとしても，N児の「一種の主観的な情動的類同性」をみることができる。また，この時期に，N児は，他人から「わんわんは？」「みーちゃんは？」とたずねられると，正しく犬・猫の絵を指さしながら，自発的には両者に対して「ニャンニャン」を用いている。自分が理解している慣習語（訓練語）に抗して，あえて自己流の原理にしたがって発声している（10ヶ月〜1歳）。
⑤ 慣習語や成人語をふくむ種々の動物や乗り物の名前の使用が可能になり，「ニャンニャン」の適用範囲が縮小しはじめる。外からの訓練（広義の）による慣習語や成人語の使用が，この時期に可能になるのは，おそらく，前段階での少数の特定音声について般用を繰り返すことにより，音声と外界との間に代表的な対応関係をつくりうることを発見し，自分の音声を外界を表現するための手段として用いるという基本的な「言語的構え」を打ち立てたのであろうとする。

この時期，N児は極めて多くの語を急激に獲得した（1歳1ヶ月〜1歳6ヶ月）。
⑥ 2語発話が始まるとともに，対象表示語と状態表示語としての性質がさらにはっきりしてきて，以下のA群では名詞として，B群では形容詞的，あるいは動詞的用法が明らかにうかがわれる。特定の音声が，文構造の中に置かれてはじめて「語」としての性質を獲得することを，「ニャンニャン」の事例からも読み取ることができる。また，前段階⑤では，「ニャンニャン」は対象表示語としてほとんど姿を消していたが，2語文という新しい構文規則の獲得にあたっては，既存の自分にとってもっとも安定したかたちで潜在させていた語をよりどころとしていく（1歳6ヶ月〜1歳8ヶ月）。

A群「クロ・ニャンニャン」（黒白ブチの犬）
　　「オーキ・ニャンニャン」（大きい白犬）
　　「アカイ・バッパー」（赤い自転車）
B群「ニャンニャン・チョッキ」（白毛糸のチョッキ）
　　「ニャンニャン・クック」（白毛の靴）
　　「バチュ・バッパー」（バスが走っている）
　　「ハヤイ・バッパー」（自転車に乗せてもらっていて「もっと早く走れ」）

⑦ 「ニャンニャン」はほとんど姿を消し，代わって慣習語（たとえば「ワンワン」）が，理解語としても，使用語としても，両面での記号として用いられるようになる。実物が存在しない場面でも，語としてはたらき，様々な文生産が可能になり，N児は「豊富な会話」期を迎え，人々とのコミュニケーションの中に，言語的世界を打ち立てていく（1歳9ヶ月）。

なお，N児は，文使用や会話期に入るのはかなり早い時期からであったものの，「初語の発声の様相」「少数の特定音声について象徴的に般用がおこり，それを通した自己の音声と外界の対応件の理解を基盤としてでき上った言語

的構えの上に多くの語が急激に獲得され，二語連鎖の文が出現してくる過程」は，進行のテンポや頻度の違いはあるが，比較的多くの子どもに共通して見られる過程であるとしている。

　ここで興味深いことは，N児なりのこだわりや個別経験の背景が言葉の獲得過程に大きな影響を及ぼしていることにある。③で「ニャンニャン」と発した「白い毛製のスピッツ」のオモチャは以前から抱きしめて感触を楽しんでいた物であり，「桃太郎絵本の白犬」はいつも親と一緒に見ていた物である。④で「ニャンニャン」は，いくつかの複合を満たすような形態や感触の類似性を基調として発せられていたが，その類似性を見ると論理分析的に明確な属性条件をあげることはできなかった。そこではN児なりの「主観的な情動的類同性」をもって自発的に選択し，「ニャンニャン」を発していた。⑥で2語文という新しい構文規則の獲得にあたっては，既存の自分にとってもっとも安定したかたちで潜在させていた語「ニャンニャン」をよりどころとしていた。このように，N児の言葉獲得プロセスを振り返ってみると，N児のこだわりや個別経験が言葉の獲得に大きな意味をもたらしていたということである。したがって，外側から見ていると，N児によって「ニャンニャン」が誤用されたり，乱用されたり，ほとんど使用されなくなったりするようにも読み取れる。しかし，本事例のように，N児の側から見てみると，そこに言葉の獲得にとって必要なプロセスの意味を読み取ることができるのである。

　換言すれば，個々のこだわりや個別経験に関心を寄せ，理解しようとする大人（保護者・保育者）のもとで，その子にとって意味ある言葉獲得プロセスが保障され，同時に他者と共存するヒトの育ちを支えることになるのだといえよう。

3．模倣の意義と危うさ

　ヒトは，他者が自分と同じく意図をもっていることを理解することにより，

第 2 章 状況に身を置き獲得する言葉　239

他者から直接教えてもらうだけでなく，他者を通して他者になったつもりで思想や文化を学習することにもなる。このように，模倣には納得する学びという意義がある。これに関して，佐伯は，「コビト」論[8]をあげている。多様な意図をもった自分の分身（コビト）の活動を想定することにより，分身になったつもりで世界とかかわり，世界の事象を理解し，納得した学びを得るとしている。ここでは，自らの能動的な意図が外界の変化の原因になるという認識が基盤となる。たとえば，生後10～11週目の赤ちゃんは自分の手を「握ったり開いたり」をしながらじっと見つめ，自らの行為（意図）が歓声をあげて見つめられたり「むすんでひいて」と歌ったり，同じ動きを誘発したりと外界の変化の原因になることを感じ発見していく。この「コビト」論は，分身が世界の中に入り込んで，その世界が有する独自の制約の範囲内で自由に動き回ってみることにより，その制約自体の意味や可能性のすべてを，自らの行為そのもののように実感し，自分事として納得するとしている。明和が論じたように，模倣は身体を伴うものである。「コビト」論は，それを踏まえた認識，学びのありようを示唆し，身体を伴った模倣による学びの意義をわれわれに説いている。そして，そのことはやがて，実際に身体を伴う模倣をしなくとも，コビトという分身になったつもりで身体感覚を伴って言葉を操作し，世界を認識するようになることの重要性を指摘している。

　なお，佐伯は，模倣について「表層模倣」と「深層模倣」をあげている。[9]「表層模倣」とは，「相手の表面的な動作を写しとる模倣」であり，赤ちゃんが親しく対面している他者の表情を真似る表情模倣をその代表としている。そこでは，赤ちゃんと他者との2項関係を基盤とする。この2項関係が確立すると相手の視線に注目し，その視線を向けている方向に自分も視線を向けるという視線追従が生まれ，その後，視線を向けている対象をともに見ようとする共同注意の関係がつくられるとする。共同注意ができるようになると，模倣を通して相手と物と事柄との3項関係が結ばれるようになり，相手の行為の意図を読み取り，その意図を自ら取り込んだうえで，その意図に相応しい行為を行うようになるという。このように，「他者の行為の意図を理解し，

その意図に相応しいものとしての他者の行為を模倣」することを,「深層模倣」としている。なお,先にあげた「表層模倣」においても,当然,相手の動作について漠然とした意図性を取り込んだ模倣をするとしている。たとえば,母親がビンの蓋を開けるとき,赤ちゃんも母親の行為を意図的行為であると見て同じように蓋を回す表面的な真似をするという。それに対して,「深層模倣」は,母親の蓋を開けるという明確な行為の目標を理解して,自分も蓋を開けようとして力を入れて回すのだとする。佐伯は,この「表層模倣」「深層模倣」を,チョムスキーの生成変形文法で使われている文法の「表層構造」「深層構造」の区別にちなんで命名したとしている。このように,「表層模倣」「深層模倣」は,子どもの発達に注目して模倣を分類,命名したものといえよう。

　しかし,興味深いことに,たとえ「深層模倣」を行うようになったとしても,模倣のありようとしては次の二つがあるとしている。一つは,「手本の忠実な再現」としての「結果まね」であり,あと一つは,「手本を生み出す元を具現」する「原因まね」である。「相手の表面的な動作を写しとる模倣（表層模倣）」から「他者の行為の意図を理解し,その意図に相応しいものとしての他者の行為を模倣（深層模倣）」をするようになってからも,われわれは「手本の忠実な再現」としての「結果まね」をするということである。ここに,模倣にはわれわれの発達にとって重要な意義があるものの危うさも兼ね備えているとするのである。

　佐伯は,トマセロの「他者の意図を感知した模倣により文化を学習」する幼児の発達をあげつつ,同時に,ジャージリの「教示伝達的顕示」の考えをあげ,教え込もうとする意図を読み取った場合にはとりあえずそっくり真似る（結果まね）という方略で,できるだけ速やかに文化に適応しようとする危うさを指摘している[10]。このことは,一見効果的にみえる「結果まね」をさせることで,そのときは一定の成果を見ることができるものの,一方で,何も考えずに,ともかく誰かに教えられるままにそっくり真似る（従う）ことで文化に速やかに適応するということを学んでいく"危うさ"があるとい

うことである。

　われわれは，他者の行動のプロセスをも忠実に模倣し再現する。模倣というメカニズムは，それだけを単独で見れば，他者の意図を読み取り言動過程をも模倣することから，必ずしも高度で有利な学習メカニズムではないのかもしれない。しかし，その社会性に視点を当ててみることで，一見無意味な他者の言動過程模倣は，背後にある複雑な文化学習であると読み取ることができる。同時に，そのことに注目して「教示伝達的顕示」を熱心に行うことでむしろ模倣の危うさが浮上してくるのである。これに関連して，内田伸子は，保育形態によって語彙の力に差異があるか否かの調査をしている[11]。それによると，語彙力については，「子ども中心の保育で，自由遊びの時間が長い，幼稚園や保育所の子どもの語彙得点が高く，一斉保育で文字を教えていても，全くその影響がない」「教え込みの園よりも，子どもの自発性を大事に，心ゆくまで遊ばせている子どもたちの語彙が豊かになる」としている。また，このような保育のありようや保育者の子どもへのかかわり方と，親のしつけスタイルが語彙力と関係しているとし，「語彙得点が高い子どもは共有型しつけを受けていて，語彙得点が低い子どもは，権威主義的な強制型しつけを受けている」[12]という結論を導いている。保育者による「子ども中心の保育」と，親の「共有型しつけスタイル」は，語彙得点や国語学力の成績に影響しているのである。「強制型しつけスタイル」に見られるような，子どもに考える余地を与えない，トップダウンの介入は，子どもを萎縮させ子ども自身の探索活動を妨げるという結論は，模倣させることの危うさと結びつくところである。

　この危うさを回避するには，「子どもは有能な存在」であるということを常に肝に銘じ，効率よく教え込むことに腐心することなく，一見無駄に見える個々の子どもの言動に何か意味があるのだと関心を寄せる大人の存在が必要なのだといえる。

第3章

コミュニケーションによる意味世界の生成

　筆者は，トマセロや岡本夏木らが主張したように，「人は意図をもつ存在である」ことを基盤に，だからこそ，互いの意図を読み取りながらコミュニケーションし，生成される意味世界を共有し，共存していくと考える。とくに，幼い子どものコミュニケーションにおいては，子どもが自分の意図を相手に伝えようとしていく過程と相手の言動の背後にある意図をくみ取ろうとする双方向的な過程がどう形成されていくかにかかっており，その過程への理解が求められる。そこで，本章では，複数の子どもが集う保育の場において，互いの意図をくみ取りながら意味世界を生成する過程と，それを支える保育の場のありように注目する。コミュニケーションを支える保育の場は，誰かが一方向的に行うのではなく双方的な営みの中で成立するのだろう。

§1　保育の場におけるコミュニケーション

1．関係をつなぐ物・身体・言葉

　岡本夏木は，乳児の「コミュニケーションは，両者間の意図のやりとり，

あるいは意図に基づく行動系列の交換を意味するのである」[1]としたが，幼い子どものコミュニケーションは言葉のみならず，物や身体が媒介となって展開する。また，対人的相互交渉であるコミュニケーションにおいて，自分と同じような姿をした他者が，自分と同じような言動をとる模倣との関連にも注目していく必要があろう。そこで，ここでは，保育の場において，物や身体，言葉がどのように媒介しながらコミュニケーションを展開しているかについて，模倣に視点を当てながら探っていく。

(1) 身体にみる意味世界の生成

保育の場で語り継がれ，子どもに人気を得ている絵本や物語には，子どものコミュニケーションのありようが実に生き生きと描かれていることが多い。だからこそ，子どもに共感され支持されるのであろう。たとえば，『だるまちゃんとてんぐちゃん』[2]は，子どもが同じ動きをしたり，同じような物を身につけたりすることで関係をつないでいく姿が描かれている。話の内容は，ちいさいだるまちゃんと天狗ちゃんが遊んでいるうちに，だるまちゃんが天狗ちゃんと同じように「うちわ」「下駄」「帽子」「鼻」を欲しがる。同じ物を欲しがるだるまちゃんにつき合い，様々な「うちわ」「下駄」「帽子」「鼻」を持ってきて示す父親のだるまどん。しかし，選ぶのはあくまでだるまちゃんであり，選んだ「葉っぱ」「まな板」「お椀」「もち」を天狗ちゃんと同じように身につけ，仲良く遊ぶという展開である。

また，『トゥートとパドル―だから きみが だいすき』[3]の話の内容は，豚のオパールちゃんのクラスに豚のバブルズちゃんが転校してくる。バブルズちゃんはオパールちゃんにくっつき，同じような服を着て，図工の時間には同じような作品や絵を描くようになる。先生はバブルズちゃんをほめたが，まわりの子どもたちは真似をするバブルズちゃんを批判する。しかし，そのうち，まわりの子どもがバブルズちゃんの真似をするようになる。また，バブルズちゃんは，オパールちゃんの描いた絵に「でも，もっと大きくかいたら，もっとすてきだわ」と言うようになる。クラスの人気者になった真似上

手のバブルズちゃんだが，ダンスのコーラスラインを真似ることは難しく，オパールちゃんたちが一生懸命教えることで上達し，皆の動きがそろっていくようになるという相互模倣のありようが描かれている。

これらの絵本の登場人物は，現実の子どもたちと同様に，同じ物を身につけたり，同じ動きをしたりすることでコミュニケーションを図り，関係をつないでいる。集団施設保育の場で見る乳幼児のコミュニケーションは，言葉のみならず，互いの物や身体が媒介となって相手との関係をつないでいる。そのきっかけは，たまたま，同じ物を身につけたり，同じ動きをしたりということかもしれないが，それらの経験が積み重ねられることにより，物や身体，そして言葉を媒介に，豊かなコミュニケーションを図るようになるのである。

最近の保育学研究や保育の質的研究においては，乳幼児期の子どものコミュニケーションに物や身体がいかに媒介しているかに注目している。たとえば，他者に物を与える行為がどのようになされていくかに注目した追跡研究[4]，仲間入り場面に注目して物や身体がどのように媒介しているかを分析した研究[5]，物の所有に関する了解のありようを分析した研究[6]，保育実践の場で「他の子と同じ物を持つ」ということに注目し分析した研究[7]等がある。砂上史子『幼稚園における幼児の仲間関係と物との結びつき―幼児が「他の子どもと同じ物をもつ」ことに焦点を当てて―』(『質的心理学研究』第6号，2007)では，「乳幼児期の人とのかかわりの成立と物」「乳幼児期における物の授受」「乳幼児期における物の所有」「保育実践のなかの物」についての論を整理したうえで，事例を分析している。その結果，「他の子どもと同じ物を持つ」ことの意味として以下の4点をあげている。

①一緒に遊ぶ仲間であることと結びついている。
②他の子どもと同じ物を持ち，使うということは，同じ動きをすることのなかに埋め込まれる形で，遊びのイメージや仲間意識の共有と結びついている。

③他の子どもと同じ物を持つことが仲間であることと結びつくことは，物の視覚的効果の強さと永続性に関連がある。
④保育実践における物とは，遊びのイメージや人間関係の多様な意味を帯びたものである。

　この結果は，われわれに，保育実践の場におけるコミュニケーションの媒体としての身体や物へのさらなる注目を促しているといえよう。ともすると，保育者は，「同じ物」を身につけたり「同じ動き」をしたりする姿（模倣）に対して，独創的な「物」や「動き」に注目をしがちかもしれないが，子どもの行為がどのような意味生成をしているかの読み取りができれば注目点も変わるだろう。また，仲間入りのみならず仲間からの排除という視点から物や身体がどのように子ども同士の関係を媒介していくか，分離していくかの探求も，今後の研究課題としてあげることができよう。
　さらに，それらをふまえて，保育者の援助・保育環境という視点からの検討が求められよう。

(2)　言葉にみる意味世界の生成

　乳幼児期の子どものコミュニケーションは，物や身体，そして言葉が媒介となっていると前述した。成長していくに伴い，言葉を中心としたコミュニケーションへ移行していくため，われわれ大人は，ともすると，子どもに早く言葉を獲得させようと働きかける。しかし，子どもの側から見てみると，単に言葉を知識として獲得することを目的としているわけではない。そのつど，物や身体で，あるいは何とか獲得している言葉を使用しながら環境とかかわり，他者とつながり，コミュニケーションを楽しんでいく。その結果として，言葉の獲得があるといえよう。だからこそ，子どもにとって言葉の獲得は他者と心を通わせ，他者との共存を実感できる興味深い営みであり，私と私たちの意味世界を生成していく営みでもある。岡本夏木の個の追跡事例でも，子どもが他者とのかかわりの中で，自分なりの納得をしながら言葉を

獲得し,他者との関係を構築していることを読み取ることができた。

これに関して高櫻綾子は,保育場面における「ねー先生,あのね……」というように発する「ね」発話に注目し,3歳児がどのような他者関係の中で「ね」を発しているかを詳細に研究している。従来,「ね」発話は,情報伝達において終助詞としての使用が検討されてきた[8]が,この終助詞「ね」は,文表現の成立には関与しないが,話し手が相手に対して伝達内容について同意や承認を求めたり,念をおしたりするときに使われ,日常会話の成立にきわめて重要な役割を果たす助詞であるとされている[9]。そこで,高櫻は,幼児の「ね」発話は情報伝達における終助詞としての使用だけでなく,「ねー」といった呼びかけや前後が省略された表現もあるとし,遊びの中でのやりとりとして発している点に注目している。換言すると,遊び場面でよく発する幼児の「ね」発話に伴う意味世界の生成に関心を示したといえよう。

高櫻は,まず,「ね」発話を幼児の暗黙的な関係性が反映される一つの指標と考え,遊びの中で交わされる「ね」発話から3歳児の関係性を捉えることを試みている。具体的には,「共に遊ぶことへの志向度」と,自分か相手のどちらを優先するかを測る「優先度」を,「ね」発話の使用に関する要因として提起し,分析している。その結果,幼児の「ね」発話は「共に遊ぶことへの志向度」を基盤とした上で,「優先度」の影響を受けることが明らかになったとしている。経験・発達という視点から見ると,3歳児Ⅱ期(Ⅰ期4月〜9月,Ⅱ期10月〜3月)において,「ね」発話の総数と相手の意志に合わせる「ね」発話が増加している。このことから,「共に遊ぶことへの志向度」の高まりを受け,自分と相手の意志を調整する必要が増したことで,自分の意志を主張する「ね」発話だけではなく,相手の意志に合わせる「ね」発話も使用するようになったと考察するのである。また,2組の幼児が交わした「ね」発話と2者間でのかかわりの事例検討については,以下を考察している。

・共に遊ぶことを志向した上で「ね」発話を使用する際に,自分よりも相手の意志に対する優先度の高い「ね」発話も使用することが関係形成において必要であることが示された。

- ただし自分の意志を主張する「ね」発話であっても，対等な関係の下で互いに使用している場合には関係の深まりを妨げるものではなかった。
- これらのことから，幼児の「ね」発話は以下の事例に見られるように，相互作用性をもつとしている。

【事例】12月18日
テルとヨシノブは土でクリスマスケーキを作っている。
テル：あと<u>ね</u>，今日あと寝てあと1回寝たら<u>ね</u>，おばあちゃんが<u>ね</u>，<u>ね</u>，クリスマスのプレゼント丸井で買ってくれるって言ったんだよ，いいでしょ？
ヨシノブ：いくない<u>ね</u>。ヨシ君ちはあの<u>ね</u>，あの<u>ね</u>，貧乏だから<u>ね</u>，あの<u>ね</u>，違うおうちになったら<u>ね</u>，大っきい<u>ね</u>，あの<u>ね</u>，クリスマスツリーの<u>ね</u>，あの<u>ね</u>，買ってくれるんだっていいでしょ。
テル：ボクだって貧乏のおうちだからさ。
ヨシノブ：おんなじー！
テル：ヨシ君と一緒の話だよ。おみこし，あの，あの，おみこししちゃったから違うおうちだよ。（＊「おみこし」は「引っ越し」を意味している）

【考察】
　テルとヨシノブはクリスマスの予定について語り，さらに自分たちが同じく「引っ越しをした」という話題に発展している。これは"間を繋ぐ"「ね」発話により，たどたどしいながらも語り合えたことで，互いの共通点を見つけ，言葉を交わす楽しさを感じたことによる。また，ヨシノブの「いくない<u>ね</u>」は"自己主張"の「ね」発話であるが，テルの思いを拒絶するというより，「ボクだっていいことがあるんだ」という意味と捉えられる。

高櫻綾子「遊びのなかで交わされる「ね」発話にみる3歳児の関係性」『保育学研究』第46号第2号，2008，pp.81-82 より抜粋

　上記事例に見られるように，「ね」発話は話し手から聞き手の一方的な伝

達ではなく，相互作用の中で交わされるということである。また，相手との関係の深まりが2者間で使用する「ね」発話の種類や発話数に反映することから，「ね」発話と関係形成の間には相互的な関連が存在する。したがって，遊びの中で交わされる「ね」発話は，周囲の子どもたちとのかかわりの中で変化し成長しているという相互作用的な事実を捉える一つの手がかりになるとしている。なお，高櫻が3歳児に注目したのは，「乳児期の保護者や保育者という大人との関わりを中心とした関係から同年齢他者へと関係が広がる時期であること」「同年齢他者との関係は，2者関係から集団の一員としての関係へと発展していくものの，4,5歳児と比べると3歳の子ども同士の関係は固定されていない時期だとすること」が背景にあるとする。

　以上，保育の場における3歳児の言葉に注目してみると，他者の意図を読み取りながら，何とか相手との関係をつなぎ，コミュニケーションしようとする姿を読み取ることができる。保育の場におけるコミュニケーションは，こうした子どもの言葉が生成する意味世界を，保育者がいかに興味関心をもって聞き，理解していくかにかかっているといえよう。

2．模倣にみるコミュニケーションと関係維持

　映像メディア時代を生きる子どもは，テレビやビデオ，映画等の映像に登場するヒーロー，ヒロインに憧れる。中でも，子ども向けテレビ番組で常に人気を得ている戦隊もの番組で繰り広げられる「戦い」場面の動きに，子どもは，興味関心を示し，その動きを模倣していく。映像として流れる「戦い」の動きは，相手を斬りつけたり，投げつけたり，武器で撃ったりというような乱暴な動きであるが，子どもはその動きを安易に形真似していく。しかし，この動きは身体を解放する一方，一緒に遊ぼうとする相手との関係を壊しかねない危うさをもち合わせており，コミュニケーションの難しさを伴う。

　また，「戦い」の模倣は，保育者の側からすると，あまりすすめたくない模倣と言えるのではないか。かつて，倉橋惣三は模倣論[10]の中で「模倣に

対する教育上の注意」として，子どもは模倣性に富んだものであるがゆえに，悪い模倣をさせないように注意しなければならないとした。同時に，このことはわかりきったことであるとし，悪い模倣をさせない環境を整えることはなかなか難しく，実際には模倣そのものを禁止することに転じてしまうと指摘した。倉橋は，禁止の背景として，ともすると模倣はその結果に注目するからではないかとし，模倣の真価はその過程にあるとする。たとえ，形真似として模倣したとしても，その模倣の過程に注目していくと子どもにとっての意味が見えてくるのではないかとしたのである。

　そこで，本稿では，前述したように保育者の側からするとあまりすすめたくない「戦い」の場面における模倣過程について，5歳児Uの事例（6月・11月・12月）を取り上げる。なお，Uは友だちと一緒に遊ぼうと関心を示すものの，なかなか相手の気持ちを捉えることが難しく，トラブルになることの多い男児である。

(1)　「戦い」の動きから，「不戦（見立て・ふり）の相互模倣」へ

　　Uは，S,Mたちと積み木で家を構成している。しばらくして，Uは，Sたちに戦いを挑む動きをする。Uの挑発を受けたS,Mたちは結束し，Uと2対1で戦う。形勢不利なUは積み木の家から出て行く。しかし，すぐ戻ってくる。

①S：戻ってきたUを見て，Mに向かって「違う場であそぼう」と言い，Mと一緒に積み木の家の場から出て，廊下の方へ行く。
②U：ブロックで作った武器を手に，Sたちを追う。
③S：武器を手に追ってきたUを見て，戦いを挑む動きをする。
④U：「お前たち，おれ仲間だぞ，仲間って言ってるの」と言いながら，応戦する。通りすがりのW子の頭をたたく。
⑤U：Sたちに向けてブロックで作った武器を振り回しながら「ブシュ，ブシューン」と言い，武器（ブロック）を投げる。

⑥S,M：自分たちで作った武器（ブロック）を投げるふりをする（実際は投げない）。
⑦U：「仲間だろ」「剣作ってこよう」と言い，保育室に行く。
⑧保育者：「また，剣作ってこようって言ってるよ。とんできていやじゃないの？ 胸が痛くなっちゃう」と，Sたちに向かって言う。
⑨U：保育室でブロックの武器を作り変え，戻ってくる。Sたちに向けて武器を投げようとする。
⑩S：「やめろ！」とUに向かって言う。
⑪U：Sが言うのを聞き，やめる。
⑫M：自分の武器の横棒をぐるぐる回し「あっ，U,面白い。空を飛んで面白い。Uもこれをやればいい。面白いぞ」
⑬U：武器をMと同じように組み替え，同じように横棒を回して「おー」と言う。
⑭M：「U,面白いぞ，ぞうさん，ぞうさん」と言い棒を揺する。
⑮U：組み替えたブロックを頭にのせ「タケコプター」と言う。
⑯M：Uと同じようにし「タケコプター」と言う。
⑰U：タケコプターと見立てたブロックを頭にのせたまま走る。
⑱M,Sも同じようにタケコプターと見立てたブロックを頭にのせて走り，Uもそれを見て同様に走っている。

【考察】
ⓐ意図と動きのズレへの模索
・Uは，アニメなどの映像で見た戦いの動きに憧れて模倣しているのだろうが，「一緒に遊ぼう」としつつ「戦いを挑む」という矛盾した動きをしているため相手に意図が伝わりづらい。Uは，一緒に遊ぼうとする相手との欲求のずれが生じているのを感じつつも，「やめろ」と⑩で制止されるまで仲間入りの動きの模索が続いている。
・Uは，「自分が有利な対戦状況」においては「戦いを挑む」という動きをするものの（②⑤），「自分が不利な対戦状況」になった場合のみ「仲

間だろ」という言葉を使い,「一緒に遊ぼう(戦いを挑まないでほしい)」というメッセージを発している(④⑦)。Uは「仲間だろ」という言葉を,自分本位に,特定の状況に依存して使っていると言える。
・Sたち側にとっては,Uの「戦いを挑む」行為と「仲間だろ(一緒に遊ぼう)」という言葉の矛盾を受けとめがたく,距離を置こうとしたり(①),二人で結束してUと対戦しようとしたりしている(③⑥)ため,関係の維持に困難が生じている。このことは,Sたちが,Uの発話意図を理解するための「共通基盤(共同注意フレーム)」を,ここでは共有しづらい状況にあるといえよう。

ⓑ視点変換を感じるSたち
・⑧の保育者の言葉は,Uの予測される言動を直接的に保育者側から阻止しようとするともとれるし,Uの言動を把握しつつ,Sたちの立場に立って状況把握し,共感的に発した言葉ともとれる。保育者として何を援助・指導しているか明確でないようにも見える言葉であるが,Sたちに新たな意味をつくり出す契機となっている。
・Sの制止(⑩)と,Mの武器の見立て替えの提案(⑫)は,関係維持を求めるUの行為(⑬)に反映される。
・Mの「ぞうさん」という新たな見立ての提案(⑭)は,「回す」「空を飛ぶ」「ゆする」という一連の言葉と動きからタケコプターの想起につながる。また,同じ物を持ち,同じ動きをすることによって,「不戦」の模倣が相互に3人に共有される。

ⓒ相互模倣による関係維持
・相互模倣による関係維持に至った要因として,以下が考察される。
　ア.他者と自らの「意図」のずれに対する感覚を,行為化し表現する。
　イ.行為に,呼びかけの発話「~だぞ」「~の」「~だろ」「~こよう」を加え,強い意志や相手への確認を表すことが有効に働いている。
　ウ.回避の行為,制止の言葉で強い意志を相手に返すことで,意図が伝わっている。

エ．相手が興味を抱く言葉，勧誘の言葉（「面白い」「これをやればいい」）を発して，「不戦」の相互模倣へと誘っている。そのことにより，同じ物を持ち，同じ動き（相互模倣）を楽しみ，関係維持に至っている。

(2) 相手の意図を読み取り，「せりふを模倣させる」へ
U,E はブロックでロボットを組み立てている。

①U：「ねえ，ねえ，何ガンダム？」
②E：「自分の作りたいガンダム」
③U：「これ，お母さん」と，自分のロボット a を指して言う。
④E：「お母さんらしいよね，ピンクで」
⑤U：「寝てるんだよ」と言いながら E が作ったロボットを寝かせる。「二人（E と E が作ったロボット）のところへ来たんだよ，ウフフフフ」と言い，自分で組み立てたロボット a を手に，E のロボットに戦いを挑む。
⑥E：「何だよ！」と言い，U のロボット a を手でよける。
⑦U：「あー，何だよ，こわれたこわれた」と言い，ブロックを投げる。
⑧E：「それ，なし！」
⑨U：自分のロボット a を手に，E のロボットに戦いを挑む動きをする。
⑩E：U をたたき，「U，だからねそれなしって言ったじゃないか，さっきから」と言い，こわれた自分のロボットを組み立てる。「直してるんだからね，今，タイムだからね」「戦うのなしにしようよ」と U に向かって言う。
⑪U：自分で作ったロボット a を手に「お父ちゃん，あっちに忍者ガンダムだって，行ってみよう。全員行ったのね，行ってみよう。プププププー，こっちから聞こえてくるのね，ここの所にいたのね，プププププー，どこにいるって言って！」と，E に向かって言う。

⑫E:「どこにいるんだ，でてこい！」
⑬U:「アハハハ，アハハハ，無敵だ，忍者ガンダムだ」と言い，箱からUが隠しておいた忍者ガンダムのロボットbを出す。
⑭E:「お前が，カイテイ（海底）の忍者ガンダムなの？」
⑮U:「ねえ，まだ早いから巻き戻しする」と言い，忍者ガンダムのロボットbを箱に戻し，ロボットaを手に「お父さんもじろって見てたのね。果物かってたのね，お父さんは通りすぎたのね」と言い，忍者ガンダムのロボットbが入っている箱に近づき「ププププー，ププププー」と言う。

【考察】
ⓐ共同注意フレームの共有
- Uは，Eと一緒に遊ぼうとして，同じようなロボットをブロックで作成している。6月の事例に比べると，遊ぼうとする相手に何を作っているかを聞いたり（①），自分が何を作り（③），何をしているかを相手に話したり説明したりするようになっている（⑤⑪⑮）。
- しかし，Uは6月同様，「一緒に遊ぼう」としつつ「戦いを挑む」矛盾した動きをする（⑤⑨）。この時，相手のEは，Uの意図を理解し，「共通基盤（共同注意フレーム）」を共有しているため，両者の関係を壊すUの動きをはっきり拒否し（⑥⑧），仲間同士は戦わないことの提案をしている（⑩）。
- Uは，Eからはっきり拒否されたことにより，Eの意図を理解している。そして，一緒に遊びたい相手Eの提案（⑩）を受け入れ，戦うことをやめ，遊びのストーリーを描き（⑪⑬⑮），かつ，そのストーリー展開を進めるためのせりふをEに要求し模倣させている（⑫）。
- これらの一連の展開は，不戦のストーリーとなってUとEとの関係をつないでいる。また，この経験が楽しいと実感すると，「巻き戻しする」という言葉を使って再度，楽しんでいる（⑮）。

ⓑ不戦のストーリーによる関係維持

- 不戦のストーリーによる関係の維持に至った要因として，以下が考察される。
    - ア．Uの遊びの状況づくりを支えているのは，Uが相手の意図を問いながら読み取り，そのつど言動で返すのを，相手から受け入れられることである。そのことにより，役割設定（「お母さん」③）や状況設定（「寝ているんだよ」⑤）が成立し，両者の関係維持に至る。
    - イ．Uは「戦い」の行為を，Eの語調の強い言葉（「何だよ！」⑥「それ，なし！」⑧「戦うのなしにしようよ」⑩）と動き（手でよける⑥，たたく⑩）で常に拒否されることで，相手の一貫した意図を読み取り，その意図に沿ったせりふづくりをしている。このことが，両者の関係維持につながる。
    - ウ．両者のやり取りの文脈が成立し，台詞の模倣と不戦のストーリー展開を経ながら，関係維持に至っているのは，Eの受容（役割設定受容，状況設定受容，せりふ提案受容）と拒否（一貫した言葉と身体による戦いの拒否）の巧みさ，それに加えて，関係をつなぐ「ね」発話の多用による。

(3) 相手の意図を読み取り，「せりふの相互模倣」へ

U,Eは，ブロックで善者，悪者ロボットをそれぞれ2体ずつ作っている。

①U：「仲間入れて」
②E：「こわすとか，いじめるのとかさ，するのなしだぞ」
③Uは，善者，悪者のロボット2体を手に遊戯室へ行く。
④Eも，善者，悪者のロボット2体を手に遊戯室へ行く。
⑤U：ロボットを手にEのロボットに戦いを挑み，「仲間じゃないか，やめろーって言うのね」とEに言う。
⑥E：「やめろー」

⑦U:「どうしたんだって言って」とEに言う。
⑧E:「どうしたんだ」
⑨U:「戦いやめって言って」とEに言う。
⑩E:「戦いやめ！」
⑪U:「外に出かけよう」
⑫E:「ちがうよ，遊んでいるんじゃないって，応援しているんだよ」とUに言う。
⑬U:「頑張れ，お父ちゃん」と言い，Eが自分で作ったロボット2体を戦わせているのを応援する。「やめろって言うのね」と言い，自分のロボットを手にしてEのロボットに戦いを挑む動きをする。
⑭E:「やめろ，応援していろお前は」とUに言う。そして，Eは，自分の善悪ロボット2体を戦わせながら「ゲー，怒ったぞ，やめるんだ。昔はよく遊んだじゃないか」と言う。
⑮U:自分のロボットを手にして，動かしながら「頑張れ，お父ちゃん」と言っている。

【考察】
ⓐせりふの相互模倣
・Eは，Uの仲間入りに際し，「一緒に遊ぶ」「戦わない（こわすとか，いじめるのとかさ，するのなしだぞ）」という意図を条件として先に示している。
・Uは，Eの先手打ちを受け止め，合意して遊び始めている。
・合意して遊び始めるものの，戦いに興味のあるUは，Eに向けて戦いを挑む動きをするものの「仲間じゃないか，やめろーって言うのね」「戦いやめって言って」「やめろって言うのね」等と不戦のせりふを考えて言い（⑤⑦⑨⑬），Eに模倣させている（⑥⑧⑩⑭）。ここでは，対戦したい気持ちをいったん表しつつ，Eの意図と合意に基づいた不戦のストーリー展開となるようせりふを創造し，そのせりふをEに模倣させている。その際，Uが創造したせりふは，常にEに言われて

いる言葉でもあり，EのことばをUが模倣（相互模倣）しているともいえよう。
- Eが，Uの「外に出かけよう」という提案を拒否して「応援しているんだよ」という提案をすると⑫，UはEの意図を読み取り「頑張れ，お父ちゃん」というせりふを創造し，そのせりふを繰り返し使っている（⑬⑮）。
- U，Eともに，2体の善悪ロボットを使うことで，6月の事例で見られたような，一緒に遊びたい仲間同士が対戦するという矛盾を抱えた状況を回避しようとしている。これは，11月の事例でUが2体のロボットを活用しはじめていたことの延長にあるといえよう。しかし，実際に善悪2体のロボットを自ら戦わせてストーリー展開しているのはEであり（⑬⑭），Uは応援する自分の役割を意識しながら対戦の機会をうかがっているともいえるが（⑬），以前のように強引ではなくEの意図を読み取りながら遊びのストーリーを展開しているといえる（⑮）。

ⓑ 1人2役による関係維持

1人2役による関係の維持に至った要因として，以下を考察できよう。

ア．両者は，「関係を維持する」（「こわすとか，いじめるのとかさ，するのなしだぞ」②）という合意の下で遊びはじめている。

イ．互いに相手の意図をくみ取りながら，自らの意図を遊びのストーリーに盛り込んでせりふとして表している。このせりふを互いに模倣したり，了解したりしながら遊びを展開するため，両者が協同的に遊びのストーリーづくりをしているといえる。

ウ．Uは，「戦いを挑む」動きをする場合は，それを制止するせりふ（「やめろって言うのね」⑤⑬）を相手に言わせることで不戦のストーリーを描き，相手との関係を維持している。同時に，その際，「ね」発話を多用し，相手との関係をつないでいる。

エ．Eは，自分の善悪2体ロボットを戦わせ，かつ，両ロボットの過

去を「昔はよく遊んだじゃないか」（⑭）というようにせりふとして表している。また，その様子をＵに応援させることで，一緒に遊ぶＵとの直接対戦を避け，関係を維持している。
オ．Ｕは，Ｅの善悪２体ロボットの対戦の様子を見聞きし，応援することで，遊ぶ仲間には「戦いを挑む」ことをせず，関係を維持している。

　以上，5歳児6月，11月，12月のＵを中心とした事例から，一緒に遊ぼうとする相手の意図を読み取りながら物や身体，言葉を使ってコミュニケーションを展開している姿を記述した。
　6月の事例において，「一緒に遊ぼう」としつつ「戦いを挑む」という矛盾を抱える言動は，相手との関係を維持しづらいコミュニケーション状況にあった。しかし，状況を共有する保育者の絶妙な言葉かけをきっかけに場面変換がなされ，「武器」の見立て替えと身体による「不戦」の相互模倣がなされて関係維持に至っている。
　11月の事例において，「一緒に遊ぼう」とする場合は「戦いを挑む」ことを一貫して拒否されたことから，相手の意図を読み取りつつ遊びのストーリーを描きながら必要なせりふを相手に模倣させている。その結果，不戦のストーリー展開となり，両者の関係維持に至っている。
　12月の事例において，「一緒に遊ぼう」とする場合は「こわすとか，いじめるのとかさ，するのなしだぞ（戦わない）」という条件つきで仲間入りをする。しかし，「一緒に遊ぼう」としつつ「戦いを挑む」ことに関心があるＵは，「戦い」シーンを盛り込みつつも，不戦のストーリー展開となるよう，せりふを創造している。さらに，せりふを相互模倣したり，1人2役となったりしながら実際には「戦わない」という不戦状況をそのつど設定しながら，何とか相手との関係維持に至っている。
　佐伯胖が，「"模倣すること"がそれ自体，独自の"行為"であり，その"行為の遂行"（"真似"をすること）ないしは非遂行（"真似"をしないこと）が，

複雑なコミュニケーションの手段として利用されるようになっていく」[11]とするように，真似をすること，真似をしないことの間には拒否と拒否の受容というコミュニケーションの過程がある。このコミュニケーション過程を媒介するのが，物（みたて）・身体（ふり）・言葉（せりふ・ごっこのプラン）であり，相互模倣が複雑なコミュニケーションの手段として利用されていたといえよう。

最後に，上記の事例を，"学び・学習"という視点で考えてみることにしよう。佐藤学は，「学習という実践は，対象との関係と意味を構成する認知的・文化的実践であると同時に，教室の他者との対人関係を構成する社会的・政治的実践であり，自分自身の自己内関係を構成する倫理的・実践的実践でもある」[12]とし，対象（物）との対話・他者との対話・自身との対話の中にこそ，学び・学習が成立するとしている。これを前提とすると，本事例では，他者の意図を読み取り，それに沿おうとしながら，自らの意図との調整を行って遊びを展開していたといえる。そこでは，物を見立て変え，相手と同じ身体の動き（ふり）をし，ごっこのせりふやプランを考えながら相互模倣して，物と対話し，相手の意図をうかがいつつ他者および自身と対話し，何とか相手との関係維持に至っていた。複数の子どもが参加するふり遊びとしてのごっこにおいては，対象（物）との対話・他者との対話・自身との対話が，切り離されて行われているのではなく，からまり合いながらコミュニケーションが展開されていく。常に，「私」と「私たち」の世界（鯨岡）に生きることが求められ，かつ，「私と私たちの物語」をごっこのせりふやプランとして生成していくことが求められる[13]。変化する遊び状況の中で，そのつど，他者の意図を読み取り，それに沿おうとしながら，自身の意図との調整を行うことは難しさを伴うが，瞬時瞬時味わう他者との相互了解は遊びの楽しさの経験となり，他者との関係維持に大きく影響を与えていく。このような他者とのコミュニケーション過程にこそ，学び・学習が成立しているといえよう。

言葉に視点を当てて言うならば，言葉の獲得は，上記のような遊びを中心

とした生活の中で，状況とからめ，他者とかかわりながら関係を維持することの楽しさを実感することで成されていくのである。

そして，これらの学び・学習を成立させていた背景として，子どもと状況を共有しようとする保育者をよりどころに，子どもが対象や他者や自身と時間をかけて試行錯誤しながら対話できる「コミュニケーションを支える保育の場」があったといえよう。

§2 コミュニケーションを支える保育の場

1．保育者の存在

前節で，保育の場における学びを保障する子どものコミュニケーションのありようについて事例を中心に述べたが，その背景には，それを支える保育者の存在があった。ここでは，まず，保育の場における子どものコミュニケーションを支える保育者の存在について考える。

（1） 岡本夏木の「言葉を支える存在」論
岡本夏木は，そもそも大人（保育者・保護者）は，以下のような存在であるとしている[14]。

　①意図をもって子どもにかかわってくる相手
　②子どもと同じ人間として，動作的にも情動的にも同型の構造をもつ相手
　③さまざまな場面に登場し，さまざまな機能を果してくれる相手
　④つねに子どもの興味や探究心をひきおこす課題場面をつくりだしてくれる相手

⑤人間としてのすべての感性系路をフルに総動員してはたらきかけてくる相手

その存在の特徴は，子どもをつねに「"開かれた系"としてとらえ，さらに相互交渉の場に，自分自身も入りこみながら，その場をつねに"開かれた場"たらしめていく」[15]としている。なお，岡本は，4年間養護学校に勤務したことがある。その在任中の最後の卒業式で，中等部の卒業生の中に証書授与のために登壇することが難しい生徒がいた。その生徒は自閉的傾向が強く，小学部の卒業式では登壇せず，教師がフロアーへ降りて証書を渡した経緯があった。3年後，中等部の卒業式では，何とか登壇したものの，「どうもない，どうもない」という言葉を繰り返しつぶやいていたという。授与する証書を読みながら，岡本夏木はその言葉を聞き，身を洗われるような感じが走ったという。その言葉は，教師や友だちが常に，その生徒を励ます時にかけていた言葉であり，前日の卒業式の練習でも登壇をひるむ彼を「どうもない，どうもない，上がれ」と叱咤激励してきた言葉だったという。教師が語りかける言葉を子どもが自分の言葉として使い，それを教師が聞くことにより相互の深い理解が生まれる。このことにより，「ことばは真に私たちの共有するものとなる」[16]のだとする。子どものコミュニケーションを支える場は，年齢にかかわらず相手理解が常に基盤となる。保育者や保護者は，相手理解を行い，生成された意味世界を共有し，時には，子ども同士の意味世界をつなぐ役割を担うのである。

(2) 言葉を支える保育者

幼稚園教育において，求められる保育者の専門性として，「幼稚園教員は，幼児を理解し，活動の場面に応じた適切な指導を行う力をもつことが重要」[17]であるとされている。相手を理解したうえで意味世界を共有する際には，相手の年齢や表現特性を考慮した話しかけやかかわりが有効であろう。一般的に，大人（保育者，保護者）による幼い子どもへの話しかけ方は，大人同士

の語り方とは違いがある。たとえば,「母親語」「育児語」(あるいは,「ベビートーク」)と呼ばれる話しかけ方である。もともとは1966年にアメリカの文化人類学者チャールズ・ファーガソンが6つの異なる言語文化圏で母親の赤ん坊への語りかけにおいて共通にみられた特性を,Motherese と造語して表したことに由来する。早くからそのことに注目していた村田孝次は,これらを「育児語」として以下のようにまとめている[18]。

「育児語」の特徴
①おとなに差し向けられる発話よりも,はるかに単純である。
②おとなに差し向けられる発話よりも,はるかに文法にかなっている。
③高度に冗長な形式をとる。
④語・句や文全体を反復し,先行のBT(文や語)をパラフレーズ(ある表現を他の語句に置き換えてわかりやすく述べる)する。
⑤限定された文型を頻繁に,かつ反復使用する。
⑥子ども自身の言語能力水準によく適合している。これは子どもからフィードバックされる情報による調整の結果と思われる。

同様に,Motherese に注目した正高信男は,「母親語」とは,大人が成人に話をする時とは違って,赤ちゃんに話しかけるときは,「①ことさら声の調子(高さ)を高くする」「②声の抑揚を誇張する傾向が顕著となる」の2点に要約している[19]。さらに,正高は自らも日本の母子における母親語の追調査をして確かめている。それによると,日本語を用いている母親においても,母親語は存在するものの,常に母親語を用いているわけではなく「文脈特異的」だとしている。つまり,赤ちゃんが母親に対して無反応を続けると,母親語が登場するとしているのである。赤ちゃんは,母親語を耳にすると母親の語りかけを上手に真似ることができる。母親は赤ちゃんに模倣を促すために,無意識の内にも母親語を発するように文化の中に仕組まれているのではないかとしている。

これらの「育児語」「母親語」は,集団施設保育における保育者においても,無意識の内に,あるいは専門性と意識して使われているといえよう。ちなみに,現行『保育所保育指針解説書』「第3章 保育の内容,1. 保育のねらい及び内容―(1) 養護に関わるねらい及び内容　イ 情緒の安定」(イ)の「内容」では,「①一人一人の子どもの置かれている状態や発達過程などを的確に把握し,子どもの欲求を適切に満たしながら,応答的な触れ合いや言葉がけを行う」としている。また,同解説書「第3章 1―(2) 教育に関わるねらい及び内容」の「エ 言葉」では,以下のことが記されている。

　　言葉をめぐっては,話すことと聞いて理解することが大切ですが,特に乳幼児期には言葉への感覚を豊かにし,言葉を交わすことの楽しさが十分に味わえるようにしていくことが重要です。そのためには,子どもが言葉や表情で表した気持ちをしっかりと受け止め,応えていくことが大切であり,保育士等との応答による心地よさや嬉しさといった「心情」が言葉を獲得する上での基盤となります。そうしたやり取りにより,子どもは更に自分の気持ちを伝えようとしたり,保育士等や友達の言うことを分かりたいと思うようになり,話すこと,聞くことへの「意欲」を高めていきます。

　上記のように,乳幼児期の子どもは,言葉や表情で表した気持ちをしっかりと受け止めてもらうと同時に,信頼を寄せる保育者の言うことをわかりたいと思うようになることで,話すこと,聞くことへの意欲を高めていくのである。現行『幼稚園教育要領』「第2章 ねらい及び内容」「言葉 3 内容の取扱い」においては,「(2) 幼児が自分の思いを言葉で伝えるとともに,教師や他の幼児などの話を興味をもって注意して聞くことを通して次第に話を理解するようになっていき,言葉による伝え合いができるようにすること」と記されており,『保育所保育指針』と同様に,具体的な保育者の話し方については触れていない。これは,現行『保育所保育指針』『幼稚園教育要領』

がともに，具体案を示すことでマニュアル化することを危惧するとともに，大綱を示すという方針からである。子どもとの相互のかかわりの中で保育者はどのような話しかけをしているかを，状況文脈を基盤に省察し，その専門性を吟味していくことが求められよう。その際，第1部で青木が論じたように，「保育の場には，金田一春彦があげる擬音語，擬声語，擬態語，擬容語，擬情語が多発される対話関係が成立している」のである。これらの「伝達されやすくリズミカルな音声によって衝動を刺激する擬音語や擬声語，擬態語などを動詞化して，幼児の行為を誘発しようとする対話も多い」(p.72) として，「おててパッチンする」「チーンする」のように言葉と行為を結びつけ，その行為を促す保育者の言葉かけを経験的に多用しているとする。ほかにも，「積木さん」「カバンさん」「靴が迷子だよ」のように対象を擬人化した保育者の言葉かけも，保育実践の場ではよく聞かれる。このような，子どもの言葉と行為（身体）を結びつける保育者の言葉かけについても，その意味を読み取り，専門性との関連で吟味する必要があろう。

　また，岡本夏木は子どもと大人（保育者・保護者）の間には物が介入することについて論じており，子どもは大人がその物にかかわる取り扱い方を見ながら，子ども自身も同様に対処の仕方を学んでいくとしている。社会的ルールや文化的慣習を背景に行われる大人の物の取り扱いは，子どもに「社会的物」「文化的物」としての意味を獲得させていくとする。興味深いことは，そこに言葉が伴うということである。これに関して，明和は，ヒトとチンパンジーの母親を比較し，チンパンジーの母親は「子どもに働きかける時間や頻度は少なく，また，声や物を使ってあやすことはほとんどない」[20] としており，チンパンジーの乳児は試行錯誤を繰り返していく。それに対して，ヒトの母親は物を取り入れ，物を媒介としながら乳児とコミュニケーションを図る。

　母親（保護者）のみならず，集団施設保育における保育者と子どもとの間においても，同様に様々な物が介入する。保育者は，その物がつくられ存在する社会的・文化的意図をも伝えながら，その取り扱い方を自らの言動で示

していくことになる。また，集団施設保育の場は，複数の子どもが集うことから，その物を複数の子どもが扱うことになる。多様な他者が，それぞれの意図をもって物にかかわることから，互いの意図がぶつかり合ってトラブルが生じたり，葛藤を抱えたりするようにもなる。それぞれの立場に立ってみると，違った状況として，眼前の物を介した出来事を捉えることもできる。そのことを，保育者は言動を通して子どもに伝え，媒介していく存在者であるといえよう。このことは，現行『幼稚園教育要領』『保育所保育指針』の「言葉」において，絵本とのかかわりについて述べられているにとどまっている。たとえば，「幼稚園教育要領 第2章 ねらい及び内容」の「言葉 3 内容の取扱い」で「(3) 絵本や物語などで，その内容と自分の経験とを結び付けたり，想像を巡らせたりするなど，楽しみを十分に味わうことによって，次第に豊かなイメージをもち，言葉に対する感覚が養われるようにすること」とあり，上記に触れたような「物」に対しての配慮に直接触れているわけではない。先に述べたように，最近の保育学研究や質的研究においては，物や身体を介しての乳幼児期のコミュニケーションに注目した研究が多く取り上げられるようになっている。今後，物や身体を介したコミュニケーションという視点から，保育者の役割について，実践の場でもさらに検討をしていく必要がある。

2．言葉の指導への配慮

佐伯胖が指摘した「模倣の意義と危うさ」[21]は，言葉の指導への配慮につながることでもある。ヒトは，教えようとする相手の意図をくみ取って模倣し，文化に適応しようとする存在である。このヒトの特性を効率的に活かし，教示伝達の意図を明確に示して教育しようとするのも，ヒトなのである。そのような教示的な教育（模倣的様式の「教える」）の中で，とりあえず言われたままに模倣するということを繰り返し，先人が伝えようとする知識を獲得する。しかし，それを重ねるうちに，何も考えずに教えられたことをただ模

倣し，知識を獲得するということを学習することになってしまう危うさがあるということであった。

わが国の保育における言葉の指導に視点を当ててみても，第1章保育内容の歴史的変遷のところで論じたように，保育の成果に注目して，言葉の知識を保育者の側が一方向的に教え込む時代もあった。しかし，子どもと生活をともにする保育者や研究者たちによる「子どもと環境との相互作用」や経験プロセスへの注目，模倣研究の深まりが言葉の指導を見直し，保育内容を変遷させてきた。そこでは，現行の『幼稚園教育要領』や『保育所保育指針』に見られるように，有能な存在者であるという子ども観を基盤に，言葉の指導を主張している。したがって，子どもの言葉の獲得における理を重視し，生活や遊びの中で状況を共有しながら言葉を獲得していくプロセスを援助しようとする保育の姿勢が基本的に貫かれている。

このことが，今後も引き続き継承されていってほしいと筆者は願っている。しかし，子どもを取り巻く社会の変化はグローバル社会を視野に著しいものがある。そこでは，世界の共通語としての英語を早くから教え込もうとする取り組みも加速化する傾向にあり，再度，「教える」の変容的様式への変換も危ぶまれる。そこで一つには，発達という視点から言葉の指導についての配慮を考えてみたい。あと一つは，共通語という視野から言葉の指導についての配慮を検討する。

(1) 発達という視点からの配慮

世界の保育の現状をみても，一方には，わが国同様，成果が見えにくい保育の意義をいかに伝えるかという困難さを抱えつつも，育ちの過程に意義をおく主張がなされている。もう一方には，小学校教育との連携・接続との関連を視野に，「読み・書き・計算」に顕著に現れる保育の成果に意義を主張してきた歴史的経緯がある。しかし，このことを第2章で述べた言葉の獲得や発達という視点からみてみると，なかなか複雑な様相がみえてくる。われわれの発達は，必ずしも何かを獲得し続け，成果を単純に示せるわけではな

い。前述したN児の追跡事例を論じた岡本夏木は、興味深いことに、言葉の獲得は得るものが多い一方で、それにより失われるものがあると指摘した。言語化により複雑な情報の言語的範疇化や論理化、表現の公式化や客観化等について、言葉はその力を発揮して、思考の広がりや深まりが進むとしつつ、その一方で、失われるものについても記載している。具体的には、「ことば記号とむすびついた概念は、より画一化、ステレオタイプ化し、情報処理や表現形式は機械的に固定化しやすい」とし、「子どもが言語的思考の熟達に先立ってもっていたいくつかの機能の長所が、その犠牲になって失われていきやすいことを見逃してはならない」[22]と指摘している。N児の事例にあったように、言葉の獲得過程においては、一見無駄で無意味に見えることも、その後の言葉の獲得に非常に重要な経験であった。個々の子どもの発達に注目し、その子にとっての意味をしっかり把握して支えていくことが求められる。安易に早期の言葉獲得ばかりに目を向けた指導への戒めを記している。また、「慣習的な言語反応が巧みになるにつれて、それが、物自体や現実に対する新鮮な関心やイメージ化の力、想像性、直観性、行動や情動とのつながりや表現意欲等々、人間の能力として幼児期においていちじるしく発達させてきたものを、逆に圧迫し枯渇させてゆく傾向が強まってくる」[23]とする岡本は、以下の重要な指摘を行っている。

①概念のステレオタイプ化や慣習化を防ぐ新鮮な経験をつねに与えるとともに、自己の新たに獲得した概念やルールをふたたび現実の場に再適用していく機会をたえず求めていく。
②言語表現を意図的に工夫させてみる。ことばをたんに現実の論理的、概念的表現やその代置物の面のみに限定することなく、美的表現の手段として、ことばのみが作り出せるような世界（たとえば詩や物語）の創造をたのしむ機会をゆたかにしていくこと。
③不特定多数にむけてのことば使用（話しことばにせよ、書きことばにせよ）の能力の促進ばかりに短絡せず、特定のコミュニケーションの相

手を意識した言語使用を，少なくとも小学校の中期まではもっと充実しておくことが必要であろう。
④ことば以外にもゆたかな表現手段（美術制作や音楽，ダンスのような）を同時に身につけるよう動機づけること。
⑤国語の授業（あるいは言語指導）の時間においてのみことばが発達すると考える迷妄を打破すること。

上記のように記す岡本は，「子どもはその発達の途上，二つのことばの獲得を迫られる」[24]として，一つは乳幼児期の言葉，あと一つは小学校入学を経て新たに身につけていくことを求められる学童期の言葉をあげている。前者の獲得期においては周囲の大人たちの祝福の中に置かれ遊びと一体化した子ども自身の生活の場で進行しているものの，後者の獲得期においては学習という場で大人が意図的に強制してくるものとの対決を通して子どもが形成していかねばならないとしている。乳幼児期では，話し手と相手とは「この世界」にあって，主に「この世界」のことを話す。学童期になると，話し手は「この世界」にありながら，必ずしもそこにいるとは限らない相手と「その世界」のことについて話す。乳幼児期の子どもは「文脈辞典」（その語がどういう文脈の中で使われるべきかを示す辞典）を内蔵し，それに対して学童期後半の子どもは「語彙辞典」も内蔵すると推定している。「この世界」から「あの世界」，「文脈辞典」から「語彙辞典」への移行は，必ずしも容易ではない。あくまでも，「この世界」と「文脈辞典」を抱えながらの移行である。だからこそ，乳幼児期の遊びと一体化した子ども自身の生活の場での豊富な経験が重要な意味をもつのであろう。

かつて，聾教育において萩原浅五郎が，8, 9歳ごろの教材をこなしていくのに困難を示すことが多く，これを「9歳の峠」と表現した。その後，「9歳の壁」と言われるようになり，聾教育に限らず，一般に子どもの発達段階上の節目を強調する表現として用いられている（第1部，青木p.84）。これに関して，岡本は，学童期の言葉への強制が本格化してくるのはまさに小学校

の中学年ごろであり、萩原が表現した「峠」とは学童期の言葉の世界へ参入を求められる子どもを待ち受ける苦難にほかならないとしている。自ら、障害児教育にも携わった経験から、その問題を教育全般の課題として受け止めているのである。岡本は、学童期の言葉の世界は「学校教育をとおして課せられてくる標準語の使用を中心とした、話しことばと書きことばからなる世界である。不特定多数の一般者に対して話すためには客観的意味の裏づけを必要とし、そのことは知識体系の構築を促すことともなる」[25]とし、乳幼児期の言葉と学童期の言葉が重層的に働き合うことによって、それぞれの力を発揮していくとしている。さらに、その重層性のかなめ的役割を果たすのは内言ではないかとし、母語は内言に参与することによって学童期の言葉につながっていると指摘している。発達の危機ともいえる「峠」を乗り越えるには、乳幼児期の言葉が重要な意味を成していることを再認識する必要がある。つまり、乳幼児期の言葉を、学童期の言葉に早く移行していくことに意義があるのではないという主張である。乳幼児期の「この世界」を十分に楽しみつつ、内なる「文脈辞典」に照らし合わせながら言葉を模倣し、学び、獲得していく。この乳幼児期の言葉を得て、学童期の言葉が重層的に得られていくのである。早期から学童期の言葉の獲得を促すことが、子どもの発達にとって、むしろ弊害となることがここでも明らかとなった。

　ちなみに、乳幼児期の子どもの発達過程における保育の視点（例：「言葉」）として、現行保育所保育指針解説書で一覧として示している。最後に、これを掲載しておく。

（2）共通口語・標準語という視点からの配慮

　ヒトの言葉の獲得は、多様な他者との共存と文化の伝達にあったと考えられる。しかし、言葉はもともと限定された地域で使われていたものが交流範囲の広がりとともに広範囲で使われ、共通口語として定着していった経緯がある。言葉の共通化は、時には政治的な力にも影響を及ぼし、複雑な側面を兼ね備えている。ここで扱う共通口語・標準語は、ヒトにとって言葉の果た

図表 2-3-1　子どもの発達過程における保育の視点（例：「言葉」）

発達過程 \ 言葉	子どもの発達と保育をとらえる視点		
Ⅰ．おおむね6か月未満	○あやされて声を出したり笑ったりする。	○保育士等の子守歌を聴いたり，保育士等が話している方をじっと見る。	○保育士等の声や眼差しやスキンシップ等を通して，喃語が育まれる。
Ⅱ．おおむね6か月から1歳3か月未満	○身近な大人との関わりを通し，喃語が豊かになる。指さしやしぐさなどが現れはじめる。	○保育士等に優しく語りかけられることにより，喜んで声を出したり，応えようとする。	○保育士等と視線を合わせ，喃語や声，表情などを通してやり取りを喜ぶ。
Ⅲ．おおむね1歳3か月から2歳未満	○指さし，身振りなどで自分の気持ちを表したり，徐々に簡単な言葉を話し始める。	○保育士等の話しかけややり取りの中で，声や簡単な言葉を使って自分の気持ちを表そうとする。	○保育士等の話しかけや絵本を読んでもらうこと等により言葉を理解したり，言葉を使うことを楽しむ。
Ⅳ．おおむね2歳	○保育士と触れ合い，話をしたり，言葉を通して気持ちを通わせる。	○保育士等を仲立ちとして，生活や遊びの中で簡単な言葉でのやり取りを楽しむ。	○絵本などを楽しんで見たり聞いたりして言葉に親しみ，模倣を楽しんだりする。
Ⅴ．おおむね3歳	○生活に必要な言葉がある程度分かり，したいこと，してほしいことを言葉で表す。	○友達の話を聞いたり，保育士等に質問したりするなど興味を持った言葉や，言葉によるイメージを楽しむ。	○絵本，物語，視聴覚教材などを見たり，聞いたりしてその内容や面白さを楽しむ。
Ⅵ．おおむね4歳	○自分の経験したことや思っていることを話したりして，言葉で伝える楽しさを味わう。	○様々な言葉に興味を持ち，保育士等や友達の話を聞いたり，話したりする。	○絵本，物語，視聴覚教材などを見たり，聞いたりしてイメージを広げる。
Ⅶ．おおむね5歳	○自分で考えたこと経験したことを保育士等や友達に話し，伝え合うことを楽しむ。	○様々な機会や場で活発に話したり，保育士等や友達の話に耳を傾ける。	○絵本，物語，視聴覚教材などを見たり，聞いたりしてイメージを広げ，保育士等や友達と楽しみ合う。
Ⅷ．おおむね6歳	○自分の経験したこと，考えたことなどを言葉で表現する。	○人の話を聞いたり，身近な文字に触れたりしながら言葉への興味を広げる。	○絵本，物語，視聴覚教材などに親しみ，保育士等や友達と心を通わせる。

※子どもの様々な発達の側面は0歳からの積み重ねであることや，実際の保育においては養護と教育の一体性および5領域の間の関連性に留意することが必要である。
※子どもの発達を見通しをもってとらえることが，保育課程の編成や指導計画の作成などに生かされる。

『保育所保育指針・幼稚園教育要領―解説とポイント』ミネルヴァ書房，2008, p.152

井上ひさしはテレビ版戯曲『國語元年』[26]で,明治初期に共通口語としての「全国統一話言葉(はなしことば)」制定を文部省から命じられた文部官僚の取り組みを描いている。まず,主人公は,家中から口語の統一を試みようとするが家族も使用人たちもそれぞれのお国言葉を話している状況であり,屋敷中は大混乱になる。たとえば,京言葉で言う「イカイ蚊」は,東京山の手言葉「オホキイ蚊」,鹿児島言葉「フトガ蚊」,山口言葉「イカイ蚊」,高知言葉「オーケー蚊」,長野言葉「イカイ蚊」,岐阜言葉「オッキー蚊」,鳥取言葉「オーケー蚊」,長崎言葉「フトカ蚊」,日向言葉「フトカ蚊」というようになるというのである。さて,それらの言葉をどのように共通化していくか。そこでは,言葉と近代国家の奇妙な緊張関係がユーモラスに描かれている。言葉の共通化には,このような混乱が伴うのである。また,井上はあとがきにおいて,「フツー人の責任」として「言葉を作り出し,その意味や使い方を決めているのは,小説家や学者の先生方ではなく,じつはその言葉を使いこなしながら日々の困難を生き抜いている私たちフツー人」だとしている。たとえば,「目の蓋(ふた)だから目蓋(まぶた)」「水の海だから水海(みずうみ)」「月が新しく立ち上がる日だから月立ち(ついたち)」等があり,それらは皆「フツー人」が考えだしたとする。その時々の権力が言葉を共通化しようとする動きがある一方で,実は「フツー人」が言葉をつくり定着させてもいると主張しているのである。ここに,子どもをはじめ私たちが獲得していく言葉自体も固定的なものではなく,生活の中で状況に応じて使われながら変化し定着していく変動的知識なのだという本書の主張との重なりを見ることができる。だからこそ,筆者は「教える」の様式も,模倣的様式ではなく変容的様式を支持しているのである。

しかし,この共通口語としての標準語は,学童期の言葉との関連で見るとなかなか難しい問題を孕んでいる。岡本夏木は,学童期の言葉が「親しい人との対面対話場面を超えて,より多くの人をコミュニケーションの対象とすることを求める帰結として,少しでも多くの人と理解しあえる共通性をもったことば使用が必要になってくる。学校教育が,子どもが社会へ出てゆくた

めの準備的役割をになうかぎり，標準語教育は不可欠となる」[27]として，その必要性を認めている。一方，そのことは同時に，子どもが標準語を通して大人の社会や文化，あるいは国家というもののもつ力の波にさらされることを意味すると指摘する。しかも，それはそれまでの「自分のことば」であった母語に対して強い圧迫として働きかねないと危惧しているのである。母語とは，「母」なる人を中心とする身近な人とのかかわりを通して，具体的生活の中で形成されていくものだとするかぎり，「母語は必然的に一つの方言であり，国語の時間を中心として授業で与えられる標準語とは当然対立的性質をになってくる」[28]のである。したがって，方言の尊重は，母語の尊厳であり，子どもの尊厳でもあるとする。私たちは，母語でしか表現できない私的な世界があるとし，とくにそれは，自我と結びついた感情がかかわる状況においてとか，空想にふけったり想像をめぐらしたりする際の内言，自分で自分を督励する際等においてあらわれやすいとしている。そしてそれを多くの他者に伝える必要があるとき，標準語に置き換えられていくのであろう。しかし，「子どもの母語を極力制限し，排除する役割を果す方向に標準語が働いてゆくなら，子どもの自我体験は空洞化され，二次的ことば（学童期の言葉―引用者注）の機械的使用のみがはびこることになりはしないか」[29]として，その危うさを指摘している。

　岡本は，日本の子どもは，母語としての方言と標準語はともに日本語という範疇で扱われるとし，国家語として母語とまったく異なる言語の習得を課せられる他国の例とは区別している。これを踏まえ，「母語と標準語については，後者が前者を侵食するかたちにおいてでなく，子どもがそれらの二重言語の使用者として生きるように育てるための教育方法の実質的な確立を必要とする時期に来ているのではないか」[30]とし，母語と標準語のみならず，手話や点字をも教育の場に価値づけていくことを提案している。この提案は，多様な他者との共存を示唆しており，グローバル社会を視野に世界の共通口語の教育も浸透していく現在，しっかり受けていく必要があろう。その際，漢字・平仮名・片仮名という複雑な表記文字を有す日本語の独自性を検討す

ることが求められる。竹内通夫は,歴史的に見て日本の幼稚園教育要領は「聞く」「話す」といった活動を中心に行い,文字の「読み」「書き」については戦後一貫して消極的であったことの背景として戦後アメリカ教育使節団報告書における言語教育観の記述（1946年）をあげている[31]。そこでは,日本語の文字（仮名・漢字）について,子どもの学習（「読み」「書き」）の障害であることが指摘されている。これに対して,中坪史典は,「幼児期の文字教育については,就学準備のスキル獲得に重点を置く英国・米国が,文字の『読み』『書き』に積極的であるのに対して,日本では,就学準備のスキル獲得よりも社会的・情緒的発達に重点を置くことから,文字の『読み』『書き』に消極的である。こうした現状の背景を探ってみると,もしかしたらアメリカ教育使節団報告書にたどり着くのかもしれないという点は,評者にとって興味深いものであった。本書では,この点が必ずしも究明されていないのが残念である」[32]として注目している。日本語がもつ文字の独自性への着目と教育への探求が求められるが,筆者は,「聞く」「話す」と「読み」「書き」が必ずしも一致しない英語においては後の修正が困難なため「読み」「書き」に積極的であるのかもしれないが,文字表記が複雑な日本語においては,幼児期からの「読み」「書き」には困難を伴うため消極的であったのではないかと考える。太田素子は,江戸時代における文字習得過程の出現と対応して,乳幼児への眼差しも変化をみせていたということを指摘し,「それは応答的で注意深い大人―子ども関係を出現させて博愛家族を準備したのではないか」[33]とする。ここでは,わが国特有の文字表記の複雑さに触れているわけではないが,文字習得と家庭教育との関連を指摘している。筆者は前述したように江戸時代において,子どもと生活をともにする大人が子どもと同じ世界を見て（共同注意）,共感的・応答的かかわりをもって生活に必要なしつけや家庭教育の基盤を築いたのではないかとした。言葉の教育に注目すると,日本語の文字表記に伴う困難さを,当時の大人自身も実感していたのではなかろうか。だからこそ,生活をともにする大人が,子どもの文字習得過程の困難さを共感的に理解したという経緯があるのではないかと考える。

本来，言葉は，多様な他者との共存のためにヒトが獲得してきたものであった。現在迎えているグローバル社会においては，世界を視野に共通口語としての言葉（英語）の教育が保育においても迫られる状況にある。日常生活で状況を共有しながら獲得していく母語の獲得と，世界を視野にした共通口語としての言葉の獲得をどのように考え，保育に位置づけていくか，このことも，今後われわれに求められる課題である。その際，人が言葉を獲得してきた原点に立ち戻り，それぞれの地域や国の言葉の独自性を踏まえつつ，共通口語としての標準語を考えることが，グローバル社会を生きるわれわれに求められるのだろう。

3．多声的対話空間を支える「共感的理解の場」

　コミュニケーションを支える保育の場は，子どものみならず，保護者・保育者の様々な対話を生みだす。このことは，実習生として参加する学生やボランティア，地域の人々も同様であり，保育の場に参加する参加者全員の対話による豊かな学び・育ちを保障するといえる。佐藤学は，学びにおける対話的実践として，「対象（物）との対話」「自己との対話」「他者との対話」の3点をあげており，学びの実践は，「世界づくり（認知的・文化的実践）」と「自分探し（倫理的・実存的実践）」と「仲間づくり（社会的・政治的実践）」が「相互に媒介し合う三位一体の実践なのである」[34]とする。しかし，佐藤は学校教育現場において，この3つの次元の対話的関係を成立させ，三位一体の実践を展開することの難しさや困難な現状を指摘している。第1の「対象との対話」においては，「現実的で具体的な対象と文脈を喪失して情報へと転落した教育内容の知識は，学びの実践における対象世界との個人的で対話的な関係をその根底から剥奪している」[35]と批判する。第2の「自己との対話」においては，個人的な「時間」「空間」「関係」の保障にとどまらず，「一人ひとりの個性的な探究活動が奨励され，それらの差異を共有し交歓し合う関係が，同時に準備されなければならない」[36]と指摘する。第3の「他者と

の対話」においては,「対話的実践として学びを遂行するためには,教室文化を構成している制度化された人間関係,言語,知識を,ダイアローグの言語によって変革する実践として展開されなければならない」とし,「子ども一人ひとりの認識や表現の個別性を尊重し,そのよき聞き手,よき理解者となる」「一人ひとりの子どものイメージや思考の個別性を交流し,対話的コミュニケーションの成立を探求し」「言語の多様性と多層性を開拓」[37]するという実践の場を推奨する。また,秋田喜代美らは,コミュニケーションのありようが教育の質を保障し深めるとして,民主的対話空間としての多声的対話空間をあげている。そこでは,「小さな声にも耳を傾ける教室」「言葉と人・教材をつなぐ教師の言葉―リボイシング―」「まなざしの交流と傾聴―聞くことと共同注視―」「教師の語りが生み出す教室の開かれた関係―教師の自己開示―」等について述べている[38]。リボイシングという話し合いを中心とした授業では,教師が直接に評価するのではなく,生徒の主体性を尊重しつつその発言を言い直す中で(リボイシングする中で),教師は明確な表現の仕方,様々な意見の整理の仕方等を提示しているとする。そして,「生徒たちは,そういった教師のリボイシングに何度も触れる機会を得ることで,自分の考えをより明確に表現する方法や,自分で疑問や問題を解決していく際の他の人たちの意見の整理方法を身につけていくと考えられる」[39]としており,対象との対話・自己との対話・他者との対話を支える教師の言葉を,実践の場におけるコミュニケーションという視点から探求している。保育の場においても,子どもや参加者の多声的対話空間が求められるのは当然である。

では,このような多声的対話空間である実践の場は,どのようにして成立するのだろう。筆者は,子どもを理解する保育者も,実践の場で自ら受け止められ理解される存在者であるということが前提になると考える。子どもだけが理解され,学び,育つのではなく,ともに生活する保育者自身も理解され,学び,育つのではないか。質の高い実践の場とは,そこに参加するすべての者が対話し,互いに学び合う場として位置づいているのではないか。換言すると,対話的コミュニケーションが成立する実践の場は,共感的理解の

場であり,互いの育ちを支え合う場でもある。
　ここでは,上記のことを,一つには保育カンファレンスにおける保育者の語りに見られる共感を中心に見ていくことにしよう。あと一つは,保育の場に参加する実習生と指導保育者に視点を当て,共感的理解の場で対話的コミュニケーションがどのように展開し,実習生の育ちが保障されていくかを見ていく。

(1) 保育者の言葉とコミュニケーション

　中坪史典らは,「保育者は,園の中で同僚の保育者と話し合い,多様な意見を交わすことで,いろいろな気づきを得たり保育を見る眼差しが変化したりするなど,自らの成長に繋げることができる」[40]として,保育カンファレンスにおける保育者の語りの特徴を分析している。研究方法としては,以下の通りである。

【研究方法】
対象：調査協力園（幼稚園）の保育者,A園5名,B園4名,C園6名
調査方法：Tobin (1989) に依拠して保育者の語りを引き出す媒体として保育ビデオを使用。ビデオの中の実践者と幼児のやりとりを映した3場面（いずれも5分程度,葛藤場面）を視聴してもらい,保育者同士で自由に話し合ってもらう。
分析手順：①ビデオ視聴に対する保育者の語りを録音し,逐語録化。②逐語録は,分析上の必要性から句読点で区切り,かつ意味内容が一つの命題に言及している文（節・句）に区分け。③「実践者についての保育者の語り」に注目し,その中から「実践者の感情を保育者が認識した語り」を抽出。④ビデオの場面がもし私（の園）だったら〜というような「保育者自身の語り」に注目し,その中から「保育者の感情が表出された語り」を抽出。⑤抽出された文（節・句）の意味内容について,佐藤郁哉の質的データ分析法[41]を用いて検討。

【結果と考察】

○ 感情認識に関する保育者の語りの特徴
- 感情認識に関する保育者の語りの特徴として，実践者の感情の背後を分析的に捉えるA園，実践者の感情に共感し受容するC園があげられる。

○ 感情表出に関する保育者の語りの特徴
- 感情表出に関する保育者の語りの特徴として，幼児に共感的な感情を表すA園，自己省察的な感情を表すB園，実践者に共感的な感情を表すC園が挙げられる。
- 園単位での特徴の差異が顕著に見られるのは，A園の保育者が幼児に共感するのに対して，C園の保育者は実践者に共感する点にある。この差異が生じる要因として，対象（実践者）と一定の距離を置くA園と，対象に自己を投影させるC園の特徴と関連すると思われる。また，その背景には，研究の遂行を通して対象を客観的に解釈する視点が日頃から培われているA園と，対象への共感を通して自分の保育を省みるC園の差異が関係していることが考えられる。B園の保育者は，実践者の姿を自分に置き換えることで自己内省察的な感情を表しており，C園の保育者と同様に，対象に自己を投影させることで自分の感情を表出していると考えられる。

なお，感情の認識と表出に関する3園の特徴と比較を整理したものは，図表2-3-2の通りである。

以上，中坪らの研究を取り上げたが，本研究は，総合的考察の中で「感情の共有と開示の場としての保育カンファレンスの意義」をあげている。保育カンファレンスの機能については，「保育の中で自明視される状況を保育者が意識化することで，保育の捉え直しが可能になるといった，知の再考の場としての側面が従来強調されてきた」とする。それに対して，「自明性の意識化に揺れ動く保育者の感情に光を当てることで，感情の共有が保育を省み

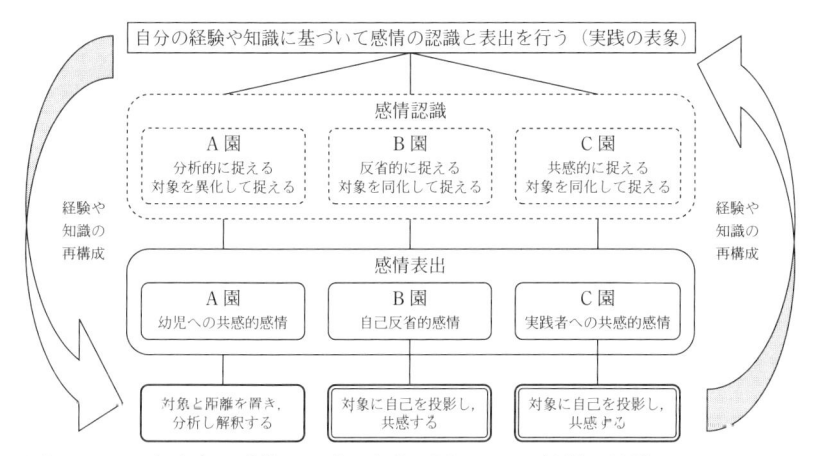

図表2-3-2 保育者の感情の認識と表出に関する園の特徴の比較
中坪史典・秋田喜代美・増田時枝・安見克夫・砂上史子・箕輪潤子「保育カンファレンスにおける保育者の語りの特徴：保育者の感情の認識と表出を中心に」『乳幼児教育学研究』第19号，2010，p.9 より

る契機となることを提示した」「対象と自分を同一視することから，保育者にとってその対象の保育は自らの課題として捉えられ省察を生み出す契機となる」とし，従来検討されてこなかった保育者の感情の開示，また感情の共有を指摘することで保育カンファレンスの意義と園による語りのスタイルの違いを明らかにしたとしている。他人事ではなく，感情を共有し自分事としていかに保育を捉え，対話的コミュニケーションを展開していくかが求められるといえる。本研究では，ビデオ視聴を基盤に結果を導いているが，実際の保育状況においては，保育者は眼前の子どもと感情を共有し，他者がかかわる保育展開を捉え（他の保育者への感情共有），自らの保育を省察している。実践の場は動的であり，変化する保育状況を多様な子ども・保育者の視点で多面的に捉え，そのつど多様な相手と共感しながら保育を展開している実態がある。今後，このことの吟味とあわせて，本研究の成果を検討する必要があると考える。

(2) 実習生の育ちを保障する対話的コミュニケーション
—実習生日誌における指導保育者の共感—

保育の質が問われ,保育者の専門性の向上が求められている。とくに,近年,OECD Starting Strong Network 会議(2008)参加国の議論に見られるように,保育過程の質が問題であるとされており,わが国においても日本保育学会等で保育過程の質について取り上げられている[42]。このことは,保育者養成においても同様であり,カリキュラムや実習のあり方を検討していくことが課題となっている。この課題を視野に,保育者養成にかかわる筆者らは実習指導における実習日誌分析を試み,実習生の成長過程を検討してきた[43]。検討の結果,実習先での保育者の共感的理解に基づいた指導が,実習生の「子ども理解」と「保育者理解(援助理解)」に深くかかわっていることが明らかとなった。同時に,実習生が発達の成果(成果の質)をとらえることに比べて,発達の過程をふまえて援助すること(保育過程の質)はかなり難しいことも明らかとなった。つまり,保育過程の質は,保育の専門性と深くかかわることである。そこで,2010年に筆者らは,実習生が保育過程で「子ども理解」と「指導・援助理解」をどのように学び,深めていくことができるかを,実習記録をもとに分析し,明らかにした。ここでも注目すべき点は,実習生が「子ども理解」「指導・援助理解」を深めていくには,実習生自身が実習園の保育者に受け止められ理解されると同時に,そのつど指導されるということが前提となっている。実習生が発する言葉や感情の表出を指導教員である保育者が共感的に理解し適宜指導するからこそ,実習生も,眼前の子どもをその表情や言葉から理解し,なんとか援助するようになっていったのである。

コミュニケーションの視点からみると,「コミュニケーションを支える保育の場」は,「共感的理解の場」であり,そこでは,実習生もともに対話的コミュニケーションに参加する。同時に,保育者自身も,実習生と向き合いながら自身の保育を見つめ直す機会となり,対話を通して育ち合う場となる。研究対象,分析方法,研究内容(一部抜粋)は以下の通りである。

【研究方法】
対象者：A大学教育学科4年生B　　教育実習（4年次4週間）
分析方法：①実習生の「子ども理解」「保育者（意図・援助）理解」について実習日誌の記述分析
　　　　　②実習日誌の記述に対する保育者のコメントからその指導と学生の成長との関係について分析・検討

【研究内容】
実習生Bの日誌分析検討
・1週目
①実習生：子どもとかかわるうれしさを感じつつ，子どもから先生と呼ばれ，緊張する。子どもの活動理解とその予測の難しさを実感→コメント：実習生のうれしいけれど緊張する気持ちを受けとめ，観察の意義を伝える。実習生の気づきを押さえ，さらに具体的に活動を予測するよう指導。環境図への記入を示唆。
②実習生：1場面を見ていると全体が見えないことに気づき悩む→コメント：1場面をていねいに見ていると，関連が見えてくることを指導。
③実習生：個々の子どもの言葉の背景（経験・学びの履歴）を理解しようとする→コメント：それぞれの子どもの経験・学びの履歴をていねいに説明。
・2～3週目
④実習生：子ども同士の関係性，それを踏まえた援助の難しさに気づく。「関係性をとらえ，考えることが増え苦戦。"何を""どのように""伝えるべきなのか"それがうまくできない」→コメント：一人ひとりへの理解が深まり，悩みを深くしていることを指摘（実習生の成長過程を認め），悩む意義を指導。
⑤実習生：「個々の子どもの本質を見極めるには時間がかかることを実感」し，その場その場の適切な対応の難しさを痛感→コメント：子どもの遊び内容や生活が見えてくることで，援助に迷いが生じることを

指摘し（実習生の成長を認めている），そこから次の対応（言葉レベルではなく：具体的に環境とかかわる）・理解を行う意義を指導→実習生：具体的場面における指導の展開方法を様々考える（多様な指導方法の試み）。
・4週目
⑥実習生：子どものトラブル場面において子どもの姿を予測しながら援助し，その後の予測も行う→コメント：個と関係性を捉えた子ども理解の大切さを指摘し，再度，自らの保育を省察するよう指導。
⑦実習生：自らの実習経験と子どもの経験を重ね「子どもが"知らないことを知る"という経験はとてもうれしいこと」とし，「幼稚園のひとときが"とても愛おしい"，子どもと一緒にいることの幸せを実感」→コメント：自分と子どもの経験（知らないことを知っていく過程）を重ね，愛おしいと感じる実習生のもとで，子どもも自分らしさを発揮したと指摘。
⑧実習生：「人と人がつながってこそ，幼稚園は成立する。教師に対する想いや魅力がより強くなった」→コメント：実習生の実習過程における努力や子どもに共感的であった姿を評価し，「一緒に追求していきましょう」と指導。

【考察・まとめ】
○ 実習生を共感的に理解し，対話的コミュニケーションを図る保育者
・保育者は，実習生の立場に立ちながら理解し，そのつど，指導・援助を行っている（①～⑧コメント）。
・共感的に理解し，そのつど，指導・援助を行うということは，単に受容することではない。実習生が理解しようとしている子どもをともに見て（共同注意），何を必要としているかを感じると同時に，対話が生じるような指導・援助をすることでもある。
・たとえば，実習1週目①において，実習生の緊張する気持ちを理解し受け止めつつ観察の意義を伝え（活動にばかり目を向けず，子どもをしっ

かり観察するという子ども理解の視点を指導），さらに具体的な活動予測をするようコメントしている。このコメントは，実習生を受け止めつつ新たな視点を入れ込んだ絶妙なコメントである。受け止められつつ，新たな視点が入ることで，実習生は，保育者のコメントと対話し，かつ，自身とも自己内対話することとなる。また，実習園では環境図を記録に活用するよう提示していた。環境図の活用は，実習生にとって，具体的に園環境（物・場）と対話し，その関係把握を助ける記録方法となっていた。
- 実習2週目⑤において，実習生の子ども理解に応じた援助の難しさへの気づきを認め，だからこそ，悩みが生じるのだとして，その成長を受け止めている。一方，その悩みが言葉レベルで閉ざされないよう，多様な環境とのかかわりを示し，それらの対象との対話が生じるよう指導・援助している。

○　実習生の成長過程を理解し，自己内対話を保障する保育者
- 子ども理解の深まりに伴い，援助が難しくなる側面がある（④⑤）。過程や関係性を把握することで，考えることが増えるからでもある。しかし，これは，実習生の成長過程とも言える。この実習生の成長過程を保育者が理解し援助することは，実習生が自己内対話を十分行いながら保育過程をじっくり学ぶ機会を保障することでもある。

○　子ども・保育者，そして未来の私と対話する実習生
- 実習生は，共感的に理解され指導・援助を得ていく中で，子どもとの対話を楽しみ，その喜びや幸せを漠とした自分の仕事における経験，感じたこととして具体的に言葉で表している（⑦）。同時に，それらを保障しつつ，幸せに生きる保育者に対して憧れを抱き（⑧），保育者になったつもりで未来の自分と希望ある対話をしているといえよう。
- 上記の実習生の言葉は，指導する保育者自身の希望とつながることでもある。「一緒に追求していきましょう」（⑧）というコメントは，そ

282   第2部 保育における言葉

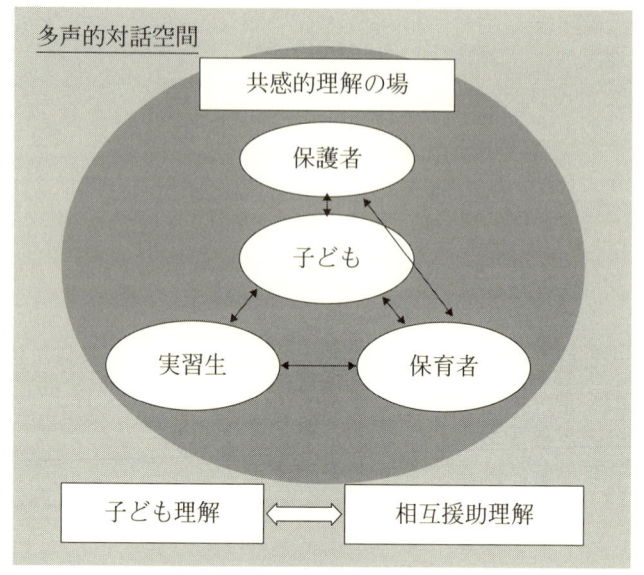

```
多声的対話空間

    共感的理解の場
         保護者
          子ども
    実習生    保育者

  子ども理解 ⇔ 相互援助理解
```

図表2-3-3 「実習指導における学生の成長と保育者の共感性」
図1, 図2より小林再構成[44]

れを物語っているといえよう。

　以上，筆者らの研究を取り上げたが，対話的コミュニケーションが展開される保育の場は，そこに参加する実習生のみならず，参加者全員の学び・育ちを支える場（図2-3-3）である。子どもの学び・育ちの保障を考えるとき，保育者養成においても保育実践の場と手を携え，対話的コミュニケーションが展開される保育の場「共感的理解の場」の構築に努めていく必要があろう。
　前述した，「保育者の言葉とコミュニケーション―保育カンファレンスにおける語りの共感性―」においては，園ごとにみられる共感する相手の傾向性を読み取り，かつ，自分のこととして共感していくことの重要性を主張した。しかし，実践の場においては，常に動いていく保育状況の中，子どもの立場に立って子どもを理解し，同時に保育を展開する援助者・指導者として

他の保育者に共感しつつ自らの保育を省察し、保育行為を展開していく必要に迫られる。いかに多様な立場に立ちつつ、多声的対話空間を生きることができるかが保育者に求められる。本稿では、この専門性は、「実習生の育ちを保障する対話的コミュニケーション―実習日誌における指導保育者の共感―」からも、共感的理解の場で培われるとした。

これに関して佐伯胖は、「共感的共同リフレクション―『教え』のようで『教え』でない教え―」という言葉でその専門性について述べている[45]。具体的には、助産所の事例を取り上げながら、振り返りを行う省察の場で「気づき」を共有し合うのだとする。そのことは、気づきの幅と奥行きを豊かにし、さらに大切なことは「互いの気づきに気づくこと」を学ぶのだとする。失敗や思慮不足、不注意を単に一方向的に指摘され、新人はひたすら身を縮めて聞いているという反省会ではない。「うっかり」も「ぼんやり」も、「あわてんぼ」も、みんなお互いに支え合い、気づき合いを深めることに集中した語り合いが重要だとし、このような多声的対話の場で、その専門性はいつの間にか、感染していくのだとする。こうした実践の場こそ、まさに共感的理解の場であるといえる。

また、介護民俗学の立場から六車由実は、「驚き」をキーワードに、他者を共感的に理解することの重要性について述べている[46]。もともと民俗学者であり『神、人を喰う―人身御供の民俗学』の著者でもある六車は、介護の世界に入って利用者であるお年寄りの語りに耳を傾け、驚きをもって聞き取りをするようになる。しかし、現場の業務に追われる中で、「私は驚けなくなってから、一方で、介護の技術的な達成感の喜びは強く感じるようになっていった。―（中略）―なんだか私は自分が恐ろしくなった」とする。しかし、その後、施設内に響く「がっこぴょん、げっこぴょん、がっこげっこぴょん」という歌声に耳を傾けていくうちに、その歌声の主である「彼女（のぶゑさん）は農繁期に近所の子どもたちを家に集めて世話をし、歌や踊りを教えていたらしい―（中略）―私は、のぶゑさんの生きてこられた人生をもっともっと深く知りたいと思った。そして、久しぶりにそう思う自分の気持ちに気づいて、

目頭が熱くなった。―(中略)―知的好奇心とわかりたいという欲求，そしてわかったときの驚き，それが利用者と対等に，そして尊敬をもって向き合う始まりになる。それだけは確かなようだ」[47]としている。驚きをもって他者とかかわり対話することが，介護（ケア）をする援助者自身における自己との対話でもあるとし，共感的理解の場が利用者と介護者の互いの学びを保障し，幸せに導くとしている。共感的理解の場とは，このように，そこに参加する人々の多様な対話をもたらし，双方向的学びを保障することでもある。

　ヒトは，長い時間をかけて言葉を獲得することで，他者とコミュニケーションを図り，共存を果たしてきた。だからこそ，共感的理解を基盤に，我々は，その言葉を使い，対象や他者，自己との対話を行い，学びを得ている。その学びとは，まさに他者との共存を図るための学びともいえ，「私と私たちの幸せ」を探求するための学びともいえよう。つまり，言葉の獲得とは，言葉を獲得することが目的ではなく，その言葉を駆使することにより「私と私たちの幸せ」を生涯にわたって探求し続けることにあるのだといえよう。

【引用・参考文献】

〈第 1 部第 1 章 § 1 〉
（ 1 ）ミハイル・バフチン／望月哲男・鈴木淳一訳『ドストエフスキーの詩学』筑摩書房，1995，p.367
　　　ミハイル・バフチン／伊東一郎訳『ミハイル・バフチン著作集（全 8 巻）』新時代社，1979-88
　　　ミハイル・バフチン／桑野隆・小林潔編訳『バフチン言語論入門』せりか書房，2002
　　　ミハイル・バフチン／伊東一郎訳『小説の言葉』平凡社，1996
（ 2 ）同上，p.574
（ 3 ）セルバンテス／牛島信明訳『ドン・キホーテ』岩波書房，2010
（ 4 ）ミハイル・バフチン／望月哲男・鈴木淳一訳『ドストエフスキーの詩学』筑摩書房，1995，pp.395-396
（ 5 ）ジャン・ジャック・ルソー／桑原武夫訳『告白 上・中・下』岩波書店，1965
（ 6 ）ミハイル・バフチン／望月哲男・鈴木淳一訳『ドストエフスキーの詩学』筑摩書房，1995，p.432
（ 7 ）同上，p.434
（ 8 ）同上，p.397
（ 9 ）同上，p.400
（10）同上，p.404
（11）同上，p.404
（12）ワーズワース／前川俊一訳『世界の詩 37：ワーズワース詩集』彌生書房，1966
（13）ミハイル・バフチン／望月哲男・鈴木淳一訳『ドストエフスキーの詩学』筑摩書房，1995，p.405
（14）同上，pp.405-406
（15）同上，pp.406-407
（16）同上，p.407
（17）同上，pp.453-454
（18）同上，p.452
（19）同上，p.456
（20）同上，p.498

〈第1部第1章 § 2〉
（1）中村幸彦校注『近世文学論集』（日本古典文学大系）岩波書店，1966
　　　大野晋編集『本居宣長全集 第5巻』筑摩書房，1970
　　　相良亨責任編集『日本の名著24：平田篤胤・佐藤信淵・鈴木雅之』中央公論社，1972
　　　官幣大社稲荷神社編『荷田全集全7巻：復刻版』名著普及会，1990
（2）上田萬年／安田敏朗校注『国語のため』平凡社，2011, p.38
　　　上田萬年講述／新村出筆録／柴田武校訂『言語学』教育出版，1975
（3）同上，p.433
（4）同上，p.58
（5）大槻文彦『国語語原考』『國學院雑誌』第25巻 第11号
（6）大槻文彦『言海』筑摩書房（明治37年刊縮刷版の覆製版），2004
（7）中村雄二郎『中村雄二郎著作集Ⅲ：言語論』岩波書店，1993, p.44
（8）同上 p.45
（9）時枝誠記『国語学原論：正篇』岩波書店，1941，『国語学原論：続篇』1955年に出されているが以下，新版に対応させて掲出する。
　　　時枝誠記『国語学原論 続篇』岩波書店，2008, p.12
（10）川島正平『言語過程説の研究』リーベル出版，1999, p.21
（11）時枝誠記『国語学原論 続篇』岩波書店，2008, p.20
（12）同上，pp.22-28
（13）時枝誠記『国語学原論（上）』岩波書店，2007, p.39
（14）時枝誠記『国語学原論 続篇』岩波書店，2007, p.38
（15）西田幾多郎「述語的論理主義」『エッセンシャル・ニシダ 即の巻：西田幾多郎キーワード論集』書肆心水，2007, pp.400-401
（16）同上，p.401
（17）三浦つとむ「言語過程説の展開」『三浦つとむ選集3』勁草書房，1983, p.3
（18）同上，p.13
（19）同上，p.38
（20）同上，p.49
（21）同上，p.412
（22）同上，p.417
（23）ヴィゴツキー／柴田義松訳『思考と言語』新読書社，2001, p.379

(24) 同上, pp.134-135
(25) 三浦つとむ「言語過程説の展開」『三浦つとむ選集 3』勁草書房, 1983, p.425
(26) 同上, p.423
(27) 同上, p.429
(28) 同上, p.431
(29) ソシュール／小林英夫訳『一般言語学講義』岩波書店, 1972, pp.9-12
(30) 同上, p.21
(31) 同上, p.23
(32) 同上, p.26
(33) 同上, p.137
(34) 同上, pp.27-28
(35) 同上, p.33
(36) 同上, p.136
(37) 同上, p.139
(38) メルロ=ポンティ／木田元・滝浦静雄・竹内芳郎訳『言語の現象学』みすず書房, 2001, pp.12-13
(39) 同上, p.16
(40) 同上, p.23
(41) 村上隆夫『メルロ=ポンティ』清水書院, 1992, p.137
(42) メルロ=ポンティ／木田元・滝浦静雄・竹内芳郎訳『言語の現象学』みすず書房, 2001, pp.226-227
(43) 同上, p.228
(44) 中村雄二郎『中村雄二郎著作集Ⅲ：言語論』岩波書店, 1993, pp.5-6
(45) 同上, p.15
(46) 同上, pp.16-17
(47) 同上, pp.24-25
(48) 同上, pp.32-33
(49) 同上, p.34

〈第1部第2章 § 1〉
（1）村上隆夫『メルロ=ポンティ』清水書院, 1992, pp.135-136
（2）同上, p.140
（3）金田一春彦『日本語 上』岩波書店, 1988, pp.20-85

（ 4 ） 同上，p.79
（ 5 ） 同上，p.139
（ 6 ） 橋本進吉「國語法研究」『橋本進吉博士著作集第二冊』岩波書店，1967，p.56（詞），pp.66-67（辞）
（ 7 ） 時枝誠記『国語学原論（下）』岩波書店，2007，p.15
（ 8 ） 同上，pp.24-25
（ 9 ） 同上，pp.45-46
（10） 同上，pp.57-58
（11） 同上，p.58
（12） 同上，p.59
（13） 同上，p.75
（14） 同上，p.82）
（15） 山田孝雄「日本文法学要論」『山田国語学入門選書1』書肆心水，1p 参照
飛田良文・佐藤武義編『現代日本語講座第5巻：文法』明治書院，2002，pp.155-156
（16） 三浦つとむ「言語過程説の展開」『三浦つとむ選集3』勁草書房，1983，pp.463-470
（17） 時枝誠記『国語学原論（下）』岩波書店，2007，p.247-248
（18） 三浦つとむ「言語過程説の展開」『三浦つとむ選集3』勁草書房，1983，p.503
（19） 時枝誠記『国語学原論（上）』岩波書店，2007，p.59
（20） 三浦つとむ「言語過程説の展開」『三浦つとむ選集3』勁草書房，1983，p.515
（21） 同上，p.520-521
（22） 同上，p.524-525
（23） 鈴木朖『言語四種論・雅語音声考・希雅』勉誠社，1979
（24） 文化庁の日本語教育研究委嘱『外国人に対する実践的な日本語教育の研究開発：『生活者としての外国人』に対する日本語教育事業』
杉谷修・李德奉『総合的日本語教育を求めて』図書刊行会，2002
杉原由美『日本語学習のエスノメソロジー：言語的共生化の過程分析』勁草書房，2010
宮崎里司『外国人力士はなぜ日本語がうまいか』日本語学研究所，2001
（25） ヴィゴツキー／柴田義松訳『思考と言語』新読書社，2001，p.405
（26） 同上，p.406）
（27） 同上，p.407

(28) 西田幾多郎「国語の自在性」『西田幾多郎全集7巻』岩波書店，2003，p.333
(29) 同上，p.334
(30) 西田幾多郎『西田幾多郎全集第3巻』岩波書店，2003
(31) 金田一春彦『日本語 上・下』岩波書店，1988
(32) 金田一春彦『日本語 下』岩波書店，1988，p.90
(33) 同上，pp.217-218
　　 参照：金田一春彦『日本語の特質』日本放送出版協会，1991
(34) 金田一春彦『日本語 下』岩波書店，1988，pp.1-4
(35) 時枝誠記『国語学原論 続篇』岩波書店，2007，pp.54-55
(36) 同上，p.83
(37) 同上，pp.85-86
(38) 時枝誠記『国語学原論（下）』岩波書店，2007，p.217
(39) 同上，p.218
(40) 同上，p.232
(41) 同上，pp.244-245
(42) 同上，p.259
(43) 西田幾多郎「働くものから見るものへ」『西田幾多郎全集第3巻』岩波書店，2003，p.255
(44) 西田幾多郎「教育学について」『西田幾多郎全集第7巻』岩波書店，2003，p.280
(45) 同上，p.282
(46) 同上，p.284）
(47) 三木清『人生論ノート』新潮社，1954，p.39
(48) 同上，p.40
(49) 同上，p.41
(50) ホメロス／松平千秋訳『オデュッセイア（上）（下）』岩波書店，2001
　　 ソポクレス／藤沢令夫訳『オイディプス王』岩波書店，1967
　　 ソポクレース／呉茂一訳『アンティゴネー』岩波書店，1961
　　 アイスキュロス／呉茂一訳『縛られたプロメーテウス』岩波書店，1974
(51) 松本仁助・岡道男訳『アリストテレース詩学・ホラーティウス詩論』岩波書店，1997，p.34
(52) 同上，p.36
(53) 梶原正昭・山下宏明校注『平家物語 上・下』（新日本古典文学大系）岩波書店，1991-93

絵本では山本孝絵・齋藤孝編『祇園精舎』ほるぷ出版などがある。
(54) 小林秀雄「考えるヒント・平家物語」『小林秀雄全集第12巻』新潮社，2001，p.159
(55) 同上，p.161
(56) 小林秀雄「歴史と文学・無常といふ事」『小林秀雄全集第7巻』新潮社，2001，p.364
(57) 同上，p.360

〈第1部第2章 § 2〉
（1） 青木久子・村田光子・高橋祥子・中村久美子『メディア情報を取り入れた子どもの遊び・表現』文京学院大学紀要第14巻，2012
（2） 佐竹昭広・山田英雄・工藤力男・大谷雅夫・山崎福之校注『萬葉集 三』（新日本古典文学大系）岩波書店，2002
　　　同『萬葉集 四』，2003
（3） 大野晋『日本語はいかにして成立したか』中央公論社，2002
（4） 網野善彦『東と西の語る日本の歴史』そしえて，1982
（5） 越谷吾山／東條操校訂『物類称呼』岩波書店，1941，p.7
（6） 同上，p.65
（7） 越谷吾山／杉本つとむ解説『物類称呼』八坂書房，1976，p.51
（8） 森下喜一，大野眞男『方言探究法』朝倉書店，2001，p.10
（9） 上田萬年『国語のため』平凡社，2001（訂正再版は1897年），p.38
（10） 同上，p.44
（11） 同上，「教育上国語学者の拠棄し居る一大要点」p.53
（12） 佐藤和之『方言主流社会−共生としての方言と標準語』おうふう，1996
（13） 森下喜一・大野眞男『方言探究法』朝倉書店，2001，p.126
（14） 磯部裕子・山内紀幸『ナラティヴとしての保育学』萌文書林，2007，pp.208-222
（15） 同上，p.202
（16） ミハイル・バフチン／望月哲男・鈴木淳一訳『ドストエフスキーの詩学』筑摩書房，1995，p.527
（17） 同上，pp.558-559
（18） 西田幾多郎「言語」『エッセンシャル・ニシダ 即の巻:西田幾多郎キーワード論集』書肆心水，2007，p.475
（19） 同上，p.477
（20） 同上，pp.476-477
（21） 同上，「場所」，p.455

(22) 脇中起余子『聴覚障害教育これまでとこれから』北大路書房，2009，p.2
参照：全国早期支援研究協議会編『「お子さんの耳が聞こえない」といわれたら』2005
(23) ヴィゴツキー／柴田義松訳『思考と言語』新読書社，2001，p.204
(24) 脇中起余子『聴覚障害教育 これまでとこれから』北大路書房，2009，pp.79-84
(25) 三浦つとむ『言語過程説の展開：三浦つとむ選集3』勁草書房，1983，pp.427-428
(26) 森原都『学童期の発達―9～10歳の質的転換期の発達と教育』滋賀県発達講座
森原都「9, 10歳頃の発達と教育に関する研究」『季刊障害者問題研究14』pp.22-34
(27) 脇中起余子『聴覚障害教育これまでとこれから』北大路書房，2009，p.126
(28) 同上，pp.154-155
(29) 長谷川純子・丹羽弘子・信田房代・本田あい『自発的な遊びをはぐくむための環境構成の工夫』東京都立葛飾盲学校幼稚部，2010
(30) 渡辺弥生『子どもの「10歳の壁」とは何か？―乗り越えるための発達心理学』光文社，2011
(31) 糸山泰造『絶対学力』文春ネスコ，2003，p.16
(32) 同上，pp.8-9
(33) 国立国語研究所『幼児の読み書き能力』東京書籍，1972，pp.285-307
(34) 今井靖親『仮名の読字学習に関する教育心理学的研究』風間書房，1997，p.46
(35) 同上，p.47
(36) 同上，p.48
(37) 同上，pp.214-215
(38) 石井勲『漢字興国論―IQを高める漢字教育』日本教文社，1992
『日本語の再発見―その心と言葉と文字』日本教文社 1988
(39) 七田眞『「右脳教育」で子どもは変わる―強い心と隠れた才能を引き出すために』PHP研究所，1997
『認めてほめて愛して育てる』PHP研究所，1996
(40) 倉澤栄吉・野地潤家監修「読むことの教育」『朝倉国語教育講座2』朝倉書店，2005，p.4
(41) 同上，p.8
(42) 同上，pp.29-30
(43) 同上，p.159
(44) 同上，pp.52-59

(45) 同上，pp.60-61
(46) 倉澤栄吉・野地潤家監修「書くことの教育」『朝倉国語教育講座4』朝倉書店，2006，pp.23-24
(47) 同上，p.79
(48) 内田伸子『子どもの文章』東京大学出版会，1990，pp.12-13
(49) 同上，p.39
(50) 同上，pp.110-114
(51) 同上，p.115
(52) メルロ=ポンティ／木田元・滝浦静雄共訳『幼児の対人関係』みすず書房，2001

〈第1部第3章 § 1〉
（1）J. ホイジンガ／里見元一郎訳『ホモ・ルーデンス』河出書房，1974，p.17
（2）バーバラ・ロゴフ／當眞千賀子訳『文化的営みとしての発達』新曜社，2006
（3）上笙一郎『日本子育て物語―育児の社会史』筑摩書房，1991，p.193
（4）今尾哲也『歌舞伎の歴史』岩波書店，2000，p.31
（5）文化庁監修『ザ・伝統芸能』大蔵省印刷局発行，1998
　　脇田晴子著『女性芸能の源流　傀儡子・曲舞・白拍子』角川書店，2001
（6）上笙一郎『日本子育て物語―育児の社会史』筑摩書房，1991，p.195
（7）同上，pp.195-198
（8）鳥越信『はじめて学ぶ日本の絵本史Ⅰ』ミネルヴァ書房，2001，pp.18-20
（9）喜多村筠庭著／長谷川強・江本裕・渡辺守邦・岡雅彦・花田富二夫・石川了校訂『嬉遊笑覧（一）～（五）』岩波書店，2002～2009
（10）喜田川守貞／高橋雅夫編著『守貞謾稿図版集成』雄山閣，2002
　　参考：喜田川守貞／宇佐美英機校訂『近世風俗志―：守貞謾稿（一）～（五）』岩波書店，1996～2002
（11）越谷吾山／杉本つとむ解説『物類称呼』八坂書房，1976
（12）貝原益軒『養生訓・和俗童子訓』岩波書店，1961
（13）同上，p.298
（14）鳥越信『はじめて学ぶ日本の絵本史Ⅰ』ミネルヴァ書房，2001，pp.4-32
（15）安野光雄『もじあそび』福音館書店，1993
（16）まついのりこ『ひらがなのほん』福音館書店，1971
（17）『コドモノクニ』（1922～1944）：倉橋を顧問として現婦人画報社が創刊
　　『子供之友』（1924～1938）羽仁もと子が創刊，国家総動員法後廃刊。その後福音

館書店が『こどものくに』として継承

『キンダーブック』：1926年の幼稚園令に基づいた内容を採り入れて、1927年、月刊保育雑誌としてフレーベル館が刊行、現在まで継続

(18) 鏑木清方『こしかたの記』中央公論社、1977, pp.27-28
(19) 石川松太郎監修『図録日本教育の源流』第一法規、1984, pp.86-89
(20) 鳥越信『はじめて学ぶ日本の絵本史Ⅰ』ミネルヴァ書房、2001, p.46
(21) 手島圭三郎絵・文『しまふくろうのみずうみ』ベネッセコーポレーション、1982
　　 手島圭三郎絵／藤村久和文『カムイチカプ』絵本塾出版、2010
(22) 浅岡靖央『児童文化とは何であったか』つなん出版、2004, p.15
(23) 同上, p.16
(24) 松葉重庸『児童文化』白眉学芸社、1977, pp.16-17
(25) 同上, pp.17-20
(26) 浅岡靖央『児童文化とは何であったか』つなん出版、2004, p.134
(27) 城戸幡太郎・波多野完治・百田宗治監修『児童文化 上』西村書店、1941, pp.50-51
(28) 同上, pp.35-36
(29) 同上, p.57
(30) 同上, pp.70-76
(31) 同上, pp.94-99
(32) 同上, p.103
(33) 同上, p.89
(34) 同上, pp.72-73
(35) 同上, p.74
(36) 下中邦彦編『世界大百科事典：児童文化』平凡社、1981, p.419

〈第1部第3章 §2〉
(1) プラトン／藤沢令夫訳『国家（上）』岩波書店、1979, pp.154-159
(2) 貝原益軒『養生訓・和俗童子訓』岩波書店、1961, p.235
(3) 巌谷小波／上田信道校訂『日本昔噺：復刻版』平凡社、2001
(4) 上笙一郎『日本の幼稚園』理論社、1965, pp.88-89
(5) 松永伍一『川上音二郎』朝日新聞社、1988
(6) 上笙一郎『日本の幼稚園』理論社、1965, pp.88-89
(7) 山本進『図説 落語の歴史』河出書房新社、2006

（8）与田準一『詩と童話について』すばる書房，1976，p.35
（9）同上，p.36
（10）同上，p.37
（11）同上，pp.43-44
（12）城戸幡太郎・波多野完治・百田宗治監修『児童文化 下』西村書店，p.322
（13）与田準一『詩と童話について』すばる書房，1976，pp.92-93
（14）同上，p.97
（15）槇本楠朗「プロレタリア童謡講話」紅玉堂出版，上笙一郎・冨田博之編『児童文化叢書28』大空社，1988，pp.1-3
（16）三宅周太郎『文楽の研究』岩波書店，2005
（17）内山憲堂「指遣人形劇の製作と演出」日本童話協会出版部，上笙一郎・冨田博之編『児童文化叢書33』大空社，1988，pp.15-16
（18）同上，p.1-2
（19）同上，pp.3-4
（20）外山卯三郎『舞台芸術論』建設社，1930，p.65
（21）城戸幡太郎・波多野完治・百田宗治監修『児童文化下』西村書店，p.141
（22）同上，p.144
（23）同上，p.149
（24）同上，p.153
（25）今井よね「紙芝居の実際」，上笙一郎・冨田博之編『児童文化叢書34』大空社，1988
（26）上笙一郎・山崎朋子『日本の幼稚園』理論社，1965，p.160
（27）同上，p.160
（28）城戸幡太郎・波多野完治・百田宗治監修『児童文化 下』西村書店，p.160
（29）同上，p.161
（30）堀尾青史・稲庭桂子『紙芝居－創造と教育性』童心社，1972，p.75
（31）松葉重庸『児童文化』白眉学芸社，1977，pp.149-152
（32）同上，pp.163-165
（33）今尾哲也『歌舞伎の歴史』岩波書店，2000，pp.2-20
（34）同上，p.59
（35）芸術教育会編「学校劇の研究」，上笙一郎・冨田博之『児童文化叢書31』大空社，1988
（36）同上，p.3

(37) 同上，p.3
(38) 同上，p.5
(39) 外山卯三郎『舞台芸術論』建設社，1930，p.14
(40) 「俊頼髄脳」佐々木信綱編『日本歌学大系第1巻』風間書房，1957，p.121
　　「代集」同上『同上第5巻』p.9
(41) 谷川俊太郎訳・堀内誠一画『マザー・グースのうた全5集』草思社，1975-1976
　　「これはジャックのたてた　いえ」は，第一集，pp.46-51に所収
(42) 谷川俊太郎作・和田誠画『これはのみのぴこ』サンリード，1979
(43) ヴィゴツキー／柴田義松訳『思考と言語』新読書社，2001，pp.127-128
(44) 同上，p.129
(45) 同上，p.167
(46) 同上，p.169
(47) 同上，p.170
(48) 同上，p.171
(49) 同上，p.172
(50) 同上，pp.173-181
(51) 同上，p.181
(52) 松葉重庸『児童文化』白眉学芸社，1977，p.21
(53) 浅岡靖央『児童文化とは何であったか』つなん出版，2004，p.34
(54) 同上，p.39
(55) 同上，p.47
(56) 松葉重庸『児童文化』白眉学芸社，1977，p.11
(57) 中山茂『児童文化』朝倉書店，1970，pp.22-23
(58) 同上，p.27
(59) 同上，pp.33-34
(60) 古橋和夫『子どもへの絵本の読みかたり』萌文書林，1999，p.3
(61) Aukland Kindergarten Association『Mission Statement − To offer all children a quality early childhood education』
(62) 磯部裕子・山内紀幸『ナラティヴとしての保育学』萌文書林，2007，pp.207-209
(63) ハイデガー／辻村公一訳『根拠律』創文社，1962，p.5
(64) 同上，p.15
(65) 同上，p.34
(66) 同上，p.62

(67) 河出書房新社編集部編『思想としての3.11』河出書房新社, 2011, p.22
(68) 同上, p.128

〈第2部第1章〉
（1） 森上史朗『児童中心主義の保育』教育出版, 1984, p.2
（2） 上笙一郎『日本子育て物語―育児の社会史』筑摩書房, 1991, p.165
（3） 同上, pp.171-173
（4） 太田素子『子宝と子返し』藤原書店, 2007, p.25
（5） 同上, p.23
（6） 柳田国男『小さき者の声』玉川学園出版部, 1933
　　　同上『子ども風土記』朝日新聞社, 1942
（7） 上笙一郎『日本子育て物語―育児の社会史』筑摩書房, 1991, p.194
（8） 村山貞雄『江戸時代の幼児保育の概観』, 日本保育学会編『日本幼児保育史 第一巻』
　　　フレーベル館, 1968, pp.12-20
（9） 同上, p.19
(10) 上笙一郎『日本子育て物語―育児の社会史』筑摩書房, 1991, p.159
(11) 同上, p.148
(12) 同上, p.152
(13) 同上, p.152
(14) 同上, p.154
(15) 同上, p.155
(16) 文部省文部省布達第十三号別冊, 1872
(17) 文部省『学制百年史（資料編）』帝国地方行政学会, 1972, p.89
(18) 上笙一郎『日本子育て物語―育児の社会史』筑摩書房, 1991, p.231
(19) 同上, p.233
(20) 同上, p.236
(21) 大久保利謙編『森有禮全集第1巻』宣文堂書店, 1972, p.663
(22) 福沢諭吉「文明教育論」, 慶応義塾編『福澤諭吉全集第12巻』, 岩波書店, 1960, p.221
(23) 松丸修三『福沢諭吉の「発育」思想の再検討―「文明教育論」を中心に―』青山
　　　学院大学編『教育人間科学部紀要 第3号』, 2012, p.87
(24) 文部省『幼稚園教育百年史』ひかりのくに, 1979, p.34
(25) 同上, p.35
(26) 森上史朗『保育用語辞典 第5版』ミネルヴァ書房, 2009, p.2

(27) 太田素子・浅井幸子編『保育と家庭教育の誕生』藤原書店，2012，p.14
(28) 同上，pp.14-15
(29) 森上史朗『保育用語辞典　第5版』ミネルヴァ書房，2009，p.2
(30) 佐藤学『教育の方法』放送大学教育振興会，1999，p.18
(31) 田中美知太郎訳『世界の名著6：プラトンⅠ』中央公論社，1978，p.473
(32) 佐伯胖・藤田英典・佐藤学編『学びへの誘い』東京大学出版会，1995，p.82
(33) 藤沢令夫訳『世界の名著8：アリストテレス』中央公論社，1979
(34) 佐伯胖・藤田英典・佐藤学編『学びへの誘い』東京大学出版会，1995，p.83
(35) 太田素子・浅井幸子編『保育と家庭教育の誕生』藤原書店，2012，p.38
(36) 倉橋惣三・新庄よしこ『日本幼稚園史』フレーベル館，1934，p.159
(37) 同上，1934，p.68
(38) 同上，p.69
(39) 日本保育学会『日本幼児保育史　第一巻』日本図書センター，1968，p.99
(40) 倉橋惣三・新庄よし子『日本幼稚園史』臨川書店，1980，p.214
(41) 同上，p.222
(42) 高杉自子・平井信義・森上史朗『幼稚園教育要領の解説と実践（5）』小学館，1989，p.77
(43) 文部省『幼稚園教育百年史』ひかりのくに，1979，p.138
(44) 北川公美子「明治期の北海道における小学校から見た幼稚園―ヘルバルト派教育学の流行の中で―」日本乳幼児教育学会編『乳幼児教育学研究』第20号，2011，pp.71-79
(45) 文部省『幼稚園教育百年史』ひかりのくに，1979，p.138
(46) 日本保育学会『日本幼児保育史　第三巻』フレーベル館，1969，p.88
(47) 高杉自子・平井信義・森上史朗『幼稚園教育要領の解説と実践（5）』小学館，1989，pp.79-129
(48) 文部省『幼稚園教育百年史』ひかりのくに，1979，p.55
(49) 森上史朗『児童中心主義の保育』教育出版，1984，pp.57-59
(50) 東基吉『幼稚園学説及現今の保育法』，京阪神連合保育会『京阪神連合保育雑誌自一号至十号』，臨川書店，1983，pp.14-15
(51) 森上史朗『児童中心主義の保育』教育出版，1984，pp.42-72
(52) 東基吉「幼稚園学説及現今の保育法」，京阪神連合保育会『京阪神連合保育雑誌自一号至十号』臨川書店，1983，p.16
(53) 東基吉「子供に聞かせる話につきて」フレーベル会編『婦人と子ども』第二巻第

七号・八号，1902，pp.16-19，pp.19-20
(54) 同上，p.20
(55) 森上史朗『児童中心主義の保育』教育出版，1984，p.82
(56) 倉橋惣三『育ての心（下）』フレーベル館，1976，pp.8-9
(57) 倉橋惣三『幼稚園真諦』フレーベル館，1976，pp.23-24
(58) 森上史朗『子どもに生きた人・倉橋惣三』フレーベル館，1993，p.295
(59) 同上，p.296
(60) 倉橋惣三「観察に就いて」（東京市幼稚園奨学講習会講演大要），日本幼稚園協会編『幼児の教育』第26巻12号，1926，pp.5-6
(61) 日本幼稚園協会「観察の地方色―広くご寄稿を乞ふ―」，日本幼稚園協会『幼児の教育』第26巻11号，1926，p.57
(62) 名古屋松若幼稚園「観察の一日」，日本幼稚園協会編『幼児の教育』第27巻3号，1927，p.61
(63) 倉橋惣三「幼稚園教育の真諦，並に保育案，保育過程の実際」（講習会講義速記），日本幼稚園協会編『幼児の教育』第33巻8．9号，1933，p.58
(64) 東基吉『幼稚園保育法』目黒図書，1903
(65) 文部省『幼稚園教育百年史』ひかりのくに，1979，p.143
(66) 森上史朗『児童中心主義の保育』教育出版，1984，p.228
(67) 和田実「拙著幼児教育法に対する批評に就いて」，フレーベル会編『婦人と子ども』第九巻第九号，1908，pp.17-21
(68) 森上史朗『児童中心主義の保育』教育出版，1984，p.229
(69) 同上，p.220
(70) 倉橋惣三「児童の模倣に就いて」，フレーベル会編『婦人と子ども』第11巻9号，1911，pp.5-10
(71) 文部省『教育改革に関する第4次答申（最終答申）』臨時教育審議会，1987
(72) 文部省初等中等局・厚生省児童厚生局「幼稚園と保育所との関係について」文初初第400号，児発第1046号，各都道府県知事宛文部省初等中等局・厚生省児童局長連名通達（1963.10.23）
(73) 太田素子『保育と家庭教育の誕生』藤原書店，2012，p.15
(74) 同上 p.15-16
(75) ネル・ノディングズ著／佐藤学監訳『学校におけるケアの挑戦―もう一つの教育を求めて』ゆみる出版，2007
(76) 秋田喜代美『知を育てる保育』ひかりのくに，2000

(77) 佐伯胖「模倣の発達とその意味」，日本保育学会編『保育学研究』第46巻第2号，2008
　　・高橋敏『江戸の教育力』筑摩書房，2007
　　・辻本雅史『教育を「江戸」から考える』日本放送出版協会，2009
　　・同上『「学び」の復権―模倣と習熟』岩波書店，2012

〈第2部第2章〉
（1）文部科学省『子どもを取り巻く環境の変化を踏まえた今後の幼児教育の在り方について』中教審答申，2005.1
（2）明和政子著・松沢哲郎監修『なぜ「まね」をするのか』河出書房新社，2004，p.34
（3）岡本夏木『子どもとことば』岩波書店，1982，p.2
（4）同上，p.35
（5）同上，p.129
（6）同上，pp.132-155
（7）同上，pp.136-137
（8）佐伯胖編『共感―育ち合う保育のなかで』ミネルヴァ書房，2007，pp.17-19
（9）同上，pp.12-16
（10）佐伯胖「模倣の発達とその意味」日本保育学会編『保育学研究』第46巻第2号，2008
（11）内田伸子・菊地紫乃・齋藤有・菱山侑子「PISA型読解力を規定する社会文化的要因―しつけスタイルは語彙力を左右する鍵―」，日本発達心理学会編『日本発達心理学会第23回大会発表論文集』，2012，pp.26-27
（12）内田伸子「子どもの育ちとコミュニケーション―言葉の力を育てる環境づくり―」，全国国公立幼稚園長会『幼稚園じほう』，2011.9，p.9
　　・小林春美，佐々木正人編『新・子どもたちの言語獲得』大修館書店，2008
　　・マイケル・トマセロ『心とことばの起源を探る』勁草書房，2006
　　・マイケル・トマセロ『ことばをつくる』慶応義塾大学出版会，2008
　　・岡本夏木『ことばと発達』岩波書店，1985
　　・岡本夏木『幼児期―子どもは世界をどうつかむか』岩波書店，2005
　　・佐伯胖『考えることの教育』国土社，1982
　　・佐伯胖『「学ぶ」ということの意味』岩波書店，1995
　　・佐伯胖『幼児教育へのいざない―円熟した保育者になるために』東京大学出版会，2001

・菅原和孝『ことばと身体―「言語の手前」の人類学』講談社，2010

〈第2部第3章〉
（1）岡本夏木『子どもとことば』岩波書店，1982，p.35
（2）加古里子作・絵『だるまちゃんとてんぐちゃん』福音館書店，1967
（3）ホリー・ホビー作・絵／二宮由紀子訳『トゥートとパドル―だから きみが だい すき』BL出版，2007
（4）麻生武『身ぶりからことばへ―赤ちゃんにみる私たちの起源』新曜社，1992
（5）倉持清美「就学前児の遊び集団への仲間入り過程」，『発達心理学研究』第5巻 第2号，1994
（6）山本登志哉「幼児期に於ける『先占の尊重』原則の形成とその機能：所有の個体発生をめぐって」，『教育心理学研究』第39巻 第2号，1991
（7）砂上史子「幼稚園における幼児の仲間関係と物との結びつき―幼児が『他の子どもと同じ物を持つ』ことに焦点を当てて」，『質的心理学研究』第6号，2007
（8）岡本真一郎「情報への関与と文末表現―間接形と終助詞"ね"の使用への影響―」『心理学研究』第64巻第4号，1993，pp.255-262
（9）小林春美・佐々木正人編『新・子どもたちの言語獲得』大修館書店，2008，pp.160-163
（10）倉橋惣三「児童の模倣に就いて」，フレーベル会編『婦人と子ども』第11巻9号，1911，pp.5-10
（11）佐伯胖「模倣の発達とその意味」，日本保育学会編『保育学研究』第46巻第2号，2008
（12）佐藤学『教育方法学』岩波書店，1996，p.69
（13）小林紀子編『私と私たちの物語を生きる子ども』フレーベル館，2008
（14）岡本夏木『子どもとことば』岩波書店，1982，p.46
（15）同上，p.46
（16）同上，p.197
（17）幼稚園教員の資質向上に関する調査研究協力者会議報告書「幼稚園教員の資質向上について―自ら学ぶ幼稚園教員のために―」2002
（18）村田孝次『言語発達研究―その歴史と現代の動向』培風館，1981，pp.198-199
（19）正高信男『0歳児がことばを獲得するとき』中央公論社，1993，p.102
（20）明和政子著・松沢哲郎監修『なぜ「まね」をするのか』河出書房新社，2004，p.142
（21）佐伯胖「模倣の発達とその意味」，日本保育学会編『保育学研究』第46巻第2号，

2008
(22) 岡本夏木『子どもとことば』岩波書店，1982，p.176
(23) 同上，p.177
(24) 岡本夏木『ことばと発達』岩波書店，1985，p.1
(25) 同上，p.150
(26) 井上ひさし『國語元年』中央公論新社，2002
(27) 岡本夏木『ことばと発達』岩波書店，1985，p.138
(28) 同上，p.140
(29) 同上，p.143
(30) 同上，p.146
(31) 竹内通夫『戦後幼児教育問題史』風媒社，2011，pp.48-49
(32) 中坪史典『書評　戦後幼児教育問題史』日本子ども社会学会編『子ども社会研究』18号，2012，p.93
(33) 太田素子『子宝と子返し』藤原書店，2007，p.17
(34) 佐伯胖・藤田英典・佐藤学『学びへの誘い』東京大学出版会，1995，p.75
(35) 同上，p.78
(36) 同上，p.79
(37) 同上，p.80
(38) 秋田喜代美編『教師の言葉とコミュニケーション』教育開発研究所，2010
(39) 市川洋子「言葉と人・教材をつなぐ教師の言葉―リボイシング―」，秋田喜代美編『教師の言葉とコミュニケーション』教育開発研究所，2010，p.80-83
(40) 中坪史典・秋田喜代美・増田時枝・安見克夫・砂上史子・箕輪潤子「保育カンファレンスにおける保育者の語りの特徴：保育者の感情の認識と表出を中心に」，『乳幼児教育学研究』第19号，2010，pp.1-10
(41) 佐藤郁哉『質的データ分析法』新曜社，2008
(42) 小林紀子・鯨岡峻・柴山真琴・河邉貴子・渡辺英則・高杉展・秋田喜代美「保育フォーラム『保育の質を高める記録』」，日本保育学会編『保育学研究』第47巻第2号，2009，pp.132-149
(43) 木内英実・加藤佐知子・小林紀子「実習指導における保育者の共感的まなざし②」，日本保育学会編『日本保育学会発表論文集』，2010
(44) 加藤佐知子・木内英実・小林紀子「実習指導における学生の成長と保育者の共感性―日誌分析からの検討―」，『子どもと保育総合研究所研究報告集』Vol.1，2009，pp.47-60

(45) 佐伯胖「人が『わざキン』に感染するとき」，生田久美子・北村勝朗編『わざ言語』慶応義塾大学出版会，2011，pp.189-204
(46) 六車由実『驚きの介護民俗学』医学書院，2012
(47) 同上，pp.213-218

【索　引】

〈ア　行〉

遊び…… 103, 105, 161, 194, 195
アリストテレス…………… 64, 174

育児語………………… 261, 262
一次的言葉………………… 85, 100
意図的主体………………………… 228
意味世界の生成………………… 245
入子型構造…… 49, 51, 52, 55, 62
隠語………………… 73, 74, 75

内田伸子………………… 98, 241
内なる他者………………………… 231
ヴィゴツキー…… 32, 81, 98, 138, 139, 140

絵双紙屋………………………… 109
江戸時代……… 159, 160, 161, 167
絵木史………………… 106, 107
演劇………………… 125, 126, 132

太田素子…… 159, 170, 176, 219, 272
大槻文彦………………………… 23
岡本夏木…… 232, 235, 242, 259, 263, 266
教える………………… 172, 175
同じ動き…… 244, 245, 252
同じ物…… 244, 245, 252

お話………………… 192, 193
音声言語………………………… 31

〈カ　行〉

概念的知識………………………… 28
貝原益軒… 1, 118, 162, 165, 166
回文………………………… 135
会話体………………………… 100
書き手………………………… 100
書くことの生活化………………… 95, 96
隠された対話関係…… 4, 6, 9, 11, 12, 21
学習権………………………… 93
学習言語………………………… 48
学習指導要領………………… 93
学制……… 167, 169, 170, 171
家塾………………… 164, 166
形真似………… 182, 183, 184
語る主体………… 41, 43, 44, 53
学校劇………… 130, 131, 132
学校文法………………………… 54
歌舞伎………………… 130, 131
紙芝居………… 128, 129, 130
上笙一郎…… 104, 106, 110, 128, 159, 168
身体を使った模倣………………… 231
かるた………………………… 137
感情興奮………………………… 132
観念的な自己分裂………………… 30

擬音語…………………… 72, 75, 283
擬人化…………………………… 73, 74
擬声語…………… 31, 72, 75, 283
9歳の壁…… 84, 85, 90, 91, 102, 267
共感的理解の場…… 282, 283, 284
共時態（的）　36, 38, 39, 56, 141
教示伝達的顕示……………… 221, 240
共通語……………………… 67, 69
共通口語……… 268, 270, 271, 273
共同注意………………… 166, 224
共同注意フレーム… 227, 228, 233, 251, 253
金田一春彦……………… 47, 57, 72

倉橋惣三…… 131, 180, 197, 200, 206, 220

劇遊び…………………………… 192
結果まね……………………… 240
原因まね……………………… 240
言語学…………… 22, 25, 46, 48
言語学史……………………… 34
言語過程説…… 25, 49, 51, 57, 61
言語現象……………………… 35
言語主体…… 25, 27, 75, 76, 95
現象学……………………… 39, 52
言の言語学………………… 37, 39

語彙事典…………………… 267
口演童話…… 113, 118, 119, 120, 121
高次化………………………… 85

口承文学……………… 107, 160
構成主義……………………… 26
高度化………………………… 86
口話訓練………………… 78, 83
口話主義……………………… 82
国語…… 22, 23, 39, 46, 47, 56, 59, 93
国民皆学……………… 167, 169
ごっこ…… 12, 14, 19, 98, 100, 101, 228, 230, 258,
ごっこ遊び……………… 192, 193
事・心・言葉の関係………… 24, 33
言葉が牽引する文化…………… 104
言葉の獲得過程…… 232, 235, 238
言葉の獲得理論……………… 226
言葉の指導……………… 264, 265
言葉の発達（過程）………… 32, 84
言葉の美…… 60, 61, 62, 65
子ども理解… 198, 200, 217, 274, 278
小林秀雄……………………… 66
「コビト」論 ……………… 239
コミュニケーション…… 242, 243, 244
コミュニティ…………… 141, 142
5領域………………………… 212
根拠律………………… 153, 155

〈サ 行〉

再現（模倣）……………… 64, 65
佐伯胖……………… 220, 239, 257
作文過程……………………… 100

詩 ………… 121, 122, 124, 193
ＣＡＬＰ ………………… 84, 85, 86
視覚・聴覚映像 ………… 31, 32, 87
自己との対話 … 258, 273, 281, 284
しつけ（教育） ………… 161, 162
児童出版物検閲 ………………… 115
児童中心主義 …………… 113, 204
児童文化 …… 104, 107, 111, 112, 114, 142, 144, 154
児童文学 ……… 111, 120, 160, 196
児童文化財 …… 145, 146, 147, 173
ジャーゴン ………………… 70, 71
社会的物 ………………………… 263
社会文脈的実践家 ……………… 71
主語述語 ……………… 48, 50, 51
手話 ………………………… 81, 82, 83
唱歌 ………………………… 194, 195
障害者の権利に関する条約 … 83, 86
小説 ………………………… 63, 64
書記言語 ……………… 76, 81, 82
しりとり ………………………… 134
深層模倣 ………………… 239, 240
心的過程 ………………………… 49

スキナー ………………………… 226

生活言語 ……………… 48, 76, 90
生活様式 ………………………… 184
生得的アプローチ ……………… 227
せりふの相互模倣 ……………… 255

想起的記憶 ……………… 79, 101
相互交渉過程 …………… 202, 203

創造的志向性 …………… 174, 175
創造的所産 …… 141, 142, 146, 147

〈タ 行〉

対象との対話 …………… 258, 273
対人的相互交渉 …… 232, 233, 243
対話 ……………………………… 192
対話（状況・形式） … 55, 56, 76, 133
対話的コミュニケーション …… 274, 277, 278, 282, 283
高橋五山 ………………………… 128
他者との対話 …………… 258, 273
多声的対話空間 ………………… 274
楽しい幼児の経験 ……… 191, 211
談話 …………… 186, 188, 191, 196
談話語 …………………………… 69

知覚的経験 ……………… 77, 78
聴覚障害児 ……………………… 78
チョムスキー …………………… 226

通時態（的） …… 36, 38, 39, 56, 141

テ・ファリキ …………………… 148
寺子屋 ………… 105, 163, 164, 168
伝達意図理解 …………………… 233

同音語 …………………………… 48
倒語 ……………………………… 135
等拍的拍音形式 ………………… 60
童謡 ……………………… 123, 124

当用漢字…………………… 58
時枝誠記…… 24, 48, 59, 60, 61, 62, 133
トマセロ……… 221, 227, 228, 233
豊田芙雄………………………… 193
鳥越信…………………… 106, 107

〈ナ 行〉

内言…………………… 268, 271
中村雄二郎………………… 24, 41
なぞなぞ………………………… 134
西田幾多郎………… 28, 56, 63, 77
二次的言葉…… 85, 100, 102, 271
二重継承理論…………………… 227
日本語の特徴…………………… 47
女房言葉………………… 74, 75
人形劇（芝居）…… 125, 126, 127, 193
人形浄瑠璃…………… 125, 131
人形遣い……………… 125, 126
「ね」発話………… 246, 247, 256
脳訓練………………… 87, 88
望ましい経験………… 210, 211

〈ハ 行〉

ハイデガー……………………… 153
橋本文法…………… 48, 54, 57
パトス…………………………… 94
話す（こと）・聞く（こと）…… 93, 96, 179, 181, 190, 262, 272

母親語………………… 261, 262
バフテン……………… 3, 6, 8, 30
パロール（言行為・言語行為）
………… 36, 37, 39, 40, 41
パロディー…………… 6, 12, 14
藩校………………… 164, 166
ＢＩＣＳ……………… 84, 85, 86
東基吉………… 194, 196, 203, 204
表現行為………………………… 26
標準語……… 22, 47, 59, 67, 68, 69, 192, 268, 271
表層模倣……………… 239, 240
ひらがなの習得………………… 91
ファンタジー…………… 98, 99
複合語……………………… 48
複合的思考…………… 139, 140
福沢諭吉………………………… 169
プラトン……………… 117, 173
フレーベル…………… 176, 178
文学…………… 60, 63, 65, 94
文化財………………… 144, 147
文化的物………………………… 263
文章……………………… 48, 98
文章体…………………………… 100
文節化………………… 42, 43
文脈辞典………………………… 267

ヘルベルト派教育学…………… 188
変容的様式… 172, 173, 174, 175, 199, 212

保育……………………… 170, 171
保育過程…………… 200, 202, 218
保育カンファレンス……… 275, 277
保育所保育指針…… 262, 264, 269
保育内容…………… 178, 185, 208
保育の成果…… 200, 216, 217, 219
保育要領……… 190, 199, 211, 212
保育理論…………………… 197, 198
方言………………………… 67, 69, 70
母語………………… 148, 271, 273

〈マ　行〉

学び………………… 174, 175, 258

三浦つとむ……………………… 29, 84
三木清…………………………… 63
身振り言語……………………… 31

昔話（昔噺）……… 105, 107, 118
無の場所……………… 77, 78, 79
村山貞雄…………… 161, 163, 166

メタ言語………………… 18, 21, 22
メタ言語学（論）… 3, 9, 14, 30, 59
メルロ＝ポンティ … 23, 39, 44, 46, 101

文字訓練………………………… 78
文字言語………………………… 31
物語リテラシー………………… 95, 98
物語る主体……………………… 98
物との対話……………………… 225

模倣………… 64, 174, 175, 203, 206, 207, 241
模倣的様式………… 172, 175, 182, 184, 212
森有礼…………………………… 169

〈ヤ　行〉

誘導（保育）………… 18, 198, 199

養護……………………………… 219
幼稚園教育要領…… 96, 150, 208, 213, 262
幼稚園保育及設備規程…… 181, 185
幼稚小学………………………… 170
与田準一…………… 121, 122, 123
呼びかけの主体………… 76, 78
読み手…………………………… 100
読、む（み）（こと）・書く（こと）
　… 93, 96, 179, 181, 182, 189, 272

〈ラ　行〉

落語………………………… 120, 121
フニガージュ……………… 35, 39
ラング……………………………… 35

リジュール………… 23, 25, 27, 34
リズム形式……………………… 60, 61
リテラシー……………… 87, 92, 93
領域「言語」…………… 208, 215
領域「言葉」…………… 213, 215

レインマン評価………………… 220

6領域 …………………… 208, 213
ロゴス ……………… 76, 77, 78, 94

〈ワ 行〉

和田実 …………………… 204, 205

〈本巻著者〉　　青木久子（あおき　ひさこ）

〈執筆分担：第1部〉

〈学歴・職歴〉
　青山学院大学大学院修士課程修了。国家公務員から東京都公立幼稚園教諭，東京都教育庁指導部・都立教育研究所指導主事，同統括指導主事，国立音楽大学教授兼同附属幼稚園長等を歴任。現在，青木幼児教育研究所主宰，幼稚園・こども園等の実践研究・研修支援，執筆等を中心に活動している。

〈専門領域等〉　幼児教育学　教育実践研究　発達臨床心理士

〈所属学会〉　日本保育学会　日本教育学会　日本発達心理学会　日本臨床発達心理士会

〈主な著書〉『よりよい保育の条件』（共著，フレーベル館，1986）／『生きる力を育てる保育』全3巻（共著，世界文化社，1999）／『子ども理解とカウンセリングマインド』（共著，萌文書林，2001）／『子どもに生きる』（単著，萌文書林，2002）／『環境をいかした保育』全4巻（編者，チャイルド本社，2006）
　シリーズ「幼児教育 知の探究」第2巻『教育臨床への挑戦』（単著　2007）／第3巻『幼年教育者の問い』（共著，2007）／第4巻『脱学校化社会の教育学』（共著，2009）／第8巻『遊びのフォークロア』（共著，2015）／第16巻『領域研究の現在〈人間関係〉』（共著，2017）（以上，萌文書林）

〈本巻著者〉　　小林紀子（こばやし　としこ）

〈執筆分担：第2部〉

〈学歴・職歴〉
　東京学芸大学大学院学校教育専攻（幼児教育講座）修了。大阪府高槻市，東京都の公立幼稚園教諭を経て，現在，青山学院大学教育人間科学部教育学科教授。

〈専門領域等〉　幼児教育学　教育実践研究　発達臨床心理士

〈所属学会〉日本保育学会　日本乳幼児教育学会　日本子ども社会学会
　日本発達心理学会　日本臨床発達心理士会

〈主な著書〉『メディア時代の子どもと保育』（単著，フレーベル館，2006）／『私と私たちの物語を生きる子ども』（編著，フレーベル館，2008）／『最新保育講座1保育原理』（共編，ミネルヴァ書房，2009）／『最新保育講座8保育内容「人間関係」』（共編，ミネルヴァ書房，2009）／『最新保育講座11保育内容「表現」』（共編，ミネルヴァ書房，2010）／『新 保育士養成講座 第9巻 保育実習』（共著，全国社会福祉協議会，2011）

〈シリーズ編者〉

青木久子
青山学院大学大学院修士課程修了
幼稚園教諭より，東京都教育庁指導部 都立教育研究所統括指導主事，国立音楽大学教授 兼 同附属幼稚園長職等を歴任。
現在，青木幼児教育研究所主宰。

磯部裕子
聖心女子大学文学部教育学科卒業
8年間幼稚園教諭職を経，青山学院大学大学院後期博士課程満期退学。
現在，宮城学院女子大学児童教育学科 教授。

〈装幀〉レフ・デザイン工房

幼児教育 知の探究 18
領域研究の現在〈言葉〉

2013年5月11日 初版発行©
2017年4月1日 初版第2刷

著 者 　青 木 久 子
　　　　　小 林 紀 子
発行者 　服 部 直 人
発行所 　株式会社 萌文書林
〒113-0021 東京都文京区本駒込 6-25-6
TEL(03)-3943-0576　FAX(03)-3943-0567
URL:http://www.houbun.com
E-mail:info@houbun.com

検印省略

落丁・乱丁本はお取替えいたします。

印刷／製本　シナノ印刷(株)

ISBN978-4-89347-118-5　C3037